Georg Lehmann-Felskowski

Deutschlands Häfen und Wasserstraßen in Wort und Bild

Georg Lehmann-Felskowski

Deutschlands Häfen und Wasserstraßen in Wort und Bild

ISBN/EAN: 9783954272488
Erscheinungsjahr: 2012
Erscheinungsort: Bremen, Deutschland

© *maritimepress in Europäischer Hochschulverlag GmbH & Co. KG, Fahrenheitstr. 1, 28359 Bremen. Alle Rechte beim Verlag und bei den jeweiligen Lizenzgebern.*

www.maritimepress.de | office@maritimepress.de

Bei diesem Titel handelt es sich um den Nachdruck eines historischen, lange vergriffenen Buches. Da elektronische Druckvorlagen für diese Titel nicht existieren, musste auf alte Vorlagen zurückgegriffen werden. Hieraus zwangsläufig resultierende Qualitätsverluste bitten wir zu entschuldigen.

Deutschlands
Häfen und Wasserstraßen
in Wort und Bild.

Herausgegeben von

G. Lehmann-Felskowski.

Berlin 1905.

BOLL u. PICKARDT

Verlagsbuchhandlung.

Inhalt.

Die am Fuß jeder Seite befindlichen Zahlen sind für das Inhalts-Verzeichnis maßgebend.

Die deutschen Seehäfen.

Wirft man einen Blick auf die Landkarte, so sieht man, daß Deutschland von mehreren gewaltigen Strömen durchquert wird, die sich in die Nord- und Ostsee ergießen. Mit einer einzigen Ausnahme, des Rheins, liegen die Mündungen dieser Ströme auch politisch im Gebiet des Deutschen Reichs. Politisch wie wirtschaftlich am wertvollsten ist für Deutschland der Küstenstrich zwischen der Mündung der Ems bis zur Mündung der Elbe in einer Ausdehnung von 150 km. Die hier befindlichen Häfen werden von der Ebbe und Flut beeinflußt, deren Differenz zur Springtide eine Höhe von 10 Fuß hat. An den Mündungen dieser Ströme, wenn auch nicht unmittelbar, haben sich nun die deutschen Seehäfen entwickelt und bilden so die Tore für den gewaltigen Handel, der sich durch sie von und zum Hinterlande erstreckt. Die eigentümliche Küstenformation der Nordsee mit ihrer flachen Wattenküste und die Ebbe- und Flutströmungen waren die Ursache, daß die Anlage der großen deutschen Häfen nicht unmittelbar an den Mündungen der Ströme erfolgte, sondern weit oberhalb der Mündung, wohin die Ebbe und Flut dennoch dringt. So liegt der größte Seehafen Deutschlands, Hamburg, noch 105 km von der Elbmündung entfernt, und Bremen, als zweitbedeutender Hafen über 66 km von der Wesermündung und über 120 km von dem Eintritt der Weser in die eigentliche See. Die lange Küste der Ostsee mit den verschiedenen, zum Teil schönen Häfen hat nicht diese wirtschaftliche Bedeutung, wie sie die deutsche Nordsee-Küste besitzt, wenngleich man sich auch vor einer Unterschätzung dieser Häfen hüten muß. Die Ostsee besitzt keine Ebbe und Flut und ist infolge ihrer geographischen Lage eigentlich nur für Preußen und Mecklenburg von großer Bedeutung.

Durch diese entfernte Lage der Häfen von den Strommündungen in das Meer wurde es aber auch den binnenländischen Schiffen, die auf den Strömen talwärts mit ihrer Ladung gezogen kommen, möglich, ihre Ladung direct auf das Seeschiff zu überführen. Es entstanden so die natürlichsten Umschlagsplätze für den See- und Flußverkehr.

Dieser Umschlagsverkehr und die Lage des Seehafens zum Hinterland mit Ausnutzung der natürlichen Wasserstraße waren für die Entwickelung der einzelnen deutschen Seeplätze von entscheidender Bedeutung. Mit Ausnahme Lübecks liegen die größeren deutschen Hafenplätze alle an großen Strömen, die zum Teil weit ins Hinterland führen, und haben so eine natürliche Zufuhrstraße. Wo nun aber die Entwickelung der Seeplätze durch eine ungünstige Lage zum Hinterland oder Mangelhaftigkeit der Wasserstraße beeinträchtigt wird, trachtete man durch die Erbauung von Kanälen und Vertiefung des Stromgebiets diesen von der Natur gegebenen Mangel abzuhelfen und so zur besseren Entwickelung des Seeplatzes beizutragen. Mit der Entwickelung der Wasserbautechnik und dem Unternehmungsgeist der Handel und Schiffahrt treibenden Bevölkerung der großen hanseatischen Hafenplätze hat man heute Verkehrseinrichtungen geschaffen und der Natur Gebiete abgewonnen, wie sie vor wenigen Jahrzehnten noch zu den Unmöglichkeiten gezählt hätten. War früher der Verkehr von dem natürlichen Zustande der örtlichen Verkehrsverhältnisse abhängig, so bestimmt er heute die Verkehrseinrichtungen. So sagt der Wasserbau-

Direktor Rehder in seinem Bericht über die Vertiefung der Trave (1899): „Langsam, aber doch endlich, hat sich auch in Deutschland die Erkenntnis Bahn gebrochen, daß die Ausbildung und Vertiefung der Seehäfen und Seewege eine der wichtigsten und nützlichsten Aufgaben des Staates ist   Enorme Summen werden auf die Regulierung und Vertiefung der Seewege und auf die Herstellung tiefer Seekanäle verwandt. Erstaunlich und großartig sind die Arbeiten, die in der Weser, in der Elbe, in der neuen Maas, in der Schelde, im großen Haff und auf vielen anderen Gewässern unter Aufwand vieler Millionen gemacht werden, um die Seewege auf die nötige Wassertiefe zu bringen und die Tiefhaltung zu erleichtern. Der in der Förderung des Seehandels erkannte Vorteil hat einen durchgreifenden Umschwung bewirkt. Man drängt überall auf Herstellung größerer Wassertiefen und Verbesserung der Hafenanstalten, und man bemißt die Aufgaben eines Seeplatzes heute nach ganz anderen Grundsätzen als in der Zeit, wo England fast allein Verkehrsvermittler und Deutschland noch den englischen Häfen als Umschlagsplätzen gewissermaßen tributär war. Was England längst als vorteilhaft erkannt hätte, wird heute auch in Deutschland, Holland und Belgien befolgt. Ueberall wird die selbständige, unabhängige Entwickelung des Seehandels erstrebt. Ein dauernder, selbständiger Seeverkehr ist aber nur noch denkbar, wenn das Rüstzeug dafür, nämlich volle Wassertiefe und zeitgemäße Hafeneinrichtung, nicht fehlt."

Zwei verschiedene Motive haben nun zur Verbesserung der Wasserstraßen und Vervollkommnung der Häfen die Veranlassung gegeben. Wir haben sie in Deutschland in den mit den Jahren 1881/82 beginnenden Vorbereitungen für die Freihafen-Anlagen Hamburgs und Bremens zum Zollanschluß zu erblicken und der 1895 erfolgten Eröffnung des Kaiser Wilhelm-Kanals.

Nach der vom Reichs-Marine-Amt zusammen gestellten Steigerung der deutschen Seeinteressen von 1896/98 hat die Tendenz der Entwickelung überall ein ungleich schnelleres Fortschreiten gezeigt, als bei der damaligen Projektierung der verschiedenen Anlagen seitens kompetenter Fachleute angenommen wurde. Die Hafenanlagen Hamburgs, von Anfang an im größten Stil geplant, mußten seit 1890 bereits drei Mal durch erhebliche Bewilligungen für Erweiterungsbauten ergänzt werden. Auch für Bremen erwiesen sich die vorgesehenen Hafenanlagen als erheblich zu klein, so daß eine Verdoppelung der Hafenbassins zur Ausführung kam. Bremerhaven hat erweiterte Anlagen erhalten, in Cuxhaven ist ein Hafen für die Schnelldampferexpeditionen eingerichtet worden. Der Hafen des Hamburg benachbarten Altona ist vergrößert worden. Im Jahre 1899 wurde der neue Hafen in Emden eröffnet, welcher durch den ebenfalls neu erbauten Dortmund-Ems-Kanal eine wertvolle Zufuhrstraße besitzt.

Es sind dies Millionen Mark, die hier für Hafenbauten und Stromregulierungen zur Ausgabe kamen.

Auch im Ostseegebiet sind seit 1897 viele neue Verkehrseinrichtungen für den Handelsverkehr auf dem Wasserwege geschaffen worden, die gleichfalls Millionen Mark erforderten. Da ist die alte Hansestadt Lübeck zu nennen, die große materielle Opfer brachte zur Herstellung eines besseren Wasserweges zum Hinterland durch die Vollendung des Elbe-Trave-Kanals.

Der größte preußische Seehafen, Stettin, besitzt seit 1898 einen Freibezirk, ebenso hat das alte Danzig 1899 bei Neufahrwasser einen solchen eröffnet.

Königsberg, das wirtschaftlich nicht gut gebettet ist, will die Calamität ebenfalls durch den Ausbau moderner Hafeneinrichtungen im Werte von Millionen von Mark heben.

Wie nun Deutschland an jeder seiner großen Flußmündungen über den modernen Anforderungen entsprechende und vermittelst großen Kapitalaufwandes nach jeder Richtung hin wohl ausgestattete Verkehrs- und Hafeneinrichtungen besitzt, so sind auch die Einrichtungen für den Wasserverkehr im Binnenlandverkehr nicht stehen geblieben.

Wenn auch die Mündung des Rheins politisch nicht innerhalb der Grenzen des Deutschen Reichs liegt, so bildet doch der Rhein die größte und leistungsfähigste Wasserstraße nicht nur für Deutschland, sondern auch für Belgien und die Niederlande ist er eine volkswirtschaftliche Nährkraft. Um den unteren Rhein auch für den Seeverkehr dienstbar zu machen, hat es langer und schwieriger Wasserbauten bedurft.

Heute haben wir aber in Köln und Düsseldorf zwei binnenländische Seeplätze, die mit den modernsten Hafeneinrichtungen versehen, eine directe Verladung vom Flußschiff ins Seeschiff, wenn letzteres auch nur für die europäische Fahrt bestimmt, ermöglichen. Ferner sind die Verkehrseinrichtungen der andern Rheinhäfen zu Duisburg, Ruhrort, wie auch in Mannheim, mit allen modernen technischen Errungenschaften ausgerüstet, um ein schnelles Be- und Entladen der Schiffe zu gestatten. Wir dürfen es wohl mit einigem Stolz sagen, daß die deutschen Häfen heute mit so vorzüglichen Hafenanlagen und Docks versehen sind, wie man es kaum in den alten englischen Seehäfen findet. Die Rivalität der großen continentalen Häfen von Hamburg, Bremen, Antwerpen und Rotterdam untereinander läßt Unternehmungsgeist und Wasserbautechnik nicht zum Stillstand kommen. Aber auch mit dem Ausbau seiner binnenländischen Häfen und der Regulierung und Anlegung neuer Kanäle darf Deutschland nicht still stehen wollen, sondern muß für den weiteren Ausbau energisch Sorge tragen.

Eine Schilderung oder Besichtigung der einzelnen deutschen Häfen gehört mit zu den interessantesten Studien, welche man sich denken kann. Ganz besonders bieten die beiden großen Hansahäfen, Hamburg und Bremen, nicht nur vom volkswirtschaftlichen Standpunkt einen interessanten Einblick in das gewaltige Getriebe des Welthandels, sondern auch die Szenerie, die sich dem Beschauer auftut, fesselt durch ihren wunderbar malerischen Reiz.

Ob es nun ein lichter Sommertag ist, wo das von den vielen Schiffen und Booten bewegte Wasser des Hafens in tausend Reflexen funkelt, oder ob es ein grauer, düsterer Nebeltag im Winter ist, wo die Wasserfläche wie geschmolzenes Blei wogt, gleichviel, immer wird das Auge gefesselt bleiben.

Ganz besonders trifft dies für den Hamburger Hafen zu.

Beginnen wir daher mit diesem Hafen unseren Rundgang durch die deutschen Seehäfen, der ihm seiner Bedeutung nach als ersten Seehafen Deutschlands und des Kontinents, als zweiten Europas nach London und als dritten der Welt nach London und New York zukommt.

HAMBURG.

Hamburgs Hafen vor dem Zollanschluß.

Diesem großen nordischen Handels-Emporium mit seinen 729 554 Einwohnern und seinem gewaltigen Hafengetriebe den geographischen Begriff eines Seehafens zu erteilen, kann man streng genommen nur sehr bedingt, denn die Lage Hamburgs von der See ist noch über 100 km von dieser entfernt. Ja, die Gründer Hamburgs dachten nicht mal daran, als die Stadt unter Karl dem Großen 811 gegründet wurde, die vorbeifließende Elbe als den belebenden Strom für ihre wirtschaftlichen Pläne zu betrachten, sondern an der kleinen unscheinbaren Alster und Bille entstand die erste Ansiedelung, die „Hammaburg" Allerdings wollten die Gründer damals noch nicht das Meer mit ihren Schiffskielen pflügen, sondern sie betrieben noch in erster Linie den Ackerbau und das Kleingewerbe. Die alte Hammaburg als wichtiges beherrschendes Kastell an der Völkerstraße vom Sachsenlande nach der Cimbrischen Halbinsel wurde vielfach eingenommen, zerstört und wieder aufgebaut. Ohne uns weiter in die historische graue Vorzeit Hamburgs zu verlieren, wollen wir noch erwähnen, daß erst mit dem XII. Jahrhundert unter den Schauenburger Grafen, die Holstein und Stormarn als Lehen besaßen, die Stadt anfing aufzublühen. Als erster Wasserbau wird von einem künstlichen Aufstau der Alster und der Eindeichung der Elbmarschen berichtet. Unter dem Grafen Adolf III. welcher am 7. Mai 1189 vom Kaiser Friedrich Barbarossa einen Freibrief für Hamburg erwirkte, wonach „freier Verkehr mit Schiffen, Waren und Leuten bis an die Stadt und zurück frei von allem Zoll und Ungeldforderung" zugesichert wurde, vollzog sich der Uebergang der Bevölkerung vom Ackerbau zur Schiffahrt und Handel. Da die Ausdehnung der damaligen Stadt sich nur auf die Umgebung der Alster erstreckte, so war auch der Hafen die Alster und nicht die Elbe. Für die kleinen Fahrzeuge, wie sie in jener Zeit der Schiffahrt dienten, genügte dieser Hafen. Mit der Zunahme der Bevölkerung dehnte sich auch die Stadt immer mehr nach dem Ufer der Elbe aus, und der alte Alsterhafen genügte der sich kräftig entwickelnden Schiffahrt nicht mehr. 1320 reicht die Stadt schon bis an die Elbe heran und der neue Hafen liegt jetzt an der Elbe in einer Einbuchtung, die noch heute jenem älteren Stadtteil Hamburgs, dem Rödingsmarkt und der Admiralitätsstraße, vorgelagert ist.

Die Stromverhältnisse der Elbe, welche für diese aufblühende Handelsstadt eine so eminent wichtige Lebensader werden sollte, waren damals sehr wenig günstige. Zahlreiche Untiefen und einzelne Stromrinnen, die vom Hauptstrom abzweigten, was ja auch zum Teil noch heute der Fall, kennzeichneten das Flußgebiet bis zur Mündung.

Früh erkannte man in Hamburg die Wichtigkeit, das Fahrwasser für die Schiffahrt zu verbessern. Man machte mehrere Durchstiche zum Zweck der Vereinigung der kleinen Wasserläufe zu einer breiten Stromrinne. Hierbei gewann die Norder-Elbe im Laufe der Zeit für die Schiffahrt eine immer größere Bedeutung, wogegen die Süder-Elbe in Versandung geriet.

An der Norder-Elbe entwickelten sich dann auch zuerst die damals noch primitiven Hafenanlagen. Eine Reihe im Fluß eingerammter Pfähle (Ducdalben) bildeten die Liegeplätze für die Schiffe im Strom, dessen Ufer eine Kaimauer einfaßte.

Diese sehr einfache Hafeneinrichtung diente den Schiffahrtsverbindungen, die damals Hamburg die Elbe hinab bis an die Küsten der Nordsee, die Elbe hinauf ins Reich und über Lübeck und die Ostsee an die Küsten und Inseln des Baltischen Meeres ausübte. Aber auch noch später, bis in die Mitte des vorigen Jahrhunderts, als Hamburgs Schiffahrt und Handel längst eine erhöhte Bedeutung und Ausdehnung erlangt hatten, war das Laden und Löschen der an den Pfählen verankerten Schiffe das Charakteristikum des damaligen Hafenlebens, nur daß sich durch die Entwickelung der Schiffahrt die Ausdehnung des Hafens mehr die Elbe abwärts bis vor St. Pauli erstreckte. Von einem Hasten und Jagen, von dem heute ein moderner Seehafen erfüllt ist, kannte man damals noch nichts. Da gab es keine fauchenden Riesenkrane, die enorme Lasten spielend in Minuten bewältigen, noch war sonst irgendwie maschinelle Kraft in Tätigkeit.

Das gewissermaßen idyllische Leben und Treiben des Hamburger Hafens zur Mitte des

Hamburger Rathaus.

vorigen Jahrhunderts schildert der bekannte Schiffsreeder Rob. M. Sloman in seinen Erinnerungen sehr nett und anschaulich. Es heißt da:

„Auch das Lotsenwesen lag sehr im Argen, und namentlich boten die sehr laxen Principien wegen Abwendung von Strandungsfällen, die selbst von Lotsen und den Strandbewohnern geteilt wurden. den Schiffen eine große Gefahr. Kamen nun noch Eisverhältnisse in unserem Revier hinzu, so waren die Schiffe ihrem Schicksal mehr oder weniger preisgegeben, denn Bugsierdampferschiffe, die jetzt ein Schiff aus einer gefährlichen Lage sofort herausbringen, waren überhaupt nicht vorhanden. Auf ihre Ankertaue konnten sie sich im Eisgange nicht verlassen, diese wurden in kurzer Zeit durchschnitten, und so blieb einem Kapitän kein anderes Mittel, als bestmöglichst sein Schiff dem schweren Eisgange zu entziehen und es auf den Strand zu setzen. So sah man denn im Winter den Strand der Elbe mit Schiffen besetzt. Seiner Lage nach konnte der Strand am Südufer von der Lühe bis unterhalb Stade am leichtesten erreicht werden. „Gott, segne unsern Strand!" werden die Bewohner gewünscht haben, denn für sie war die Hilfeleistung bei dem „auf den Strand holen" ein nicht geringer Verdienst. Ich habe vergessen, wie viel sie sich z. B. für die Benutzung eines der alten Kirschbäume, um das Tau des Schiffes daran zu befestigen, bezahlen ließen; eine gute Ernte war es jedenfalls. Mir ist es noch ein Rätsel, wie die Schiffe, wenn sie bei eintretendem Frost und etwas angesammeltem Eis von Hamburg abgingen, glücklich die See erreichten. Den Wind hatten sie begreiflich in der Regel mit sich, aber eine Nacht mußten sie wenigstens im Strom ankern und waren natürlich der größten Gefahr ausgesetzt. Die Folge war, daß viele Schiffe regelmäßig ihr Winterquartier bezogen, d. h. nach Vollendung der Reise im Oktober oder November wurden sie abgetakelt und blieben im Hafen bis zum Eintritt des Frühjahrs, also während der Zeit, wo wir jetzt gewöhnlich eine nutzenbringende Reise machen, stockten für sie sämtliche Einnahmen und es folgte, daß 7—8 Monate Arbeit den Verdienst für ein ganzes Jahr bringen mußten. In meiner Erinnerung erscheinen mir die damaligen Winter unendlich viel kälter und anhaltender als jetzt. Ich sehe noch im Geiste die im Hafen aufgelegten und eingefrorenen Schiffe mit Schnee bedeckt. Zwischen ihnen hatten sich auf dem Eise vollständige Straßen gebildet, eine Anzahl Verkäufer trieben in den Buden ihr Gewerbe, und mit vielen Schiffen wurde der Verkehr mit dem jenseitigen Ufer, sogar bis nach der Lühe und weiter unterhalten. Eine der größten Vergnügungen der damaligen Zeit war die Schlittenfahrt nach Hamburg, die sehr häufig mit ganzen Gesellschaften ausgeführt wurde. Wenn mich mein Gedächtnis nicht täuscht, so schloß die Schiffahrt im Jahre 1829 Ende November und die Eisdecke verblieb ununterbrochen bis Anfang März 1830. Jetzt hat der Winter für unsere Schiffahrt kaum mehr eine Bedeutung, ob derselbe stark oder gelinde ist, die großen eisernen

Hof des Hamburger Rathauses.

Schiffe machen sich mit Hilfe der so sehr nützlichen Eisbrecher eine Bahn, und wenn auch eine Erschwerung des Geschäfts, so findet doch keine gänzliche Stockung desselben statt. Das Beladen und Entladen der Schiffe geschah durch die Mannschaft, die letztere wurde also nicht, wie jetzt, sofort nach der Ankunft abgelohnt, sondern verblieb häufig für mehrere Reisen auf demselben Schiff. Die Arbeit wurde in derselben unbeholfenen Weise beschafft, wie alles Uebrige. Irgend andere mechanische Hilfe als die eines Flaschenzuges wurde nicht angewendet. Von Winden mit Uebersetzung, Kränen und gar Dampfwinden kannte man garnichts. Alle diese mechanischen Kräfte mußten durch Menschenkräfte ersetzt werden. Wie langsam die Arbeit infolge dessen von statten ging, kann man sich denken. Der damalige Brauch, den Ladungsinteressenten 14 Tage Zeit zum Empfange ihrer Ladung zu geben, und unter welchem wir in späteren Jahren noch hart zu leiden hatten, war den derzeitigen Leistungen der Schiffe vollständig angemessen.

Die Matrosen pflegten bei ihrer Arbeit beständig zu singen, und ihr lustiger Gesang, der schon von weitem gehört wurde, wird noch manchem in Erinnerung sein. Ein bedeutender Importartikel war

Zucker aus Brasilien in unhandbar großen Kisten von 1600 bis 2000 Pfund. Es war keine leichte Arbeit, diese über Bord zu setzen und konnte überhaupt nur durch die Hilfe eines zweiten Takels an der Raa vollführt werden. Je schwieriger die Arbeit, desto mehr erschöpften die Matrosen ihre Kräfte mit lautem Gesange. So unpraktisch die ganze Handhabung auch war, so hatte sie doch etwas Gemütliches und Fröhliches; es war nicht wie jetzt die trockene Arbeit einer großen Fabrik."

Die Schiffahrt hatte sich aber im Laufe der Zeiten so entwickelt, daß eigentlich nur Hamburg und Bremen als Ausgangspunkte der deutschen transozeanischen Schiffahrt in Betracht kamen und bis auf den heutigen Tag in noch erhöhter Weise auch geblieben sind, wenn auch dabei Hamburg noch sehr bedeutenden europäischen Verkehr besitzt. Mit dem alten System der Beladung und Löschung der Schiffe

Fleet bei der Reimersbrücke mit Katharinenkirche.

mußte gebrochen werden. Hamburg sah sich daher Anfangs der 60er Jahre des vorigen Jahrhunderts veranlaßt, Hafeneinrichtungen zu schaffen, wie sie in den anderen großen Seehäfen des Auslandes bereits vorhanden waren. Man entschied sich aber nicht für die Herstellung von Dockhäfen, wie z. B. in London der Fall, die durch Schleusentore geschlossen werden, je nachdem der Wasserstand außerhalb der Docks steigt oder fällt, sondern für offene Hafenbecken. So bringen Ebbe und Flut in den Hamburger Häfen einen Unterschied des Wasserstandes von ca. 2 m, bei Sturmflut bis 4,5 m hervor. Die offenen Becken (Tidehäfen) haben den Vorzug, daß sie der Schiffahrt jederzeit, ohne Hemmung durch Schleusen, zugänglich sind. Die Flut bringt aber nicht Seewasser nach Hamburg hinauf, sondern sie staut nur das Elbwasser zurück. Dieses Anstauen des Elbwassers macht sich noch 36 km oberhalb Hamburg bemerkbar.

Das erste derartige Hafenbecken, nach den Plänen des Wasserbau-Direktors Dalmann erbaut, war der Sandtorhafen, welcher 1866 dem Betriebe übergeben wurde, dann folgten 1872 der Schiffbauerhafen und der Grasbrookhafen. Feste Kaimauern, Schuppen und maschinelle Ladevorrichtungen umgeben diese Hafenbecken. Ferner wurden die Anlagen durch Schienengleise mit der Eisenbahn für den Güterverkehr direkt verbunden.

Aber nicht nur die Bahn allein sollte als wichtiges Verkehrsmittel nach dem Binnenlande eine hervorragende Bedeutung gewinnen, sondern der alte, billige Wasserweg auf dem Elbestrom selbst. Die Gesamtlänge des Stromes von den Quellen bis Cuxhaven beträgt rund 1140 km, wovon 307 km auf den ersten nicht schiffbaren Abschnitt kommen. 833 km beträgt die schiffbare Länge des Elbestromes, von denen 735 km der Binnenschiffahrt bis nach Hamburg und Altona dienen. Durch diesen Strom mit seinen Nebenflüssen hat Hamburg gerade das ausgedehnteste Hinterland von allen deutschen Hafenstädten. Nicht allein das industriereiche Sachsen liegt für den Hamburger Handel günstig, sondern noch weiter aufwärts steht es mit Schlesien und durch die Moldau mit Böhmen in Verbindung. Ferner bildet der Oder-Spree-Kanal eine wichtige Verbindung mit Berlin. Die seewärts eingeführten Rohstoffe konnten durch eine in dem Hafenort sich schnell entwickelnde Industrie verarbeitet und dem Binnenlande zugeführt werden, sofern die Wasserverhältnisse des Stromes es zuließen.

Die Regulierung des Stromes oberhalb der mächtig aufblühenden Hafenstadt war ebenso eine Lebensbedingung, wie die Regulierung des Stromes unterhalb des Hafens nach der Mündung zu. Während der Jahre 1875 bis 1879 wurde daher die Regulierung des Elbestromes unternommen. Die Insel Kaltehofe wurde zur Gewinnung eines breiten tiefen Stromes durchstochen und unter Beseitigung verschiedener Elbarme die gesamte Wassermasse als breite tiefe Norderelbe den Häfen zugeführt. Gleichzeitig wurde 1879 wieder ein Hafen erbaut und in Benutzung genommen, der Strandhafen, und 1887 der Baakenhafen.

Die nun folgende Epoche in der Entwickelung des Hamburger Hafens sollte für diesen Hafen von gewaltiger Bedeutung werden und jene Umwälzung in seinem Betriebe hervorrufen, die ihn an die Spitze sämtlicher Häfen des Kontinents führte und zum dritten Hafen der Welt machte.

Bis zum 15. Oktober 1888 bildeten die Städte Hamburg, Altona und Wandsbeck ein gemeinsames zollfreies Gebiet.

Hierzu gehörte ebenfalls die als eine Bucht der See betrachtete Unterelbe.

Das damalige Hamburgische zollfreie Gebiet umfaßte ein Areal von 7400 ha und die des zollausländischen Bezirks der beiden Nachbarstädte Altona und Wandsbeck etwa 1400 ha.

Hamburg als Freihafen.

Die nationale Bewegung, welche sich auch auf wirtschaftlichem Gebiete nach der Gründung des Reiches immer mehr geltend machte, und in dem Zolltarif von 1879 zum Ausdruck kam, verlangte mit steigender Lebhaftigkeit die Einbeziehung der Hansastadt Hamburg ins Zollgebiet. Lange widersetzte sich Hamburg, von der Ueberzeugung durchdrungen, daß nur durch die Freihafenstellung seine Bedeutung als Handelsplatz gesichert sei, und daß es auch seine nationale Aufgabe als erster Seehafen des Reichs nur so ferner erfüllen könne. Dieser Standpunkt wurde schließlich als berechtigt anerkannt. Es wurde eine Aenderung dahin getroffen, daß der Hafen mit einem den Bedürfnissen des internationalen Handels des Platzes entsprechenden Gebiete dauernd Freihafen bleibe, die Stadt selbst aber dem Zollgebiet angeschlossen werde.

Das war eine gewaltige Aufgabe, die gelöst werden sollte. In dem Vertrag vom Jahre 1883 übernahm das Reich die Hälfte der durch die Ausführung dieses Kompromisses erwachsenden Kosten bis zum Betrage von 40 Millionen Mark. Im Ganzen haben diese Kosten mehr als 120 Millionen Mark betragen, denn die erforderlichen Umwälzungen waren ungeheuer. Ganze Stadtteile am Sandtorhafen u. s. w. wurden niedergerissen. Gegen 1000 Wohnhäuser kamen zum Abbruch um einen Hafenrand zu schaffen, in dem der Transithandel sich entwickeln konnte. Ebenso mußten für die Lagerung und gewerbliche Verarbeitung der auf dem Seewege vom Auslande eingeführten Rohmaterialien im Freihafen gewaltige Speicher und Gebäude geschaffen werden. Um nun den Freihafen vom Zollbezirk zu trennen, wurde zunächst der Elbestrom in zwei Teile, in einen zollinländischen, an dem die Städte Hamburg und Altona liegen, und in einen zollausländischen, im Süden dieser Trennungslinie, wie sie auf der hier beigefügten Karte markiert ist, zerlegt.

Die Trennung des Elbestromes in den zollinländischen und zollausländischen beginnt ca. 30 m oberhalb der Mündung eines Nebenarms der Elbe, des Köhlbrand, und erstreckt sich ca. 5 km elbaufwärts, und zwar so, daß die oberhalb der Stadt Hamburg gelegene Ober-Elbe von der unterhalb Hamburg gelegenen Unter-Elbe durch den Freihafen getrennt wird. Um indes einen Schiffahrtsverkehr nach Hamburg und weiter stromaufwärts ohne Durchkreuzung des zollfreien Elbegebiets zu ermöglichen, wurde auf der Nordseite, am Hamburger inländischen Ufer, ein Umgehungskanal geschaffen, der die im Inland liegende Unter-Elbe mit der inländischen Ober-Elbe in Verbindung bringt, sodaß die Schiffe auf diesem Wege stets im Zollland sich bewegen.

Segelschiffshafen in Hamburg.

Das Gebiet des Freihafens erstreckt sich in einer Länge von ca. 5000 m bei 2000 m Breite. Die ganze Fläche des Freihafens beträgt ca. 1000 ha, wovon 300 ha Wasser und 700 ha Landfläche sind.

Als die Umwandlung des Hamburger Hafens in einen Freihafen im Oktober 1888 erfolgte, waren als Hafenbecken vorhanden auf dem rechten Elb-Ufer:

der Sandtorhafen,   der Grasbrookhafen,

der Strandhafen,   der Baakenhafen,

der Magdeburger Hafen

und auf dem linken Ufer der 1896 angelegte Petroleumhafen.

Die gesamte Länge der Kais betrug 1050 m. Die Wassertiefe der Häfen 5,0 bis 6,0 m.

An der Elbe abwärts, an Pfählen befestigt, erstreckten sich bis zu St. Pauli Landungsbrücken in mehreren Reihen die Lagerplätze des Segelschiffshafens. Ein äußerst reizvoller Anblick war es, diesen letzteren Hafen mit seinem Wald von Masten und Raaen von der Höhe der Seewarte oder mit dem Schiff elbaufwärts kommend, zu erblicken.

Bei der Bildung des Freihafens fiel der früher so imposante erste Ueberblick, den der Besucher vom Hamburger Hafen bereits in St. Pauli empfing, fort, indem 1888 der neue Segelschiffshafen am linken Elb-Ufer in Benutzung genommen wurde.

Ferner kamen zur Ausführung:

1891 der Kirchenpauerhafen,

1893 der Hansahafen,

der Indiahafen.

Diese Häfen weisen schon eine Wassertiefe von 6,0 bis 6,5 m unter mittlerem Niedrigwasser auf.

Im Jahre 1895 waren etwa 3000 m Liegeplätze für Seeschiffe vorhanden, von denen die Hälfte Kaistrecken waren. Der Rest waren Pfahlreihen im Strom. Diese Liegeplätze boten etwa 275 Seeschiffen zu gleicher Zeit Platz.

Die gesamten Wasserflächen der Häfen betrugen für Seeschiffe 133 ha, für Flußschiffe 55,8 ha, Kanäle und Seitenarme 80,3 ha und die freie Elbe nebst den Hafenzugängen 114,9 ha; zusammen 384 ha.

Zu den bereits erwähnten 15,1 km Kailänge für den Seeschiffsverkehr kamen noch 5,6 km ausgebaute Ufer für Seeschiffe hinzu, die an Private wie Schiffswerften und Fabriken vermietet und auf den Elbinseln Steinwärder, Grasbrook etc. im Freihafen gelegen sind. Ferner 1,25 km Ufer für Seeschiffe, welche noch nicht kaimäßig ausgebaut waren, im Ganzen also 21,95 km Kai- und Uferstrecken für den Seeschiffsverkehr.

Wenn man nun glaubte, durch den so erweiterten Ausbau des Freihafens auf Jahrzehnte hinaus den Ansprüchen des Schiffahrtsverkehrs im Hamburger Hafen genügt zu haben, so war diese Annahme eine irrige. Bereits in den 90er Jahren genügten die Liegeplätze nicht mehr den ankommenden Schiffen.

Auf die Entwickelung des Seeverkehrs des Hamburgischen Hafens während der letzten Jahre kommen wir später zurück.

Senat und Bürgerschaft mußten daher auf eine schleunige abermalige Vergrößerung der Hafenanlagen bedacht sein. Es wurden daher im westlichen Teil des Freihafens, auf dem Kuhwärder, 1897/98 4 weitere neue Hafenbecken geplant, von denen bis heute 3 Becken für den Seeschiffsverkehr fertiggestellt sind, und zwar:

der Kuhwärderhafen   mit 22,3 ha Wasserfläche,

der Kaiser Wilhelm-Hafen „ 22,6

und der Ellerholzhafen   30,9

Die beiden letzten Häfen sind ausschließlich für den Betrieb der Hamburg-Amerika-Linie bestimmt und von dieser in Pacht genommen. Bisher hatte diese große Schiffahrts-Gesellschaft im Baakenhafen die eine ganze Kaiseite, den Petersen-Kai, für ihre Ladungszwecke zur ausschließlichen Verfügung, aber bei dem gewaltigen Anwachsen der Flotte der Gesellschaft genügte diese Kaianlage schon lange nicht mehr den Bedürfnissen dieser größten Hamburger Schiffahrtsgesellschaft.

Früher hatte von allen Hamburgischen Schiffahrtsgesellschaften nur allein die Hamburg-Amerika Linie den Kaibetrieb in eigener Verwaltung am Petersen- und O'Swaldkai, zu welcher seit 1901 die Deutsche Levante-Linie folgte, die am Hansahafen ebenfalls einen Kai pachtete. Mit der Uebersiedlung des Betriebes der Hamburg-Amerika Linie in die neuen Häfen übernahm nun die Levante-Linie einen

Teil des Petersenkai für Ladezwecke, ebenso haben die Woermann-Linie und die Deutsch-Ostafrika-Linie nunmehr einen eigenen Kaibetrieb dort eröffnet.

Mit der Entwickelung des Schiffahrtsverkehrs hat sich auch im Laufe der Jahre die Größe der einzelnen Schiffe entwickelt, und haben die Häfen heute Schiffen von 10 000 tons Größe und mehr bei entsprechendem Tiefgang Raum zu gewähren.

Die neuen Häfen, welche ebenfalls vollständig mit Schuppen, Kränen und Gleisen versehen sind, haben daher eine Tiefe von 10 m unter Hochwasser oder reichlich 8 m unter Niedrigwasser erhalten.

Ebenso verhält es sich mit den Ladungsschuppen, die längs der Kaimauern aufgestellt sind, und den riesigen Schiffsladungen von oft 12 000 Tonnen = 240 000 Zentnern oder 120 Doppelwaggons Aufnahme gewähren müssen.

Die Kaischuppen an den älteren Hafenanlagen sind 15—35 m breit und einzeln 110—300 m lang. Ihr Boden befindet sich ca. 1,20 m über der Erde resp. dem Eisenbahngleise. Die neuen Kaischuppen dagegen am Kaiser Wilhelm- und Ellerholzhafen sind 53,6—61,6 m breit und bis zu 400,4 m lang. Ihre Gesamtlänge beträgt 2490 m, die Lagerfläche 137 500 qm. Die Gesamtlänge aller heute bestehenden Kaischuppen beträgt 9729 m und die von ihnen überdeckte Lagerfläche 264 360 qm. Durch die neuen Anlagen sind die früheren um ca. 50 pCt. vermehrt worden.

Die neuen Häfen auf dem Kuhwärder haben folgende Kaistrecken:

Auguste Victoria-Kai 1,1 km,
Reiher-Kai 0,2 km,
Kronprinzen-Kai 0,9 km
und Mönckeberg-Kai 0,9 km,

zusammen 3,1 km Länge.

Die Lage der neuen Hafenanlagen, deren Eröffnung am 15. Oktober 1902 erfolgte, zeigt die beigefügte Karte. Der vordere Hafen, der die Eingänge zu den Hafenbecken verbindet, heißt Vorhafen, die erweiterte Dockgrube südlich von der Werft von Blohm & Voß heißt Werfthafen, der große allgemeine

Petersen-Kai.

2*

Hafen (B) ist Kuhwärderhafen benannt worden, der Haupthafen der Hamburg-Amerika-Linie ist der Kaiser Wilhelm-Hafen und der für diese Gesellschaft gleichfalls hergestellte Hafen D der Ellerholzhafen. Westlich vom Vorhafen befindet sich der zum Zollgebiet gehörende Kohlenschiffhafen.

Ueber dieses ganze Hamburger Hafengebiet erstreckt sich nun ein weitverzweigtes Schienennetz. So beträgt die Länge der Hafenbahngleise auf dem rechten Elbufer 65,7 km, auf dem linken Elbufer

Lotsenhöft.

75,7 km mit 513 Weichen. Außerdem sind noch 14,1 km Gleise für Privatanschlüsse vorhanden, so daß die Gesamtlänge des Schienennetzes 155,5 km beträgt. Es ist dies bedeutend mehr als z. B. die Hälfte der Eisenbahnlinie Berlin—Hamburg, die bis Berlin—Wittenberg 127 km ergiebt. —

Verschiedenartig ist die Ausrüstung der einzelnen Kaistrecken mit maschinellen Hebezeugen.

War in den früheren Jahren der Dampf die allein bewegende Kraft, der dann durch den hydraulischen Betrieb abgelöst wurde, so hat sich auch hier, wie überall, die Elektrizität Eingang zu schaffen gewußt.

Im ganzen sind an den älteren Häfen 448 fahrbare Kräne in Betrieb, und zwar sind davon 263 Dampfkräne, je 1500 bis 2500 kg Tragfähigkeit, 84 elektrische Kräne, je 2500 bis 3000 kg Tragfähigkeit und 95 Handkräne je 1000 kg Tragfähigkeit. Ferner befindet sich ein großer Dampf-Drehkran von 159 tons Tragkraft am Kranhöft (31 m hoch, 10 m Ausladung). Weiter bestehen ein Dampfkran von je 50 tons und 12,5 tons und zwei elektrische Kräne von je 30 tons Tragkraft. Außerdem sind noch je ein Dampfkran zu 7500, 3000 und 1000 kg sowie drei Stück zu 5000 kg Tragkraft vorhanden.

Bei den neuen Häfen ist dagegen durchweg der elektrische Betrieb für Ladezwecke eingeführt worden.

Es sind 119 fahrbare elektrische Portal-Kräne von je 3000 kg Tragkraft, 18 elektrische Wandkräne von 2560 kg, je ein Kran von 75 tons, von 20 tons und von 10 tons und 3 Kohlenkipper für Eisenbahnwagenladungen vorhanden.

Welche enormen Kosten der heutige moderne Hafenbetrieb und seine Unterhaltung einem Staatswesen auferlegt, veranschaulicht der Voranschlag des Hamburgischen Staats für 1904 am besten. Hiernach sollten aus einer Anleihe die folgenden Kosten für Hafenbauten bestritten werden:

für Ausbau des Petersenkais	45 000 Mk.
„ des Kirchenpauerkais	400 000
„ Regulierung des Elbfahrwassers und Anlage von Löschplätzen vor Finkenwärder	510 000

für den Kanal bei Tiefstack	100 000
„ die staatlichen Häfen auf Kuhwärder	200 000
die Kaiserschuppen 45 und 48	130 000
„ den Hafen der Hamburg-Amerika Linie weitere	2 500 000
„ den Ausbau des Schutenhafens auf Kuhwärder für Kohlendampfer	100 000
„ die Hafenerweiterung am kleinen Grasbrook	500 000
und endlich für die Regulierung des Elbwassers von Neumühlen bis	
Lühersand.	1 800 000

Ferner kommen noch für den Hafenbau in Cuxhaven weitere 58 171 Mk. in Betracht.

Dem stehen sich allerdings auch wieder ganz bedeutende Einnahmen aus dem gesamten Hafenbetriebe gegenüber.

So wurden 1904 die Netto-Einnahmen aus dem öffentlichen Kaibetriebe auf 2 658 100 Mk. veranschlagt. Dieser Anschlag zeigt eine Steigerung dieser Einnahme um 158 900 Mk. gegen das Vorjahr. Ferner rechnete der Hamburger Staat 4 502 000 Mk. an Brutto-Einnahmen durch Raum und Ladungsgebühren für Schiffe, 837 000 Mk. durch Gebühren für An- und Ablieferung der Güter, 507 000 Mk. durch Lagergeld, 343 000 Mk. durch Wiegegeld, 61 000 Mk. durch Krangeld, 955 000 Mk. aus dem Hafenbetriebe sowie 184 000 Mk. aus verschiedenen Einnahmen. Von diesen $7^{1}/_{2}$ Millionen Mark betragenden Einnahmen gehen wiederum über $4^{3}/_{4}$ Millionen Mark ab für Arbeiterlöhne und Arbeiterversicherungskosten. Die Verpachtung einzelner Kaistrecken weist eine Einnahme von 1 415 206 Mk. auf. Eine Summe, welche fast ausschließlich von der Hamburg-Amerika-Linie für die von ihr gepachteten Kaiser Wilhelm- und Ellerholz-Hafen aufgebracht wird. Die Linie zahlt 1 300 000 Mk. pro Jahr. Hierzu kommt noch die Pachtsumme von 109 706 Mk. für die Cuxhavener Anlagen des Hafens auf der Westseite dieses neuen Hafens an der Elbmündung.

Kaiser Wilhelm-Hafen und Auguste Victoria-Kai.

Will man eine genauere Besichtigung des Hamburger Hafengebiets vornehmen, so erfordert eine derartige Hafenrundfahrt mit einem Fährboot etwa zwei Stunden. Aber welchen Einblick gewinnt man dafür von dem gewaltigen Handelsverkehr dieses Hafens! Die Produkte sämmtlicher Völker der Erde scheinen hier zusammen zu treffen. Zunächst führt in der Regel eine derartige Fahrt von St. Pauli durch den im Zollinland liegenden Niederhafen und den Binnenhafen in den Zoll-Kanal, in die Speicherstadt des Freihafens, die, wie bereits erwähnt, bei der Errichtung des Freihafens 1888 angelegt wurde, um den Transithandel und die Verarbeitung der seewärts ankommenden Rohmaterialien aufrecht zu erhalten. Die hier beigefügte Abbildung veranschaulicht einen solchen Speicherblock im Hamburger Freihafen Rechts und links am Zoll-Kanal erstrecken sich die mächtigen vielstöckigen Speicherbauten, die auch architektonisch das Auge zu befriedigen vermögen. Welche enormen Werte sind hier aufgespeichert! Betrug 1903 doch die Einfuhr der Rohstoffe und Halbfabrikate zur See im Hamburger Hafen 10 555 000 Tonnen im Werte von 2 397 Mill. Mk.

An der Front zieht sich an diesen Bauten das Schienengleise der Bahn entlang, während an der Rückseite sich Krane und Ladevorrichtungen befinden, um die Ladung dem eigentümlichen Hamburger Warentransportmittel zum Weitertransport, der Schute, auf den vielen Hamburg durchziehenden Fleeten zu übermitteln.

Die weitere Fortsetzung des Zoll-Kanals bildet der Ober-Hafen-Kanal, wo die aus dem Binnenlande elbabwärts kommenden Kähne, die weit aus Böhmen Ladung bringen, ihre Anker- und Ladeplätze haben.

Nun biegt das Boot in die eigentliche Elbe, in die Norderelbe, wo die beiden großen Elbbrücken den schönen Strom in mächtigen Bogen überspannen. Frei dringt nach dem Passieren der Brücke der Blick in die weiten mächtigen Hafenbecken, als deren erstes der Kirchenpauer-Hafen nur dem europäischen Schiffahrtsverkehr dienend, durchquert wird. Sogleich befindet man sich im Getriebe der transozeanischen Schiffahrt; große mächtige Ozeandampfer liegen an den Kais. Fauchende Krane holen aus den Tiefen der Dampfer Waren aller Art. Da schwingt ein Kran, in einer Schlinge mehrere Säcke Kaffee haltend, zum Schuppen. Gehört es doch nicht zu den Seltenheiten, daß aus Südamerika allein mit einem Dampfer 60 000 Sack Kaffee eintreffen. Aus einer andern Ladungsluke fördert ein Kran mächtige Baumwollballen empor u. s. w.

Während auf der Kaiseite noch die Schiffe ihre Ladung löschen, legen sich auf ihrer nach dem Wasser zu freien Bordseite schon wieder mit Gütern schwer beladene Schuten, um die schleunige Beladung zu ermöglichen. Denn nirgends als im Schiffahrtsbetrieb hat wohl das „time is money" mehr Geltung. Unermüdlich lassen die Krane ihre Ketten in die Tiefen der mächtigen Dampfer rasseln, um gleich darauf, reich beladen, sich dem Kaischuppen zuzuwenden. Grüne Fährdampfer, kleine Motorbarkassen, Boote aller Art, tief beladene Schuten beleben die Wasserfläche und werden oft, besonders bei Flut, von den Wellen hin- und hergeworfen und vom Wasser am Bug übersprüht. Erstaunlich ist die Sicherheit, mit welcher die Bootsleute durch dies Hafengewimmel ihre Fahrzeuge zu steuern wissen. Aber nicht nur die Produkte fremder Länder sieht man hier zur Verladung kommen, sondern auch Angehörige aller Nationen kann man hier erblicken. Chinesen, Inder, Neger gehören ebenso zu den Schiffsbesatzungen, wie die kaukasische Rasse. So fährt eben ein Schiffsboot mit Indern zu einem großen Dampfer, zu dessen Besatzung sie als Heizer gehören und der in regelmäßiger Fahrt nach den indischen Reishäfen verkehrt. Auf den am Petersen-Kai liegenden Dampfern der Woermann-Linie erblickt man wieder

Levante-Dampfer ankommend.

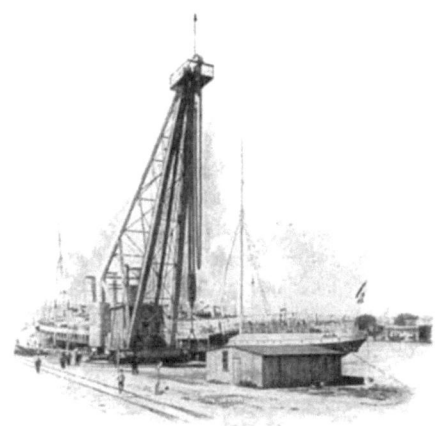

150 Ton-Kran.

Neger u. s. w. Auf einem anderen Schiff kommt man leicht in die Versuchung, dort arbeitende Leute ebenfalls für Neger zu halten, aber es sind Weiße, deren Antlitz durch den Kohlenstaub der von ihnen in die Bunker des Dampfers beförderten Kohle eine solche Farbe angenommen hat. Ja, der Dunst und Qualm mit seiner Rußplage infolge der Tag und Nacht im Hamburger Hafen qualmenden Schlote ist ein eigenes Kapitel. — Aber malerisch bleibt diese eigenartige Dunstatmosphäre jedenfalls. Nicht minder wird das Auge des Binnenländers den Segelschiffshafen mit seinem Wald von Masten bewundern. Gehören doch Deutschlands größte und schnellste Segler zur Hamburgischen Flotte. Schön geschnittene, weiß oder grau gestrichene Viermaster sind im Hafen alltägliche Erscheinungen; wenn man Glück hat, trifft man auch die beiden größten Segler der Welt, die Fünfmaster

„Preußen" und „Potosi" von der bekannten Reederei F. Laeisz, im Hafen, von einer Reise nach der Westküste Südamerikas, mit Salpeter beladen, heimgekehrt.

Weiter am Ausgange des Segelschiffshafens, am Kranhöft, fällt der mächtige 150 Tons-Kran ins Auge. Auf dem linken Elbufer schweift der Blick noch in den India- und Hansahafen.

Aber nicht nur das Auge, sondern auch die Nase wird oftmals im Hafen in Anspruch genommen, welch' letzteres nicht immer zu den Annehmlichkeiten gehört. Kommt man z. B. an einer Ladung gesalzener Häute vorbei, die aus einem südamerikanischen Dampfer gelöscht werden, so hat dieses Odeur nichts mit dem Parfum gemein, welches vis-a-vis dem Jülichs Platz in Köln mit Vorliebe gekauft zu werden pflegt.

Anders wirkt schon der sich von weitem bemerkbar machende intensive Geruch von Orangen und Südfrüchten. Große Dampfer, in der Regel von der Deutschen Sloman-Linie oder der Levante-Linie, beladen mit tausenden von Apfelsinenkisten, löschen hier ihre aus dem Mittelmeer überbrachte saftige Ladung. So kamen in dem staatlichen Schuppen von 2731 qm Größe am Versmannkai während eines Betriebsjahres (1897/98) 25 825 Tonnen Südfrüchte an, in den folgenden Jahren 39 444, 51 375, 52 569, 74 547 und im letzten Jahre (1902/03) 82 082 Tonnen. In diesen Schuppen werden die Kisten geöffnet, die schlechten, angestoßenen Früchte entfernt und gelangen dann sortiert meistens mit der Bahn teils ins deutsche Binnenland, aber auch darüber zur Versendung, und durch den Detailhandel ins große Publikum.

Allmählich nähert sich das Boot den älteren, bereits eingangs erwähnten Hafenanlagen, dem Strandhöft, als Eingang zum Grasbrook-Hafen. Im Strom, vor dem Strandhöft, im Strandhafen, liegen meist immer mehrere große Dampfer der Hamburg-Süd-

Südfruchtschuppen im Hamburger Hafen.

amerikanischen Dampfschiffahrts-Gesellschaft in Ladung, an denen der Fährdampfer wie eine Nußschale vorbei schwankt.

Am linken Elbufer konnte man dabei gleichzeitig die Werftanlagen der im Hamburger Freihafen auf dem Grasbrook vorhandenen Schiffswerfte mit den davor gelagerten Schwimmdocks, in denen die Ozeanriesen zur Reparatur Aufnahme finden und so erst die volle Größe erkennen lassen, erblicken. Es sei an dieser Stelle gleich dieser für Hamburgs Rhederei und Hafenbetrieb wichtigen Industrie mit einigen Worten gedacht. Hamburg besitzt mehrere Werftbetriebe, die zum Teil für den Bau großer Ozeanschiffe eingerichtet sind, zum Teil für den Bau kleinerer Schiffe und für Schiffsreparaturen. Die auf dem Grassbrook liegende Reiherstiegschiffswerft und Maschinenfabrik betreibt den Bau großer Seedampfer, wie sie z. B. für die Hamburg-Amerika Linie und die Hamburg-Südamerikanische Linie mehrere Dampfer erbaut hat. Es werden ungefähr 2000 Arbeiter beschäftigt. Das Aktienkapital beträgt $2^1/_2$ Millionen Mark und erstreckt sich das Werftareal von 27 000 qm an dem linken Elbufer und dem Reiherstieg-Kanal. Zwei große Schwimmdocks von je 11 500 tons resp. 5000 tons Hebekraft stehen für Reparaturen zur Verfügung.

Benachbart dieser Werft ist das Trockendock der Hamburg-Amerika Linie. Die Werft von Stülken besitzt ebenfalls ein großes Schwimmdock. Weiter folgt auf dem linken Ufer die Werft von Heinrich Brandenburg, auf der Insel Steinwärder gelegen, ca. 700 Arbeiter beschäftigend. Die Werft besitzt ebenfalls ein Schwimmdock von 7000 tons Hebekraft. Die Schiffswerft und Maschinenbauanstalt A. G. vorm. Janssen & Schmilinsky beschäftigt 300 Arbeiter. Der ihr benachbarte Werftbetrieb von Blohm & Voß ist der größte des Hamburger Hafens und einer der größten Deutschlands überhaupt. Es werden ca. 5000 Arbeiter beschäftigt. Das Areal beträgt 18 ha. Zahlreiche große deutsche Kriegsschiffe und große Postdampfer wurden hier erbaut. Die Werft verfügt für Reparaturen über drei große Docks, darunter eins von 17 500 tons Hebekräften.

Von einer Aufführung der sonstigen kleineren Werftbetriebe mit Bootsbauereien sei Abstand genommen. Es sollte nur gezeigt werden, in wie umfangreicher Weise der Hamburger Hafen den Seeschiffen Gelegenheit bietet, durch Dockungen den so wichtigen Bodenanstrich zu erneuern oder sonstige Reparaturen schnell vornehmen zu lassen.

Noch sei ein Blick in das erst erbaute Hafenbecken, den Sandtorhafen, geworfen, auf dessen Landzunge auf einem Kaispeicher sich der Zeitball befindet, der Mittags 1 Uhr nach Greenwicher Zeit fällt, und wonach dann die Schiffe ihre Chronometer genau einstellen.

Elbabwärts geht es nun weiter, wo die auf und ab patrouillierenden Zollbarkassen auf der gedachten Demarkationslinie des Stromes die Kontrolle ausüben über den Verkehr der ankommenden Schiffe zum Freihafen oder Zollinlandhafen.

Immer noch weiter, an Pfählen befestigt, erblickt man mächtige Seeschiffe, die den Brandenburger Hafen füllen, darunter auch drei mächtige Eisbrecher, die für den Schiffahrtsverkehr auf der Elbe im Winter wichtig sind und das Fahrwasser bis Cuxhaven frei zu halten haben.

Vorbei geht es an der Werft von Blohm & Voß, von wo emsiges Hämmern an unser Ohr dringt und der Vorhafen zu den neuen Hafenanlagen auf Kuhwärder uns aufnimmt.

Bei der Einfahrt liegt rechter Hand

der neue Kohlenhafen,

in dem die von England kommenden Kohlendampfer ihre Ladung zu löschen haben. Die Kohle bildet einen bedeutenden Einfuhrartikel im hamburgischen Handel. Früher, in den 40er Jahren des vorigen Jahrhunderts, dominierte ausschließlich die englische Steinkohle. 1865 wurden im ganzen ca. 5,5 Millionen Doppelzentner Kohlen in Hamburg eingeführt, von denen 5,4 Millionen englische und nur 0,1 Millionen

'|Kaiser Wilhelm-Hafen vom Raiherkai aus gesehen.

Doppelzentner deutsche Kohle waren.} |Erst mit der Erschließung der großen Kohlengebiete in Westfalen und an der Ruhr und der Erbauung der Eisenbahn Köln—Bremen—Hamburg kam auch die deutsche Kohle mehr zur Einfuhr. Aber immer noch fällt es der deutschen Kohle heute schwer, infolge des Frachtunterschiedes mit der auf dem billigen Wasserwege importierten englischen Kohle zu konkurrieren. Durch die Erbauung des Dortmund-Ems-Kanals, wo Emden als Ausgangshafen in Frage kommt, hat man schon der englischen Konkurrenz zu begegnen versucht. Aus England kamen im Jahre 1902 im Hamburger Hafen 1617 Kohlenschiffe mit 1 161 000 netto Reg. tons an, und zwar bis auf sieben Segelschiffe mit 10 000 tons, sämtlich Dampfer. Der Höhepunkt der englischen Kohlenimporte war 1900 mit 1816 Schiffen, darunter 11 Segler mit 1 269 000 tons.

Die Gesamteinfuhr von englischen und westfälischen Kohlen und Koks im Jahre 1903 nach und über Hamburg hat fast 5 Millionen tons (à 20 Zentner) erreicht. Es sind dies ca. 375 000 tons mehr als im Vorjahr. Von diesem Mehrimport entfallen ca. 275 000 tons auf England und ca. 100 000 tons auf Westfalen.

Oberschlesische Kohle kommt nach den Nordseehäfen so gut wie gar nicht zur Einfuhr.

In dem neuen Kohlenhafen befinden sich zehn Liegeplätze für Dampfer und zwei Liegeplätze sind noch in St. Pauli im alten Hafen. Dem Bedürfnis des Kohlenimports genügen aber die jetzigen Lade-resp. Löschvorrichtungen nicht mehr; der Hafen wird daher bedeutend vergrößert.

In den von der Hamburg-Amerika Linie gepachteten beiden neuen Häfen, Kaiser Wilhelm- und Ellerholz-Hafen, denen wir uns zuwenden, wird man immer eine größere Anzahl der gewaltigen Ozeandampfer dieser Linie antreffen.

Die hier beigefügte Illustration zeigt den Kaiser Wilhelm-Hafen von der Einfahrt aus gesehen. Im Hintergrunde am Reiherkai befindet sich neben dem großen Kran das Hafen-Verwaltungsgebäude der Hamburg-Amerika Linie. In der Mitte des 230 m breiten Hafens befinden sich Pfahlgruppen (Duedalben) von je 16 Pfählen für die Vertauung der großen Dampfer im Hafen, falls sie nicht am Kai liegen.

Gelöschte Ladung eines Dampfers der Hamburg-Amerika Linie.

Etwa eine Million Kubikmeter Erdreich mußte aus dem Hafen herausgebaggert werden, um ihm die für die großen beladenen Schiffe nötige Tiefe von — 4,7 m zu geben, so daß bei gewöhnlichem Hochwasser eine Wassertiefe von 33 engl. Fuß = 10 m vorhanden ist. Der ausgebaggerte Sandboden diente dann zum Teil wieder zur Erböhung des Terrains für die Kaischuppen.

Die andere Abbildung zeigt den Auguste Victoria-Kai im Kaiser Wilhelm-Hafen. Die dritte Illustration gewährt nochmals einen Ueberblick über dieses Hafenbecken vom Reiher-Kai aus gesehen. Links am Kronprinzen-Kai löschen die Dampfer, rechts am Auguste Viktoria-Kai laden sie. Ein viertes Bild gewährt Einblick in einen Schuppen am Kronprinzen-Kai mit der gelöschten Ladung eines Amerika-Dampfers. Verbunden durch einen Kanal ist das andere Hafenbecken, der Ellerholz-Hafen, wovon auch eine Abbildung hier beigefügt ist, mit dem Blick auf den Mönkeberg-Kai. Ein Dampfer der Hamburg-Amerika Linie löscht mittelst Getreideheber seine wertvolle Ladung in daneben liegende Leichter.

Auch im Ellerholz-Hafen, der eine mittlere Länge von 1050 m und eine Breite von 200 m, an der Einfahrt 240 m, hat, waren große Erdmassen zu baggern, um ihn auf die nötige Wassertiefe von 9,15 m = 30 Fuß englisch bei gewöhnlichem Hochwasser zu bringen. Eine Million Kubikmeter Erde wurde auch im Vorhafen der beiden Hafenbecken ausgebaggert.

Der Kaiser Wilhelm-Hafen.

Der grosse electrische Kran am Kaiser Wilhelm-Hafen.

Wie schon bemerkt, durchzieht das ganze mächtige Hamburger Hafengebiet an den Kais ein Schienengeleise, welches so eine direkte Ueberladung von Massengütern vom Waggon ins Schiff gestattet und umgekehrt. Beträchtliche Warenmengen werden in Hamburg direkt von der Bahn ins Schiff und umgekehrt verladen. Im Jahre 1903 erfolgten derartige Umladungen von 68 Dampfern und 115 Seglern. Es wurden auf diese Weise 47 563 Gewichtstonnen in die Waggons und 44 125 aus den Waggons in die Schiffe verladen. Hauptsächlich pflegen die Schiffe auf diese Weise zu löschen Salpeter, Kohlen und Erz; zu laden in erster Reihe Salz, Zucker, Kohlen, Schienen, Stabeisen und beträchtliche Mengen anderer Güter.

Wenden wir uns jetzt mit dem Fährdampfer wieder dem jenseitigen Ufer der Elbe zu. Unser Blick umfaßt nochmal elbaufwärts gerichtet, das emsige Treiben auf dem bewegten Strom. Rechts die Werften, in der Ferne, in Dunst und Qualm verschwommen, der Wald von Masten der Dampfer und Segler, linker Hand auf einer Anhöhe das Seemannshaus mit dem Seemannsamt, wo alljährlich über 50 000 Seeleute aller Nationen, allerdings überwiegend Deutsche, als Besatzung der im Hafen liegenden Schiffe „an"- resp. „abgemustert" werden; dahinter auf einem anderen Hügel das Gebäude der Deutschen Seewarte. Ganz im Hintergrund tauchen die prachtvoll patinierten Türme von St. Catharinen und St. Michaelis auf.

So eigenartig und fesselnd das Bild ist, den Hamburger Hafen bei der Arbeit aufzusuchen, ebenso malerisch und interessant ist es, das Treiben im Hafen nach Feierabend zu beobachten, wenn die von Arbeitern dicht besetzten grünen Fährboote die vielen Arbeiter in St. Pauli oder am Baumwall landen. Werden doch im ganzen Hafengebiet nicht weniger als 20 000 Arbeiter beschäftigt; hierzu kommen nun noch die Tausende von Arbeitern, die auf den im Freihafengebiet gelegenen Werften und Fabriken beschäftigt werden. Für den Aufenthalt der im Hafen beschäftigten Arbeiter während der Arbeitspausen befinden sich auf jedem Kai und in den Fabriken Aufenthaltsräume, ebenso mehrere Volkskaffeehallen, die von einer staatlich unterstützten Gesellschaft betrieben werden. Ebenso reizvoll ist der Hafen, wenn das Tageslicht entschwindet und auf dem schönen, gewaltigen Strom die vielen weißen, roten und grünen Lichter der Schiffe mit ihren vielen farbigen Reflexen im Wasser aufleuchten.

Hamburgs Hafen ist schön zu jeder Tages- und Jahreszeit, und darf mit Recht nicht nur der größte, sondern auch der schönste deutsche Seehafen genannt werden.

Hamburgs Schiffsverkehr.

Mit der Vergrößerung der Hafenanlagen Hamburgs hat auch der Schiffahrtsverkehr der dort alljährlich ein- und auslaufenden Fahrzeuge Schritt gehalten, denn das eine bedingt das andere. Die heute im volkswirtschaftlichen Leben so wichtige Statistik gibt uns leider erst seit dem Beginn des 19. Jahrhunderts Aufschluß über die Entwickelung der Hamburgischen Seeschiffahrt. Um die Wende des 19. Jahrhunderts liefen jährlich etwa 2000 Segelschiffe in den Hafen ein. Ihre durchschnittliche Transportleistungsfähigkeit war 77,5 Reg. tons (à 2,8316 cbm). Man kann daraus gleichzeitig ersehen, zu welchen riesigen Dimensionen die heutigen Schiffsgefäße angewachsen sind. Schiffe von 5—8000 tons Tragfähigkeit gehören heute nicht mehr zu den Seltenheiten.

Trotz der ziemlich großen Schiffszahl, die den Hamburger Hafen schon damals belebte, war doch der gesamte Schiffsverkehr in der Leistungsfähigkeit nicht groß; er umfaßte 155 000 tons.[*)]

Während der Kontinentalsperre, die Napoleon I. über Europa verhängte und der Besetzung Hamburgs durch die Franzosen stockte die Schiffahrt fast ganz. Nur langsam hob sie sich dann wieder. Es fehlte aber an Mitteln, dem Zuge der neuen Zeit zu folgen. Während in England das Dampfschiff seinen Siegeszug begann, mußte Hamburg noch Jahrzehnte lang bei der Segelschiffahrt bleiben. Dem ersten

---

*) „Hamburgs Schiffahrt und die Hamburg-Amerika Linie."

Dampfer auf der Elbe, der am 17. Juni 1816 aus Yarmouth eingetroffenen „Lady of the lake", folgte schon einige Jahre später die regelmäßige Dampferlinie der General Steam Navigation Co. zwischen London und Hamburg, welche noch heute besteht. Erst 1849 wurde das erste Hamburger Seedampfschiff „Helene Sloman" erbaut und in die New Yorker Fahrt eingestellt, während die 1847 gegründete Hamburg - Amerikanische Packetfahrt-Gesellschaft nach dort ihre Fahrten noch mit Segelschiffen betrieb.

Im Jahre 1850 trafen schon 530 Dampfer unter englischer und holländischer Flagge mit zusammen 167000 tons im Hamburger Hafen ein, während die Hamburgische Reederei selbst nur neun Dampfer von zusammen 2842 tons besaß. 1860 war die Zahl der im Hamburger Hafen verkehrenden Dampfer schon auf 1160 mit 414700 tons gestiegen, neben 3200 Segelschiffen. Von da ab steigt die Zahl und Größe der Dampfer rapid, während die Segelschiffe abnehmen. Erst im letzten Jahrsehnt hat infolge der wachsenden Größe der Fahrzeuge die Tonnenzahl der Segler wieder bedeutend zugenommen.

Der große Kran in Tätigkeit.

Im Jahre 1897 kamen im Hamburger Hafen an:

11 173 Seeschiffe mit	6 708 070 Reg. tons

und zwar aus deutschen Häfen:

3 694 Seeschiffe mit	617 560

aus englischen Häfen:

1 314 Kohlenschiffe mit	856 002
2 317 Seeschiffe mit anderer Ladung	1 327 649

aus dem übrigen Europa:

2 351 Seeschiffe mit	1 282 723

Die Deutsche Seewarte.

aus Amerika:

     1 089 Seeschiffe mit .   1 947 190 Reg. tons

aus Afrika:

     182 Seeschiffe mit   261 537

aus Asien und Australien:

     226 Seeschiffe mit .   445 409

Unter den angekommenen Seeschiffen befanden sich:

     3 336 Segelschiffe mit   672 374

     7 837 Dampfschiffe mit   6 035 696

Von den angekommenen 11 173 Schiffen waren 8728 in Ladung und 2455 in Ballast

Den Hamburger Hafen verließen 1897 im ganzen:

     11 293 Seeschiffe mit   6 851 987 Reg. tons

und zwar nach deutschen Häfen:

     3 421 Seeschiffe mit   536 480

nach England:

     4 171 Seeschiffe mit   3 025 285

nach dem übrigen Europa:

     2 387 Seeschiffe mit   928 923

nach Amerika:

     924 Seeschiffe mit   1 698 742

nach Afrika:

     195 Seeschiffe mit   276 839

nach Asien und Australien:

     195 Seeschiffe mit   375 718

Unter diesen Schiffen befanden sich:

     3 367 Segelschiffe mit   698 363

     7 926 Dampfschiffe mit .   6 158 684

Im Jahre 1903 kamen in Hamburg an:

     14 028 Schiffe mit   9 156 000

darunter

     9 449 Seedampfer mit   8 314 000

Es gingen in der Zeit ab:

     14 073 Schiffe mit   9 221 000

     9 484 Dampfer mit   8 378 000

Man sieht aus diesen Zahlen die gewaltige Steigerung des Hamburgischen Schiffsverkehrs.

    Auch das erste Halbjahr 1904 weist wieder bedeutende Fortschritte auf. Vom 1. Januar 1904 bis Ende Juni liefen 7167 Seeschiffe mit 4 794 734 Reg. tons netto ein und gingen ab 7094 Seeschiffe mit 4 784 154 Reg. tons netto. Es ist dies eine Zunahme der ankommenden resp. abgehenden Schiffe gegenüber der Periode des Vorjahres um 496 Schiffe mit 404 273 tons resp. 470 Schiffe mit 341 415 tons.

    Die Zunahme des Verkehrs fällt im letzten Jahre nicht allein den Dampfschiffen, sondern auch den Seglern zu, während im Vorjahre bei den Seglern der Tonnage nach ein Rückgang eingetreten war.

    Die Zahl der mit transatlantischen Häfen verkehrenden Schiffe weist einkommend eine namhafte Vermehrung, ausgehend dagegen eine kleine Verminderung gegen das Vorjahr auf, der Zuwachs des europäischen Verkehrs übertrifft aber diese Abnahme bedeutend. Es kamen von transatlantischen Häfen im letzten Halbjahr 847, im Vorjahre 762 beladene Schiffe an und gingen 611, im Vorjahre 629 beladene Schiffe ab. Von europäischen Häfen kamen jedoch im letzten Semester 4183, im Vorjahre erst 4025 beladene Seeschiffe; die Anzahl der ausgehenden beladenen Seeschiffe in europäischer Fahrt betrug 4902 gegen 4311. Die Anzahl der leer nach transatlantischen Häfen bestimmten Seeschiffe ist bis auf 39 (im Vorjahr 42) heruntergegangen. Im europäischen Verkehr war eine Zunahme der leer expedierten Fahrzeuge zu konstatieren, namentlich kamen mehr leere Schiffe von europäischen Häfen, um Ladung von Hamburg aus weiterzubefördern, nämlich 2136 gegen 1881 Fahrzeuge im ersten Halbjahr 1902.

Der Verkehr dieser jährlich wachsenden Schiffszahl macht sich natürlich an den vom Hamburger Staat mit so großen Kosten geschaffenen Kaianlagen am stärksten bemerkbar.

Erfreulicherweise sind es vor allen Dingen die deutschen Schiffe, welche mit immer größerer Tonnage diesem Verkehr dienen, während die Beteiligung der fremden Flaggen einen weit geringeren Zuwachs und eine relative Abnahme ihres Anteils aufweist.

Nach den Ausweisen der staatlichen Kaiverwaltung zu Hamburg sind im Jahre 1902 5114 Schiffe an die Kais gekommen mit insgesamt 4 772 766 Reg. tons netto, das sind gegenüber 1900 141 Schiffe und 50 401 tons mehr. Seit dem Jahre 1897 beträgt die Zunahme 773 Schiffe und 1 231 607 tons. Auf die deutsche Flagge kam von der Tonnage 1897 erst

Getreide-Elevatoren in Tätigkeit.

ziemlich genau die Hälfte, jetzt aber wesentlich mehr, nämlich bei 2221 Fahrzeugen 2 961 737 tons oder 62 pCt. Von der Zunahme des Kaiverkehrs seit 1901 kommen auf die deutsche Flagge allein 49 280, seit 1897 dagegen 1 084 162 tons oder 88 pCt der gesamten Zunahme. Die deutschen Schiffe zeigen eine durchschnittliche Tonnage von 1334 tons, die ausländischen nur von 626 tons. Es bestätigt sich demnach auch in diesen Zahlen wieder, daß die Einstellung großer deutscher Dampfer in dem größten kontinentalen Hafen den Anteil der fremden Flaggen immer mehr zurückdrängt.

Nächst der deutschen Flagge ist im Hamburger Kaiverkehr die englische wiederum am stärksten beteiligt, mit 1872 Dampfern und 1,34 Mill. tons. Diese Flagge zeigt gegenüber 1897 eine kaum merkliche Zunahme, gegenüber 1898 und 1899 eine erhebliche Abnahme. In sehr beträchtlichem Abstande folgt an den Kais die norwegische Flagge mit 161 000 tons, dann   sämtlich weit unter 100 000 tons — die holländische (64 500), die schwedische (52 000), die dänische (51 000), die spanische (29 000), die italienische (25 000). Die amerikanische Flagge tauchte 1901 zum ersten Mal recht bescheiden mit drei Schiffen und 4488 tons auf, 1902 fehlt sie wieder, auch die anderen Nationen kommen nicht ernstlich in Betracht. Eine direkte Abnahme gegen 1901 finden wir für die norwegische und holländische Flagge.

An den staatlichen Kaistrecken legten im Jahre 1902 4689 Schiffe mit 3 457 142 tons, an den privaten Kais 425 Schiffe mit 1 315 624 tons an. Im ersten Falle betrug die Zunahme gegen das Vorjahr 133 000 tons, im letzteren Falle die Abnahme 62 000 tons. Als Aenderung ist zu erwähnen. daß die Hamburg-Amerika Linie im letzten Jahre die neuen Hafenanlagen in Cuxhaven in Betrieb nahm und außerdem ihre New Yorker Postdampfer im Sommer auf der Reede von Brunshausen statt im Hamburger Hafen abfertigte. Die letztgenannte Gesellschaft hat an ihren Kais 358 Schiffe mit 1 225 935 tons gehabt und außerdem noch 14 Schiffe mit 43 947 tons an die Staatskais gelegt. Damit, kommen von dem gesamten Kaiverkehr in Hamburg 27 pCt., von dem Verkehr deutscher Schiffe 43 pCt. auf diese eine Gesellschaft. Ihr O'Swald-Kai hat auch der Tonnage nach von allen Hamburger Kais wieder den stärksten Verkehr (744 000 tons), während der Schiffszahl nach der Sandtor-Kai mit 838 Schiffen obenan steht.

Von den an den Kais liegenden Schiffen kommen der Tonnage nach über $^1/_{10}$ und zugleich die größten Fahrzeuge aus New York (113 Schiffe mit 551 000 tons).

Hamburgs Flußschiffahrt auf der Ober- und Niederelbe.

Durch die Bedeutung Hamburgs als ersten Seehafen Deutschlands wird seine Bedeutung für den Flußschiffahrtsverkehr etwas in den Hintergrund gestellt. Und doch wird der Flußschiffahrtsverkehr Hamburgs in Deutschland nur durch den von Duisburg-Ruhrort und Berlin übertroffen. In beiden letzteren Häfen sind es hauptsächlich die Beförderungen von Massengütern, welche den Verkehr so anschwellen lassen. In Ruhrort die Ausfuhr der Kohle, in Berlin die Einfuhr von Bau- und Brennmaterialien. In Hamburg ist dagegen vielfach, abgesehen von den Massengütern, der wertvolle Stückgutverkehr, welcher die Flußschiffe elbaufwärts oder abwärts führt. Im Jahre 1902 kamen talwärts von der Oberelbe 16 444 Kähne, Schlepp- und Güterdampfschiffe nach Hamburg-Altona und 16 852 Fahrzeuge gingen elbaufwärts. Die Tragfähigkeit dieser ein- und ausgehenden Schiffe belief sich auf insgesamt 10,7 Mill. tons, die Besatzung, ebenfalls ein- und auskommend gerechnet, auf 124 894 Mann. Zu Tal schwimmend trafen auf diese Weise Güter im Gesamtgewicht von 25,5 Mill. Dz brutto in Hamburg-Altona ein. Zu Berg verladen wurden 34,3 Mill. Dz. Hierbei nimmt Magdeburg als Herkunftsort der Schiffe den ersten Platz ein, wogegen Berlin als Bestimmungsort diesen Platz behauptet. Die Verschiffungen nach der Reichshauptstadt betrugen 7,2 Mill. Dz auf 2911 Fahrzeugen.

Für die Hamburger Flußschiffahrt kommen die Oder, Havel, Saale und Elbe in Betracht. Am wenigsten verkehren Hamburger Schiffe auf der Saale, am meisten naturgemäß auf der Elbe. Im Jahre 1900 gingen von Hamburg nach der Saale 19 (meist Schlepper), nach der Oder 151 Schlepper und Segler), nach der Havel 663

Hebung eines gesunkenen Dampfers im Hamburger Hafen.

(ca. 75 pCt. Schlepper, der Rest Segler) und die Elbe abwärts 3311 beladene Schiffe aller Art. Insgesamt wurden mit diesen Fahrzeugen (eingerechnet 99 Schiffe nach dem Mitte jenes Jahres eröffneten Elbe-Trave-Kanal) 5,6 Mill. Dz Waren und zwar ca. 3 Mill. Dz Steine und Eisen, 1,7 Mill. Dz Stückgüter, 0,9 Mill Dz Kohlen und Cinders von Hamburg nach Preußen, Mecklenburg, Anhalt, Sachsen, Böhmen, Lübeck und Hamburgischen Gebieten befördert. Der Hamburgische Segelverkehr war am stärksten auf der Havel, der Schlepperdienst auf der Elbe (850) und Havel (495), der Dampferdienst ausschließlich auf der Elbe (2398) vertreten. Die preußischen Gebietsteile wurden mit 1551 Schiffen am reichlichsten

Die „Patricia" auf der Elbe.

bedient; es folgte Mecklenburg mit 1387 Hamburgischen Schiffen (Elbdampferverkehr), Hamburgisches Gebiet mit 804 Dampfern, Sachsen und Böhmen mit 229 Schiffen (Elbschleppschiffahrt) und Anhalt mit 174 Schiffen (meist Schleppschiffahrt auf Elbe und Saale). Nach Lübeck gingen 97 Hamburgische Segel- und Schleppschiffe durch den Elbe-Trave-Kanal.

Sehr bedeutend ist auch der Verkehr Hamburgs mit der Niederelbe. Bei einer Fahrt elbabwärts begegnet man ganzen Flotten der sogenannten „Ewer", die landwirtschaftliche Erzeugnisse, dann besonders Mauersteine und Zement von den an der Unterelbe gelegenen Fabriken, nach Hamburg bringen und

Bedarfsartikel aller Art von dort zurücknehmen. Dieser Verkehr wird nicht statistisch ermittelt. Einen gewissen Anhalt für seinen Umfang gibt der Umstand, daß im Jahre 1887, bis wohin amtliche Schätzungen über ihn veranstaltet wurden, nach derselben über 43 000 Fahrzeuge mit über 2 000 000 Reg. tons Raumgehalt von der Unterelbe in Hamburg angekommen sind. Seitdem hat zweifellos auch in diesem Verkehr eine bedeutende Zunahme stattgefunden.

Hamburgs Flotte und regelmäßige Linien.

Wie man aus dem Hamburgischen Schiffsverkehr ersehen hat, gibt es kaum einen Seestaat der Welt, von dem nicht Schiffe jährlich im Hamburger Hafen einträfen. Ganz besonders hat sich in Hamburg die transozeanische Schiffahrt speziell mit Amerika entwickelt. Hieran ist nun die in Hamburg beheimatete Flotte stark beteiligt, wenn sie natürlich auch nicht bei weitem allein diesem gewaltigen Handelsverkehr genügen kann.

Abfahrt eines Woermann-Dampfers nach Südwestafrika.

Indes wächst die Hamburgische Reederei ständig mit der Bedeutung dieses Seeplatzes, und mag über ihre Entwickelung die nachstehende Aufstellung eine Uebersicht gewähren.

Die Hamburgische Flotte bestand:

Im Jahre		Dampfschiffen mit	Reg. tons netto	und	Segelschiffen mit	Reg. tons netto
1845	aus	5			235	
1851		8		„	343	
1872		62			340	
1882	„	162		„	329	
1893	„	337			294	
1900	„	436			289	
1901	„	486		„	309	
1903	„	531			333	
1903	„	567		„	347	
1904	„	598	„	„	„ 374	„

Hatte demnach bis zum Beginn des neuen Jahrhunderts die Segelschiffahrt abgenommen, so weist sie mit dem neuen Jahrhundert eine zunehmende Tendenz wieder auf. Es ist darauf zurückzuführen, daß für gewisse Massengüter wie Salpeter, Reis etc. heute große, schnellsegelnde Schiffe immer noch mit dem teuren Betriebsmaterial, dem Dampf, erfolgreich zu konkurrieren vermögen. Ein völliges Verschwinden des Segelschiffes vom Meere ist daher wohl nie zu befürchten und werden wohl noch lange hinaus jene schönen schlank gebauten, stählernen Vier- und Fünfmaster der Hamburger Reedereien mit ihrer Segelfülle das Meer durchqueren.

Im Hamburger Hafen nahmen früher die fremdländischen Flaggen einen größeren Teil des Schiffsverkehrs als die deutsche Flagge für sich in Anspruch, und zwar fast ausschließlich infolge der außerordentlichen Ueberlegenheit der englischen Flotte. In jahrelangem, zähem Wettbewerb hat aber endlich die deutsche Schiffahrt die erste Stelle errungen. Ihre Tonnage wuchs im Jahre 1899 über die fremdländische empor und in demselben Jahre drängte speziell die Hamburgische Flagge die großbritannische aus der ersten in die zweite Reihe des Hamburgischen Schiffsverkehrs. Heute überwiegt die deutsche Flagge mit 4,66 Mill. Reg. tons – das ist die Zahl vom Jahre 1902 — weitaus im Hamburger Hafen; alle Schiffe fremder Nationen zusammen hielten nur 4,1 Mill. Reg. tons. Und die Hamburgische Flagge hat mit 3,7 Mill. tons ihren Vorrang vor der britischen, die im letztvergangenen Jahre über 3,1 Mill. tons gebot, siegreich behauptet und befestigt.

Flutanzeiger im Hamburger Hafen.

Die Hamburgische und die englische Tonnage stehen im Hamburger Hafenverkehr so weit voran, daß sie einzeln die den dritten Rang beanspruchende Tonnage Norwegens um das dreizehn- und zwanzigfache übertreffen. Norwegen schickte 232 000, Dänemark 133 000, Holland 124000, Schweden 101 000 Registertons. Alle übrigen Länder, wie Frankreich, Oesterreich-Ungarn, Italien, Spanien u. s. w., bleiben mit ihrem Anteil unter 100 000 tons zurück. Gegen das Vorjahr 1901 hat die deutsche, großbritannische, dänische, niederländische, französische, italienische, österreich-ungarische und griechische Flagge im Verkehr zugenommen, namentlich die beiden letztgenannten haben verhältnismäßig große Fortschritte gemacht. Dagegen ist die norwegische, russische und spanische Flagge zurückgegangen. Außereuropäische und exotische Flaggen, die eine seltene Erscheinung im Hamburger Hafen sind, waren im Jahre 1902 einkommend nur mit 1 nordamerikanischen Schiff von 1177 tons, 1 brasilianischen von 121 tons und 1 argentinischen von 1068 tons vertreten; chilenische Schiffe blieben in diesem Jahre ganz aus.

An der Spitze der ganzen Hamburgischen Flotte steht die 1847 gegründete Hamburg-Amerika Linie, welche 1903 138 Seeschiffe mit 628 000 Reg. tons brutto besaß. Der folgt die Hamburg-Südamerikanische Dampfschiffahrts-Gesellschaft mit 29 Seeschiffen von 122 313 Reg. tons, die Deutsch - Australische Dampfschiffahrts - Gesellschaft mit 26 Schiffen von 106 674 Reg. tons, die Woermann-Linie mit 36 Schiffen von 74 778 Reg. tons, die Deutsche Dampfschiffahrts-Gesellschaft „Kosmos" mit 27 Schiffen von 110 842 Reg. tons, die Deutsche Ostafrika-Linie mit 21 Schiffen von 70 993 Reg. tons, die Deutsche Levante-Linie mit 28 Schiffen von 64 087 Registertons, die Deutsch-Amerikanische Petroleum-Gesellschaft mit 11 Schiffen von 41 098 Registertons, F. Laeisz mit 17 Segelschiffen von 36 855 Reg. tons, Aktien-Gesellschaft „Alster" mit 8 Segelschiffen von 20 558 Reg. tons, Dampfschiffs-Reederei „Union" mit 19 Dampfern von 53 189 Reg. tons u. s. w.

Alle diese hier aufgeführten Reedereien und noch einige andere unterhalten mit ihren Schiffen regelmäßige Linien von Hamburg nach den verschiedenen Ländern.

Das Netz regelmäßiger Linien, welches sich von Hamburg aus über alle Meere nach allen Ländern der Erde spannt, zeigt die Flaggen der verschiedenen Nationen. 75 regelmäßige Linien gehen unter deutscher Flagge, 38 unter englischer, 6 unter norwegischer, 4 unter dänischer, 3 unter holländischer, 2 unter schwedischer, je 1 unter russischer, spanischer, belgischer und französischer Flagge. Von den deutschen Linien verkehren 13 zwischen Hamburg und den deutschen Häfen, ebensoviel zwischen Hamburg und russischen Häfen, 9 zwischen Hamburg und Großbritannien, 22 in außereuropäischer Fahrt. 56 Linien werden von Hamburgischen Reedern unterhalten; davon verkehren 6 ausschließlich zwischen Hamburg und Großbritannien, 26 in außereuropäischer Fahrt. Von den

Blick auf die Speicher, die elektrische Zentrale und die Verwaltungsgebäude
der Hamburg-Amerika Linie.

38 englischen Linien, welche Hamburg anlaufen, führen 6 über Europa hinaus nach Amerika und Afrika; die nordamerikanische Flagge, die im Jahre 1901 mit einer Linie vertreten war, ist ganz verschwunden. Von allen regelmäßigen Linien wurden 1902 nicht weniger als 7162 Reisen (3873 deutsch) ausgeführt, darunter 975 Reisen, die nach außereuropäischen Ländern gerichtet waren; für die letzteren wurden 2,6 Mill. Reg. tons netto, für alle Reisen insgesamt 5,7 Mill. Reg. tons netto in Anspruch genommen.

Zu den regelmäßigen Linien seewärts gehört, abgesehen von der Verbindung nach den Ems-häfen, auch eine Linie, durch die Hamburg nach der Rheinprovinz auf diesem Wege mit Köln, Düsseldorf, Duisburg, Ruhrort eine regelmäßige Verbindung unterhält. Im Jahre 1903 kamen von der Rhein-provinz über See in Hamburg an: 86 Schiffe mit 37 310 Reg. tons, während im Jahr vorher nur 80 Schiffe mit 32 912 Reg. tons notiert wurden. Es gingen dahin ab 99 Schiffe mit 46 056 Reg. tons

Warnungs-Schiessen auf der Hamburger Seewarte bei Sturmflut.

gegen 1902 mit 80 Schiffen und 34 364 Reg. tons. Die auf diesem Wege mit den Schiffen vermittelte Wareneinfuhr aus der Rheinprovinz betrug im Jahre 1903: 863 403 Dz im Werte von 25,2 Mill. Mark gegen 647 762 Dz mit 19,5 Mill. Mark Wert des Vorjahres.

Ausgeführt wurden von Hamburg nach der Rheinprovinz 1,6 Mill. Dz im Werte von 53,3 Mill. Mark, gegen 1902 mit 922 156 Dz. und 39,6 Mill. Mark Wert. Diese große Steigerung darf man wohl auf den von der Hamburg-Amerika Linie seit dem 1. April 1902 errichteten Seeleichterdienst zwischen Hamburg und den Rheinhäfen zurückführen.

Hamburgs Seehandel.

Um weiter einen Begriff von der Bedeutung Hamburgs als Seehafen zu bekommen, ist es wichtig, seine Waren-Ein- und -Ausfuhr kennen zu lernen

Das Gewicht der Einfuhr im Hamburger Hafen betrug:

a) seewärts:

1851	6 077 558 Dz
1903	105 352 227

b) mit den Eisenbahnen und von der Ober-Elbe:

1851	2 897 516 Dz
1903	57 730 091

Das Gewicht der Ausfuhr:

   a) seewärts:

1851	2 537 223 Dz
1903	53 577 624

   b) mit den Eisenbahnen und von der Ober-Elbe:

1851	15 279 249 Dz
1903	49 343 057

Die Einfuhr zur See in Hamburg bezifferte sich 1902 auf 2296,8 Mill. Mark, 1903 auf 2397,5 Mill. Mark die Ausfuhr auf 1899,9 Mill. Mark. Dabei hat die Einfuhr sowohl wie die Ausfuhr eine recht ansehnliche Zunahme gegen das vorhergehende Jahr 1901 erfahren, namentlich die Einfuhr, die um mehr als

Ein bei niedrigem Wasser in der Elbe festgeratener Segler.

136 Mill. Mark gestiegen ist und damit den Rückgang von 120 Mill. Mark des Jahres 1901 wieder wett gemacht hat. Die Ausfuhr des letztvergangenen Jahres hat mit einem Mehr von 80 Millionen gegen 1901 einen achtunggebietenden Fortschritt erzielt, um so mehr, als das Jahr 1901 nur eine Steigerung von 8,5 Mill. Mark gegen 1900 gewährte.

Die Vermehrung der Einfuhr erstreckt sich auf alle Warengattungen, ausgenommen Kunst- und Industrie-Erzeugnisse, wovon für 6,7 Mill. Mark geringere Qualitäten importiert wurden. Die Zunahme war am stärksten (87,7 Mill. Mark) bei der Einfuhr von Rohstoffen und Halbfabrikaten, dieser auch an sich größten Warengruppe, der weit über die Hälfte aller Hamburgischen Einfuhrgüter zugehörten. Bei der überseeischen Ausfuhr stehen Rohstoffe und Halbfabrikate ebenfalls an der Spitze; zu ihnen rechnete im Vorjahre ziemlich genau ein Drittel der ganzen Ausfuhr, und die Steigerung gegen 1901 betrug

Das Reiherstieg-Dock in Hamburg.

Schwimmkrahn der Hamburg-Amerika Linie in Tätigkeit.

51 Mill. Mark. Kunst- und Industrie-Erzeugnisse verzeichneten in der Ausfuhr ein Mehr von 24,7 Mill. Mark, Verzehrungsgegenstände blieben um wenige Millionen Mark zurück, Manufakturwaren wurden für 7,8 Mill. Mark mehr ausgeführt.

Unter den Herkunftsländern der Hamburgischen Einfuhr stehen die Vereinigten Staaten von Amerika mit 430,6 Mill. Mark wie immer voran; es folgen Großbritannien (403 Mill. Mark, 1901 erst 387,2 Mill. Mark), Britisch Ostindien (190,9), Brasilien 145,0), Argentinien (131,5), russische Häfen am Schwarzen und Asowschen Meer (104 Mill. Mark) u. s. w. Mit Ausnahme von den Vereinigten Staaten, die einen Rückgang von ca. 41 Mill. Mark verzeichneten, haben die genannten Länder 1902 alle eine starke, zum Teil eine überraschend starke Vermehrung ihrer Ausfuhr nach Hamburg gegen 1901 gehabt.

Hamburger Hafenbild im Winter.

Beispielsweise ist die Ausfuhr der letztgenannten russischen Häfen im Jahre 1901 erst 64 Mill. Mark wert gewesen. Dasselbe gilt auch von den meisten anderen Ueberseeländern, namentlich von Rumänien, das seine Einfuhr nach Hamburg von 12,9 auf 26,6 Mill. Mark gesteigert hat, dann auch von Australien, den Südsee-Inseln, Westafrika und Deutsch-Westafrika, Britisch-Südafrika, Niederländisch-Ostindien, China, Ecuador, Venezuela u. s. w. Japan, das ein Jahr vorher unter den wenigen Ländern mit vermehrter Zufuhr nach Hamburg figuriert hatte, weist dagegen eine geringfügige Einbuße auf. Starke Rückgänge haben außer schon genannten Ländern Kolumbien und Uruguay erlitten.

Die Bestimmungsländer für Hamburgische Ausfuhr seewärts ordnen sich 1902 wie folgt: Großbritannien 453,3. Vereinigte Staaten von Amerika 245,3, Preußen, Mecklenburg, Oldenburg, freie Reichsstädte zusammen 199,5, Rußland 84,8, Schweden 78,0 Mill. Mark. Als erstes transatlantisches Land nach der Union kommt Brasilien in Betracht mit 69,9 Mill. Mark, im Vorjahre erst 55,0. Außer Großbritannien weisen alle diese Länder, namentlich die Vereinigten Staaten, einen starken Fortschritt auf. Sehr günstig stellen sich zur Hamburgischen Ausfuhr ferner von europäischen Ländern: Norwegen (66,9 Mill. Mark), Dänemark (48,9), Niederlande (37,3) und die Türkei 13,6); von außereuropäischen Ländern: Britisch-Südafrika (42,3, 1901 nur 28,1 Mill. Mark), Mexiko (30,6), Afrikas Ostküste (17,5). Weniger Waren als 1901 wurden dagegen ausgeführt namentlich nach Argentinien (38 Mill. gegen 49,7 im Jahre vorher), Britisch-Ostindien (31,9 gegen 48,3), Australien (24,8 gegen 30,9), Peru (9,7 gegen 12,8) und Venezuela (5,8 gegen 8,8 Mill. Mark).

Hamburgs Auswanderung

Die überseeische Auswanderung, besonders nach Nordamerika, vollzieht sich heute eigentlich in Deutschland nur über die beiden großen Häfen Hamburg und Bremen. Ihre etwa um die Mitte des vorigen Jahrhunderts einsetzende Hochflut war die Veranlassung, daß sich in den beiden Seestädten zu jener Zeit Schiffahrts-Gesellschaften bildeten — in Hamburg 1847 die Hamburg-Amerikanische Packetfahrt-Gesellschaft und in Bremen 1857 der Norddeutsche Lloyd — die heute mit ihren Flotten

Die neuen Auswanderer-Hallen der Hamburg-Amerika Linie.

an der Spitze sämtlicher Reedereien der Welt stehen. Bei der Hamburgischen Gesellschaft vollzog sich die Beförderung der Reisenden und Auswanderer in den ersten Jahren mit Segelschiffen, während der Bremer Lloyd gleich Dampfer in den Dienst stellte. Wenn auch später, 1854, die Hamburg-Amerika Linie ebenfalls Dampfer in den Dienst stellte, so hat sich doch verhältnismäßig recht lange die Beförderung eigentlicher Auswanderer auf Segelschiffen erhalten. Noch bis zum Jahre 1881 verteilte sich in deutschen Häfen die Auswanderung auf Dampfer und Segler. Erst von diesem Zeitpunkt ab entfallen auf Segelschiffe nur 0,07 pCt. Reisende.

Heute vollzieht sich die gesamte Auswanderung fast nur auf Dampfern. So liefen im Jahre 1891 aus dem Hamburger Hafen 1084 Dampfer mit 144 374 Passagieren aus. Es war dies der Höhepunkt der Auswanderung, welches Anschwellen mit gewissen Einwanderergesetzen in Nordamerika wohl in Zusammenhang zu bringen ist. Das erste Hamburgische Auswandererschiff, der Segler „Deutschland", von der Hamburg-Amerikanischen Packetfahrt-Gesellschaft war 717 Reg. tons groß und konnte 20 Kajütspassagiere

Im Hamburger Hafen.

und 200 Auswanderer befördern und gebrauchte bis New York etwa 42 Tage. Die heutigen modernen großen Auswandererdampfer der Hamburg-Amerika Linie, wie die „Pensylvania" sind 12000 tons groß und nehmen 400 Kajütspassagiere und 2400 Auswanderer auf. Die Ueberfahrt dauert nur zwölf Tage, während die Schnelldampfer sogar nur sieben Tage von Cuxhaven bis New York benötigen.

In den Auswanderer-Hallen.

Die Auswanderung untersteht einer besonderen Behörde, welche die Unterbringung der Auswanderer in Logierhäusern regelt und den Gesundheitszustand der Auswanderer ärztlich feststellen läßt.

Als der Strom der Auswanderer so groß geworden war, daß die Logierhäuser zur Unterbringung nicht mehr ausreichten, entschloß sich die Hamburg-Amerika Linie zur Erbauung eigener Auswanderer-Hallen im Hamburger Hafen, die im Juli 1892 dem Betrieb übergeben wurden.

Da drei Viertel der Auswanderer aus Rußland und Oesterreich-Ungarn stammen, wo die Cholera in jenen Jahren bedrohlich um sich griff, wurden die Hallen außerhalb der Stadt errichtet und unter staatliche und ärztliche Oberaufsicht gestellt. Sie sind mit den nötigen Bade- und Desinfektions-Einrichtungen versehen.

Die Bewirtschaftung der Auswandererhallen geschieht auf Kosten der Hamburg-Amerika Linie und haben die Auswanderer nur ganz minimale Beträge zu entrichten.

Bei einer Gesamtfrequenz von 285 018 Personen haben 25 pCt. nichts, die übrigen pro Tag 50 Pfg. bis 1 Mk. für Logis, Beköstigung, Bad, ärztliche Behandlung bezahlt. Aber schon mit dem Passieren der Grenze beginnt die Fürsorge seitens der Hamburg-Amerika Linie und des Norddeutschen Lloyd für die Auswanderer.

An der russischen Grenze werden die Auswanderer in Empfang genommen und nach einer ärztlichen Untersuchung und Desinfizierung der Kleidungsstücke und Effekten mit einem besonderen Auswandererzug nach dem Auswanderer-Bahnhof Ruhleben bei Berlin befördert. Hier treffen sie mit den Auswanderern zusammen, die aus einer anderen Richtung kamen. Sie werden nun direkt nach Hamburg oder Bremen im Auswandererzug expediert.

Aber auch die in Hamburg errichteten Auswandererhallen der Hamburg-Amerika Linie genügten nicht mehr. Seit Ende 1901 hat die Gesellschaft ebenfalls im Hamburger Freihafengebiet auf einem 25 000 qm umfassenden Terrain, auf der Veddel, neue Auswandererhallen errichten lassen. Es sind 15 einzelne Gebäude. Wir finden unter diesen Gebäuden u. a. eine christliche und eine jüdische Speisehalle mit gesonderten Küchen, zwei Hotels für eine besser gewöhnte Klasse von Auswanderern, ein Verwaltungsgebäude, ein Agentenhaus, Gepäck- und Lagerräume, ein Lazarett, drei Kirchen für protestantisches, katholisches und jüdisches Bekenntnis. Es ist dies eine kleine Ortschaft im Hafengetriebe für sich, die im Laufe eines Jahres etwa 77 000 Männer, Frauen und Kinder der verschiedenen Nationalitäten aufnimmt.

Am Tage der Abfahrt werden die Auswanderer auf einem eigenen Dampfer der Linie an das große Auswandererschiff befördert, das oft im Hamburger Hafen liegt, aber auch bei ungünstigen Wasserverhältnissen in Brunshausen auf der Elbe liegen kann. Der Schnelldampferverkehr der nach

Jüdische Auswanderer.

New York abgehenden Dampfer der Hamburg-Amerika Linie erfolgt seit einigen Jahren von Cuxhaven, wo ein besonderer Bahnhof für die Kajütsreisenden vorhanden. Ein Extrazug befördert die Kajütspassagiere von Hamburg nach Cuxhaven. Seit einiger Zeit existiert sogar eine direkte Billetausgabe Berlin-New York, wo schon von Berlin aus ein Extrazug die Kajütspassagiere direkt bis an die Dampfer nach Cuxhaven überführt, nachdem er unterwegs bei Harburg die Passagiere aus Hamburg aufgenommen. Gleichzeitig kann man den Berliner Zug für die Reise nach England benutzen, da die Dampfer Dover ausgehend anlaufen.

Die Auswanderung über Hamburg erreichte im Jahre 1902 die Zahl von 123 555 Personen, das sind 30 863 Personen mehr als im Jahre 1901.

Um innerhalb der genannten Passagierzahlen den Umfang der eigentlichen Auswanderung festzustellen, müssen freilich zunächst 13 838 Ausländer, die sich ausdrücklich als Rückreisende oder sonst als Nicht-Auswanderer bezeichneten, in Abzug gebracht werden. Für die Auswanderung Deutscher kämen

Passagiere an Bord gehend.

ferner 7190 Nicht - Aus-
wanderer und 894 Personen,
die nach den deutschen Kolonien Afrikas übersiedelten,
in Abrechnung. Der Rest
von 92 063 ausländischen
und 9580 deutschen Aus-
wanderern ergibt ebenfalls
nur eine ungefähre Vor-
stellung von der wirklichen
Auswanderung. Diese ist
eigentlich kleiner, da zahlreiche Passagiere, die nur
zu zeitweiliger gewerblicher

Kirche im Innenhof der
Auswandererhallen.

Tätigkeit oder zu beruflicher Ausbildung ins Ausland gehen,
nach einiger Zeit also wieder zurückkehren, mangels unter-
scheidender Merkmale noch unter diese Gruppe gerechnet sind. Jedenfalls zeigt aber die diesjährige
Statistik wiederum, daß sich die deutsche Auswanderung trotz der Steigerung des allgemeinen Passagier-
zuges nach wie vor in mäßigen Grenzen hält.

Zur Beförderung der Auswanderer und Reisenden im Jahre 1902 wurden 784 Schiffe, darunter
2 Segelschiffe, expediert. Als Bestimmungsländer kamen am meisten die Vereinigten Staaten von
Amerika (96 453 Passagiere) und England (13 253) in Betracht. Britisch - Nordamerika empfing 6539,
Afrika 2870, Brasilien 1979, Argentinien 1382 Personen. Die Wanderung über Hamburg nach den Vereinigten Staaten strömte in erster Linie aus Oesterreich-Ungarn (39 581 Personen) und Rußland (33 574),
dann aus Deutschland (12 003) und den übrigen fremden Staaten (11 295) zusammen. Nach England
gingen überwiegend Russen (9927), dann aber auch Oesterreicher und Ungarn (1527) und Deutsche (1145).

Britisch Nordamerika
wurde hauptsächlich von
Oesterreichern (5177)
aufgesucht; nur in der
Wanderung nach Afrika
und Südamerika waren
die Deutschen voran:
nach Afrika gingen 1953,
nach Brasilien 1226, nach
Argentinien 454, nach
anderen südamerika-
nischen Staaten 378,
nach Mexiko und Zentral-
amerika 112 Landsleute.

Zwischendecker gehen an Bord.

Die Hafenanlagen von Altona.

Die Elbe abwärts gehend, um nach dem an der Mündung gelegenen neuen Hafen von Cuxhaven zu kommen, bemerkt man am rechten Elbufer, unmittelbar an die Hafenanlagen Hamburgs anschließend, die Hafenanlagen der preußischen Stadt Altona, welche mit einer Einwohnerzahl von 149000 als Seestadt immer mehr im Aufblühen begriffen ist, wenn sie auch immer im Schatten der mächtigen Nachbarstadt Hamburg stehen wird.

Die Stadt Altona hat während der letzten Jahre mit Staatshilfe die an der Norderelbe gelegenen Hafenanlagen bedeutend erweitert und rund acht Millonen Mark dafür ausgegeben.

Die Hafenanlagen Altonas sind eigentlich als eine Fortsetzung des Hamburger Hafens anzusehen, wie ja auch die Hamburgische Statistik im Flußschiffahrtsverkehr die an- resp. abgehenden Fahrzeuge für Hamburg-Altona gemeinsam verzeichnet.

Die Elbmündung im Eise.

Die Länge des Elb-Hafens beträgt 2400 m, wovon bisher 1900 m dem öffentlichen Verkehr dienen. Außerdem können Seeschiffe auch auf dem Strome unmittelbar mit Leichterfahrzeugen mit Flußschiffen Ladung austauschen.

Der Hafen ist aber nicht wie der Hamburger Hafen ein Freihafen, sondern liegt im Zollinland.

Die Anlagen für den Seeschiffsverkehr zerfallen in den 1875/80 erbauten West-Kai, welcher 330 m lang ist und zwei Schuppen von je 100 m Länge und 18,3 m Breite hat. Auf beiden Langseiten sind Ladegleise, acht Stück fahrbare Dampfkräne zu je 1500 kg Hebekraft und ein fester Dampfkran zu 15 tons Hebekraft.

Der Ost-Kai wurde 1888/93 erbaut und ist 560 m lang. Hier befinden sich drei Schuppen aus Eisen von je 154 m Länge und 19,3 m Breite. 14 Stück bewegliche Portalkräne von je 2500 kg Hebekraft dienen den Ladezwecken. Der Dampf wird von einer Zentrale den Kränen zugeführt. Die Gleislänge der beiden Häfen beträgt 5300 m und besitzt Anschluß an den Güterbahnhof der Stadt Altona. Die Kaifläche bis zur Fahrstraße ist 50 bis 60 m breit. Die Hafentiefe beträgt 6,4 bis 8,1 m.

Der Betrieb und die Verwaltung der beiden Hafenanlagen ist unter Oberaufsicht der städtischen Behörden der mit einem Kapital von 2½ Mill. Mark und 1 Mill. Mark Prioritäten arbeitenden Altonaer Kai- und Lagerhaus-Gesellschaft übertragen.

Der Altonaer Seeschiffahrtsverkehr weist im Jahre 1903 die Zahl von 953 angekommenen Schiffen mit 187 442 Reg. tons auf. Davon kamen 429 mit 31 652 tons aus Deutschland, 404 mit 136 914 tons

Wartesalon für Kajütsreisende im Empfangsgebäude der H. A. L.

aus dem übrigen Europa und 30 mit 18 877 tons von den anderen Erdteilen. An letzterem Verkehr beteiligten sich am meisten die Vereinigten Staaten und Südamerika. Unter den europäischen Herkunftsländern stehen England mit 56 000 tons und Dänemark mit 40 000 tons weit voran; sonst sind nur noch Schweden und Rußland beträchtlich beteiligt. Aus Deutschland schickten Rheinland-Westfalen und Schleswig-Holstein die größte Tonnage. Von den angekommenen Schiffen sind 497 Segler, 429 Dampfer und 27 Leichter gewesen. Die Besatzung der Schiffe betrug 7479 Mann. In der Schiffszahl überwog die deutsche Flagge weit, in der Tonnage kamen ihr die britische, dänische und norwegisch-schwedische nahe. Im ganzen und im einzelnen hat das Berichtsjahr fast nur Fortschritte des Schiffsverkehrs gegen das Vorjahr zu verzeichnen. Es kamen mehr Schiffe und mehr Tonnage aus allen besonders beteiligten Ländern, der Segel- und Dampfschiffsverkehr hat gleichmäßig zugenommen, Leichter kamen 27 gegen 6 im Vorjahre herein, der Anteil der britischen Flagge am Hafenverkehr ist von 34 000 auf 43 000 tons angewachsen und die norwegisch-schwedische beteiligte sich mit 40 600 tons statt 26 800 tons im Jahre vorher.

Die Anlagen für den Binnenschiffs-Verkehr befinden sich im westlichen Hafen, die 1887/88 erbaut sind und eine Uferlänge von 400 m haben. Ferner ist noch ein Holz-Hafen vorhanden, der ausschließlich dem Leichterverkehr dient.

Die Elblotsen auf dem Ausguck bei der Brücke zwischen dem Lotsenhause und dem Elbdeich.

Im Osten, nahe der Hamburger Grenze, befindet sich der Fischerei-Hafen. Mit der Entwickelung der deutschen Hochseefischerei hat sich das Bedürfnis herausgestellt, diesen Fischerei-Hafen auszubauen.

Er hat eine 130 m lange Kaimauer, an welcher unmittelbar die Fischdampfer anlegen können. Das Hafenbecken hat eine Breite von 54 m.

Auf dem Ufer-Kai befindet sich eine Fischhalle, wo Fische im Gesamtwert von etwa 1½ Mill. Mark jährlich verkauft werden.

Die Elbe bei Cuxhaven und der dortige neue Hafen.

Die Elbe nimmt unterhalb Hamburgs unverhältnismäßig an Breite zu und entsprechend an Tiefe ab.*) Während die Köhlbrandmündung eine Breite von 286 m und die Norderelbe gleich oberhalb derselben eine solche von 387 m besitzt, wächst der Strom bis zum westlichen Ende von Finkenwärder in schneller Weise auf 1400 m, und springt das Südufer bei der Einmündung der alten Süderelbe ganz unvermittelt zurück, so daß der Strom sich plötzlich bis auf das Doppelte, rund 2800 m, verbreitert. Diese Verbreiterung, welche der Strom nicht zu füllen vermag, ist der Grund der Verwilderung des Flusses und die Ursache der Untiefen, welche als die Barren von Blankenese bekannt sind und sich unterhalb Hamburg bis zur Lühe hinziehen. Mit dem Wachsen des Handels und der Größe der Schiffsgefäße empfand man diesen Mangel an genügender Wassertiefe in Hamburg sehr. Im Jahre 1845 betrug die Wassertiefe bei Blankenese zur Zeit gewöhnlichen Hochwassers 4,30 m und bei Schulau 5,10 m.

*) Wasserbaudirektor Buchheister „Die Elbe und der Hafen von Hamburg".

Schon damals tauchten die ersten Korrektionspläne zur Regelung des Elbfahrwassers bei Cuxhaven auf. Sie unterblieben aber der hohen Kosten wegen und es ist nicht zu beklagen, wie Buchheister
schreibt, denn die Zwecke und Ziele, die man damals damit verfolgte, sind längst überholt, und man
würde nach heutigen Bedürfnissen aufs neue korrigieren müssen.

Man half sich vorläufig durch Baggerung. Im Jahre 1834 wurde auf der Unterelbe der erste
kleine Dampfbagger in Tätigkeit gesetzt, zu dem später noch einige Bagger hinzukamen.

Am 24. Juli 1868 wurde zwischen Preußen und Hamburg der sogenannte Köhlbrandvertrag geschlossen, der einen Ausbau der Ober- und Norderelbe, Verbesserung des Köhlbrands und der Süderelbe
bezweckte.

Es wurde damit eine feste Unterlage für die Verbesserung der Norderelbe geschaffen und nach
den Plänen des Wasserbau-Direktors Dalmann zur Ausführung gebracht, dessen Arbeiten schon grund-
legend für die Entwickelung der Hamburger Häfen waren. Die beim Zollanschluß erforderlichen neuen
Häfen bedingten die gleiche Vertiefung des ganzen Elbarms bis hinauf zu den Elbbrücken, und dieses
war nur möglich, weil ein Jahrzehnt zuvor eine einheitlichr Regelung der oberen Norderelbe durchgeführt worden war.

Die neuesten Bestrebungen Hamburgs zur Verbesserung des Fahrwassers der Elbe schließen sich
hier an. Sie betrafen eine Vertiefung und Begradigung der Elbe dicht unterhalb Hamburgs vor den
Inseln Park, Pagensand und Finkenwärder.

Da bei der Umgestaltung dieser Strecke die preußischen Häfen Altona und Harburg mit in Betracht kamen, so wurde nach fünfjährigen Verhandlungen am 19. Dezember 1896 zwischen Preußen und
Hamburg ein neuer Staatsvertrag abgeschlossen und im Mai 1897 ratifiziert.

Mit dem Ausbau dieser Stromwerke vor Altona, Park, Pagensand und Finkenwärder wurden die
Arbeiten zu der heutigen Korrektion der Unterelbe eingeleitet. Im Jahre 1902 beschloß Hamburg weiter
die Austiefung einer Fahrrinne bis nach der Lühe hinunter um 2 m — also auf etwa 10 m bei mittlerem
Hochwasser — mit einem Kostenaufwande von 6¹/₂ Mill. Mark. Damit wird es auch den größten Seeschiffen möglich werden, nach dem Hamburger Freihafen hinauf zu kommen. Bisher waren sie gezwungen, ihre Ladung bei Brunshausen auf der Elbe zu löschen resp. zu vervollständigen. Die un-

Empfangsgebäude für die Schnelldampfer-Passagiere in Cuxhaven.

günstigen Wasserverhältnisse hatten schon der Hamburg-Amerika Linie den Gedanken nahegelegt, die Expedition ihrer großen Dampfer auf der Linie nach New York von Cuxhaven aus zu betreiben.

Cuxhaven, an der Elbmündung gelegen, ist das Vorwerk der Hamburgischen Seeschiffahrt. Cuxhaven oder vielmehr das Amt Ritzebüttel, ist bereits ein uralter Besitz des Hamburgischen Staats, der es schon seit dem Jahre 1393, nachdem er die Raubritter und Seeräuber von Lappe der Burg Ritzebüttel unterworfen, zu seinem Staatseigentum zählt. Die Existenz von Cuxhaven ist allerdings etwas jüngeren Datums, indes wird auch im Jahre 1618 bereits der Hafen von Ritzebüttel in einer Urkunde des Senats erwähnt. Die Insel Neuwerk, welche ebenfalls an der Elbmündung liegt, war bereits in der Mitte des 13. Jahrhunderts zum Teil in den Besitz des Hamburgischen Staats gekommen, um den zunehmenden Strandungsfällen und Seeräubereien an der Elbmündung wirksamer entgegen treten zu können. 1299 wurde zur Sicherung der Elbeinfahrt schon der heute auf der Insel Neuwerk noch stehende Leuchtturm errichtet. Zuerst baute man einen hölzernen Turm, der zugleich als Wachthaus für die dort zur Erhebung der Zölle etc. postierten Mannschaften diente.

Der Turm brannte 1380 ab, und es wurde Ende des 14. Jahrhunderts der noch heute stehende erbaut. 1814 wurde ein zweiter Turm, ein steinerner, zum Leuchtfeuer errichtet.

Neuwerk hat wohl früher einen kleineren Hafen besessen, da die Uferformation dieser Insel anders war wie heute. Mit dem Uebergang Ritzebüttels an Hamburg wurde dort ein Hafen angelegt. 1623 ernannte der Senat einen „Hafenmeister und Aufseher der Kuckshaven, wie auch der Schleusen und des Haupts daselbst zu Ritzebüttel". Damit wird zum ersten Mal urkundlich der Name Cuxhaven erwähnt. Hafen und der angelegte Deich bestanden aber nicht lange, da der Strom dem alten Ritzebütteler Ufer nahe rückte. Der Hafen mußte zugleich mit den Deichen weiter nordwärts verlegt werden und kam zum Teil außerhalb des Deichschutzes. Das Haupt des Hafens war schließlich der erste feste Punkt, der dem Fluß mit Erfolg entgegengestellt wurde, nachdem man 2100 m von der ursprünglichen Stelle der Hafenmündung zurückgedrängt worden war.

Durch das Versenken dreier alter Schiffe gewann man 1729 diesen festen Punkt, der später zum Landungsplatze ausgebildet wurde, 1½ Jahrhunderte lang als einziger Anlegeplatz in Cuxhaven diente und unter seinem Namen „Die alte Liebe" noch heute besteht.

Eines der versenkten Schiffe soll „Die Liebe" geheißen und dem Haupte seinen Namen gegeben haben. Gegen Wind und Wellen war der Hafen durch einige Pfahlwerke geschützt, doch fehlte es ihm an genügender Tiefe, weshalb man 1785 parallel zum Elbufer aus Pfahlwerken und Steinen eine, die Wellen brechende Wand, das Schutzhöft, erbaute, wodurch ein tieferer Hafen in der Elbe selbst gewonnen wurde, der Quarantäne-Hafen. Dieser Hafen erfuhr 1858 und 1868 eine Vergrößerung. In diesem Zustande blieb er bis in die jüngste Zeit, da der Hafen nur als ein Schutz- und Zuflucks-Hafen dienen sollte. Für die Lotsenfahrzeuge, Schlepper und die wegen schlechten Wetters auf See einkommenden Fischerever ist der Hafen fast unentbehrlich. Für die größeren Seeschiffe fehlte ihm aber die Tiefe, und mußten Schiffe von mehr als 6 m Tiefgang ihn meiden und bei schlechtem Wetter auf dem Strom ankern.

Die sich mehrenden großen Dampfer mit ihrem wachsenden Tiefgang machten die Herstellung eines tiefen Hafens notwendig. Es wurden 1890 zwei neue Hafenbecken in Cuxhaven in Angriff genommen, von denen das eine 1892 als Fischerei-Hafen mit einem Kostenaufwande von 700 000 Mk. in Benutzung genommen werden konnte. Der andere Hafen für Seeschiffe wurde 1896 fertig gestellt. Seine Tiefe beträgt 9 m unter gewöhnlichem Niedrigwasser, also fast 12 m unter Hochwasser. Die Breite des Einganges ist 100 m. Die Hafenfläche beträgt 60 000 qm. Außerhalb des Hafens, nach dem Strome zu, wurden gleichzeitig zwei große Hafenköpfe mit einer Länge von je 120 m erbaut. Die Herstellungskosten betrugen 7 Mill. Mark. Damit war den größten Handels- und Kriegsschiffen die Möglichkeit einer gesicherten Unterkunft in Cuxhaven geboten, welche belebend auf den Winterverkehr nach Hamburg —

Einfahrt zum Fischereihafen in Cuxhaven bei Eis.

Schollengeschiebe an der Elbmündung.

wie auch zum Kaiser Wilhelm-Kanal,
dessen eine Mündung oberhalb Cuxhaven bei Brunsbüttelan der Elbe liegt,
und auf welchen bedeutenden Kanalbau
in einem besonderen Abschnitt wir noch
zurückkommen wirken mußte.

Der neue Hafen ist 9 ha groß, wovon 6,6 ha auf seinen Vorhafen entfallen. Er ist ringsum mit tieffun-
dierten Kaimauern eingefaßt; es können
etwa 50 große Schiffe darin Aufnahme
finden. Länger als die technischen
Arbeiten am Hafen zogen sich die
Verhandlungen hin, welche der Hamburgische Staat und die Hamburg-
Amerika Linie, welche von hier aus
behufs schnellerer Expedition ihre
Schnelldampfer in See gehen läßt, mit
den Vertretern der preußischen Eisenbahnverwaltung führten, um sachge-
mäße Anschlußgleise und einen be-
schleunigten Dienst auf der Bahnlinie
Hamburg-Cuxhaven zu erzielen. Denn
die Gewißheit, hier einen prompten
Anschluß zu finden, war für die
Hamburg-Amerika Linie natürlich vor
allen Dingen notwendig, ehe sie an die
Verlegung ihres Dienstes nach Cuxhaven und an die Herstellung der dazu
nötigen Hochbauten gehen konnte.
Nach Jahren führten auch diese Ver-

Das Hauptportal der neuen Schnelldampfer-Halle der H.-A. L. in Cuxhafen.

handlungen zu einem befriedigenden Abschluß. Eine Verstärkung der Gleise, der zweigleisige Ausbau
der Strecke Stade—Cuxhaven, eine Beschleunigung der Fahrten, nach welcher die Extrazüge der Hamburg-
Amerika Linie jetzt weniger als zwei Stunden von und nach Hamburg zu fahren haben, und ebenso die
Regelung der Anschlußgleise wurden bis zum 1. Mai 1902 in die Wege geleitet. Die Hamburg-Amerika-
Linie hat der Bahnverwaltung für fünf Jahre eine jährliche Mindesteinnahme von 130 000 Mk. aus ihrem
Sonderzugsverkehr garantieren müssen. Nach fünf Jahren wird die Garantiesumme jährlich um 15 000 Mk.
verringert und nach zehn Jahren erlischt die Garantie-Verpflichtung.

Auch die Schwierigkeiten, die aus der unerwartet starken Versandung des neuen Hafens sich
ergaben, erwiesen sich nicht als unüberwindlich. Eine letzte Schwierigkeit ergab sich dadurch, daß die
Wassertiefe an dem Hafenkopf wohl für die älteren Schnelldampfer mit 8 m ausbedungener, 8½ m tat-
sächlich erreichter Tiefe bei mittlerem Niedrigwasserstand ausreichend war, daß sie aber für die „Deutschland" bei deren erstem versuchsweisen Anlegen sich als nicht ausreichend erwies. Jedoch beträgt die
Tiefe schon in einem Abstand von 10 m vom Hafenkopf 12 m. Mit Hilfe von Tendern, die das Riesen-
schiff in einiger Entfernung von dem Ufer halten, konnte der Verkehr auch der „Deutschland" ermöglicht
werden, und demnächst wird die bereits in Angriff genommene weitere Vertiefung fertiggestellt sein.

Kapitänshaus in Döse.

Sobald eine befriedigende Erledigung der Bahnanschlüsse in Aussicht stand, konnte mit den Hochbauten begonnen werden, denen Pläne des verstorbenen Hamburger Architekten G. Thielen zu Grund lagen. Diese Bauten wurden gleichfalls vom Hamburgischen Staat nach den Bedürfnissen der Hamburg-Amerika Linie ausgeführt und der letzteren vermietet. Für diese Bauten ließ sich der Staat nochmals 1½ Mill. Mark bewilligen, davon 1 369 000 Mk. zu den speziell für die Hamburg-Amerika Linie auszuführenden Anlagen. Es wurden zwei Wartehallen, ein Hafen- und Seemannsamt, ein Güterschuppen, ein Maschinengebäude, eine Reparaturwerkstatt gebaut, Kran- und Beleuchtungsanlagen beschafft, die Gleisbauten und eine Kaimauer aufgeführt.

Die gesamten Anlagen übernahm die Hamburg-Amerika Linie auf 25 Jahre gegen eine jährliche Pacht von rund 112 000 Mk. Sie mußte den gesamten elektrischen Betrieb übernehmen und dem Staat bis ein Drittel des erzeugten Stromes zum Selbstkostenpreise ablassen. — Die Hamburg-Amerika Linie hatte schon früher begonnen, auf eigenem Gebiet in Cuxhaven und der nächsten Umgebung selbständig Arbeiter- und Beamtenhäuser im Villenstil zu bauen.

Die Wartesäle wurden unter Leitung von Prof. Düyffke in Hamburg künstlerisch ausgeschmückt. Die ganze Halle mit einem die Gesamtansicht beherrschenden Turm gewährt einen überaus stattlichen Eindruck. Für die Zollabfertigung des Gepäcks ist, zusammenhängend mit der Wartehalle, eine 108 m lange und 26 m breite Revisionshalle erbaut, an deren Nordende die vom Hafenkopf kommenden Passagiere eintreten, um zunächst das Handgepäck an dem die Halle in ganzer Länge teilenden Revisionstische durchsehen zu lassen. Gleichzeitig wird das große Gepäck mit kleinen, auf Gleisen laufenden Wagen an die Halle geschafft und in den Revisionsräumen hinter den Tisch gefahren, wo es dann abgefertigt und nachher direkt zu den Gepäckwagen der Züge überführt wird. — In dem Empfangsgebäude wurden auch Räume für die Bahnverwaltung und ein Dienstraum der Post vorgesehen.

Bereits 1901 war die „Auguste Victoria" in den tiefen Hafen eingelaufen. Alsdann hatten einige der großen Frachtdampfer der Hamburg-Amerika Linie im letzten Winter dort überwintert. Die Eröffnung des Passagierbetriebs am neuen Hafen erfolgte am 1. Juli 1902, wo als erster Dampfer der „Graf Waldersee" von New York einkommend, an den Hafenkopf legte und dort seine Passagiere direkt landete, während sonst dazu stets die Vermittelung eines Tenders erforderlich gewesen war.

Arbeiterwohnungen in Cuxhaven.

Von den Seeschiffen, die im Laufe eines Jahres Cuxhaven anlaufen, pflegt nach den Erfahrungen der letzten Jahre kaum ein Drittel zu Handelszwecken zu kommen. Im Jahre 1902 gehörten beispielsweise nur 611 Schiffe zu dieser Gruppe, während insgesamt 1895 Schiffe den Hafen aufgesucht hatten.

Der Lotse geht von Bord.

Dagegen waren 983 Schiffe wegen widriger Winde, 25 wegen Havarie, 85 wegen Eis und Winterlagers, 6 zum Kohlen, 185 aus anderen Ursachen gekommen. Die Schiffe, welche mehr oder weniger unfreiwillig Cuxhaven anliefen, waren naturgemäß meist Segelschiffe und kleinere Fahrzeuge, so daß der Tonnage nach im Jahre 1902 immerhin über drei Viertel des Cuxhavener Seeschiffsverkehrs Handelszwecken diente, nämlich 609 000 von 793 000 tons. Die wegen konträren Windes in Cuxhaven gebliebenen 983 Fahrzeuge repräsentierten nur 117 000 tons, die wegen Eises oder zur Ueberwinterung gekommenen 85 Schiffe 23 000 tons.

Die meisten Schiffe, die durch Wind, Havarie oder Eis aufgehalten wurden, kamen von Hamburg; den allergrößten Teil der zu Handelszwecken anlaufenden Tonnage bildeten Dampfer, die von den Vereinigten Staaten und von Hamburg kamen, das heißt die New Yorker Passagierdampfer der Hamburg-Amerika Linie, die in Cuxhaven ihre Passagiere einnahmen und ausschifften.

Und so zeigt unser Schlußbild einen die Elbmündung verlassenden Hamburg-Amerika Dampfer, wie der Lotse, weit draußen nach See zu, das Schiff verläßt, um von dem Lotsendampfer „Elbe" aufgenommen zu werden, während der große mächtige Ozeandampfer über das Meer zieht, um von Hamburgs blühender Schiffahrt und Handel Zeugnis abzulegen.

Damit wollen auch wir die Elbe verlassen und uns dem Weserstrom zuwenden.

Bremen

und seine Schiffahrt.

NAVIGARE NECESSE EST — VIVERE NON EST NECESSE.

BREMEN UND DIE WESER-HÄFEN.

Bremen vor der Weserkorrektion.

So günstig, wie die Natur Hamburg gegenüber gewaltet, indem sie dieser großen See- und Handelsstadt durch die Elbe mit ihren Nebenflüssen ein weit ausgedehntes Hinterland gab, hat sie Bremen gegenüber, dem an Bedeutung zweiten Seehandelsplatz Deutschlands, nicht gehandelt.

Bremens Lebensader ist die Weser, ein kleiner, wasserarmer Strom, welcher an der Vereinigung von Werra und Fulda bei Münden beginnend, in drei Strecken zerfällt, und zwar in die Oberweser, von Münden bis Bremen reichend, dann in die Unterweser von Bremen bis Bremerhaven, bereits im Flutgebiet gelegen, und endlich in die Außenweser, von Bremerhaven bis zur eigentlichen Mündung in die Nordsee reichend.

Die Lage Bremens ist noch etwa 120 km oberhalb der Mündung der Weser in die Nordsee und etwa 60 km oberhalb der bisherigen Grenze für die große Schiffahrt. Die Oberweser dagegen eröffnet Bremen nicht jene Zufuhrstraße nach, resp. aus dem Hinterlande, wie bei der Elbe; denn die bis Münden 366 km lange Oberweser ist trotz mehrfacher Anstrengungen bis heute noch nicht so weit schiffbar gemacht worden, um den Flußschiffen 1 m Tiefgang zu gewähren. Er bleibt in trockenen Sommern noch erheblich hinter diesem Maß zurück. Wenn daher heute bei der vorhandenen Tendenz im Wirtschaftsleben die vorhandenen Wasserstraßen auszubauen und künstliche zu schaffen, Bremen den Wunsch hat, die Oberweser für die Stromschiffahrt endlich reguliert zu sehen, um dadurch eine günstigere Verbindung zum Hinterland zu haben, so ist dieser Wunsch nicht nur ein sehr berechtigter, sondern ist für die Fortentwickelung des ganzen Bremischen Handels von eminenter Bedeutung.

Bremen muß seine Verkehrswege in das Hinterland weiter ausgestalten können, zumal das in der Nähe Bremens gelegene Hinterland nur ein dünnbevölkertes ist, dem die eigentliche Industrie mangelt. Die großen rheinischen und westfälischen Industrie-Unternehmen liegen dagegen weiter ab und nicht mehr im Bereich seiner natürlichen Wasserstraße.

So wenig günstig indes die Lage Bremens von der Natur im Verhältnis zu seiner mächtigen Rivalin an der Elbe ist, so hat es doch diese alte Hansastadt verstanden, ohne jede Unterstützung durch fremde Mittel, nur getragen durch die Tüchtigkeit und Unternehmungslust seiner heute über 200 000 Einwohner starken Bevölkerung sich an die zweite Stelle der ganzen deutschen See- und Handelsplätze zu stellen.

1

Und gerade das Wasser, welches der Stadt von der Natur in so stiefmütterlicher Weise vorenthalten wurde, mit dem die Bewohner ständig im Kampf waren, sollte es werden, welchem Bremen seine heutige Größe und Bedeutung verdankt, so viele materielle Opfer es auch erforderte, um den heute erreichten Standpunkt zu erlangen. Und niemand wird wohl den alten Sinnspruch am Hause Seefahrt zu Bremen: „Navigare necesse est, vivere non est necesse" mehr zu würdigen wissen, als die Bremischen Staatsangehörigen selbst.

Bremen in der Vergangenheit.

Weit im Mittelalter liegen die Anfänge der Bremischen Schiffahrt; ist es doch urkundlich nachgewiesen, daß schon zu Beginn des XII. Jahrhunderts Seeschiffe vor den Mauern Bremens auf der Weser ankerten. Es waren jene eigenartig gebauten einmastigen Fahrzeuge, Koggen genannt, wie man sie heute noch auf alten Gemälden und Stichen abgebildet sehen kann.

Der Tiefgang dieser Schiffe, welche Handel an den Küsten der Nord- und Ostsee trieben, auch nach England, Holland und Frankreich Fahrten unternahmen, war gering, die Transportfähigkeit klein, so daß der Weserstrom ihnen kein Hindernis bot, um mit der Ladung unmittelbar vor der Stadt zu liegen, die schon seit dem Jahre 768 als Sitz dem Bischof Willehad diente. Es kann nicht in der Aufgabe dieser Zeilen liegen, sich eingehend über die Geschichte der alten Hansastadt verbreiten zu wollen, die so reich ist und mit der Hansa wohl den Höhepunkt ihrer weltlichen Macht zu verzeichnen hat. Wohl in wenigen deutschen Städten sind die Marksteine einer ruhmreichen Vergangenheit so erhalten geblieben und auf die Epigonen überkommen, wie in Bremen. Wohin man in Bremen schaut, wird man überall noch Gebäude erblicken, die nicht nur von dem schon damaligen Wohlstand seiner Bewohner Zeugnis ablegen, sondern auch einen hochentwickelten ästhetischen Geschmack in der Baukunst bekunden.

Das Bremer Rathaus ist geradezu eine Perle gotischer Bauart, und der Blick, welchen der Marktplatz mit dem Roland, im Hintergrund der Dom, rechts der Schütting, geradezu die Börse, dem Beschauer gewähren, ist entzückend. Drum seien hier einige Abbildungen beigefügt, welche noch überkommene Zeugen aus jener glänzenden Periode der alten Handelsstadt zeigen. Aber auch das heutige Bremen ist an schönen monumentalen Gebäuden reich, die sich harmonisch in den Rahmen des alten überkommenen Bremen einfügen. Ueberall, wohin auch das Auge schweift, wird es den innigen Zusammenhang zwischen Handel und Schiffahrt bemerken. Besaß doch die alte Hansa schon eigene Comptoire in Brügge, London, Bergen und Nowgorod. Hauptsächlich wurden Getreide, Vieh, Butter, Rheinwein und andere Produkte der Landwirtschaft mit den Schiffen verladen.

Im Zwischenhandel war es englische Wolle und englisches Zinn, flandrische Laken, Salz aus der Bay, Südfrüchte und Südweine. Die aus der Levante kommenden Gewürze wurden über Portugal wieder nach den nordischen Häfen zugeführt, um von dort Heringe, Tran, Holz, Hanf und schwedisches Eisen und Pelzwerk zurückzubringen. Der Verkehr mit dem Oberlande vollzog sich teils mittels ganzer Züge von Frachtwagen, teils auf der Weser, Aller und Leine. Aus dieser Zeit liegen noch urkundlich die darüber mit der Stadt Hannover und mit den Herzögen von Braunschweig-Lüneburg abgeschlossenen Verträge vor.

Solange die Seeschiffe ihren kleinen Raumgehalt behielten, lag keine Besorgnis vor, daß sie mit ihrem geringen Tiefgang und ihrer Ladung nicht die Weser aufwärts bis Bremen kommen sollten.

Aber im Laufe des XVI. Jahrhunderts fing man bereits an größere Fahrzeuge zu bauen.

Die machtvolle Hansa, welcher Bremen im Jahre 1280 bereits beigetreten war, hatte unter den Seeräubern, welche ihre Schiffahrt bedrohten, gründlich aufgeräumt und damit die Gefahren der Seefahrt auf ein gewisses Risiko verringert.

Rathaus   Roland   Dom   Börse

Der Markt mit Rathaus, Roland, Dom und Börse.

Die Anwendung von nautischen Hilfsmitteln, wie Kompaß und Seekarten, ließen die Seefahrt zur wirklichen Seefahrt und nicht mehr Küstenfahrt werden. Endlich die Blüte der Städte mit ihrer wachsenden Bevölkerung und mit dem wachsenden Konsum erforderten eine bessere Ausnutzung der Seereise durch größeren Laderaum.

Der an der Stadt vorüberfließende Strom beanspruchte daher immer die regste Aufmerksamkeit ihrer Bewohner. Schon aus dem Jahre 1449 existiert eine Bremische Deichordnung; aber nach den damals noch mangelnden Kenntnissen im Wasserbau können die Vorkehrungen keinen wesentlichen Einfluß auf das Fahrwasser ausgeübt haben. Man führte Mitte des XV. Jahrhunderts sogar eine regelmäßige Betonnung der unteren Weser und Unterhaltung der Seezeichen in der Mündung des Stromes ein, um den größeren Seeschiffen das Heraufkommen bis nach Bremen zu ermöglichen. Aber all diese Vorkehrungen hinderten nicht, daß der Lauf der Unterweser während der Jahrhunderte immer mehr verwilderte. Um-

Der Rathaussaal.

fassende Eindeichungen verringerten eher die Menge des auf- und absteigenden Wassers der Weser, zunehmende Abholzungen des oberländischen Gebiets vergrößerten die Menge des herabtreibenden Sandes. Stromspaltungen und Quellbildungen wurden im Interesse des Landgewinnes gefördert oder doch geduldet. Kurz, die Lebensader der Handels- und Seestadt war auf dem Wege zu versanden. Die größeren Seeschiffe konnten die Stadt nicht mehr erreichen. Sie mußten 17 km unterhalb Bremens bei Vegesack vor Anker gehen und die Ladung in Leichtern nach Bremen befördern. Aber auch dieser Hafen mußte bald aufgegeben werden und noch weiter unterhalb Bremens bei Elsfleth und bei Brake, im oldenburgischen Gebiet, mußte der Ladungsplatz angelegt werden. Hierzu kam nun noch, daß die Schiffahrt durch die Erhebung eines Schiffs- und Warenzolls seitens Oldenburgs empfindlich geschädigt würde.

Der Mangel eines guten Hafen- und Ankerplatzes machte sich immer drückender fühlbar, namentlich als nach Beseitigung der Kontinentalsperre Napoleons, der Bremische Staat mit Großbritannien, den Vereinigten Staaten von Nordamerika, mit Brasilien und endlich auch mit Preußen Handels-

und Schiffahrtsverträge abschloß. Schon mit dem Ende des XVIII. Jahrhunderts hatte sich Bremens Handel mit Nordamerika schnell entwickelt. Im Jahre 1773 hatten die Bremer schon versucht, wenn auch mit ungünstigem Erfolge, diesen wichtigen Handelsweg ihrer Vaterstadt zu eröffnen. Erst zehn Jahre später gelang es ihnen. Im Jahre 1786 befanden sich unter 487 in Bremen angekommenen Schiffen 5 aus Nordamerika, und betrug der Tonnengehalt der bremischen Schiffe, welche in der nordamerikanischen Fahrt beschäftigt waren 1790: 1987 tons = 10 Schiffe und 1796: 12 980 tons = ca. 30 Schiffe. Die Gewaltherrschaft Napoleons hatte wohl diese Schiffahrt unterbunden, aber mit seinem Sturze erholte sich auch wieder die Bremische Schiffahrt. Mit dem ersten Viertel des XIX. Jahrhunderts, nach Abschluß dieser Verträge, bekundet sich auch in Bremen eine zielbewußte Schiffahrtspolitik. Auf Grund der Wiener Kongreßakte, welche die Wichtigkeit der binnenländischen Stromschiffahrt anerkannte, wurde unter den sämtlichen Weserstaaten im Jahre 1823 die Weserschiffahrtsakte vereinbart. Diese führte unter Beseitigung der zahlreichen den

Tür zur Güldenkammer im Rathause.

Handel und die Schiffahrt schwer belastenden Zoll- und Schiffahrtsabgaben ein geregeltes Zollsystem ein und damit gleichzeitig die Verpflichtung, das Strombett der Weser zu unterhalten. Mit dem Wachstum des Handels mit Nordamerika und der Schiffe wurde die Hafenfrage für Bremen zur wahren Kalamität, um so mehr, als sich das Verhältnis zwischen Bremen und Oldenburg immer mehr durch den Zoll verschärft hatte und Elsfleth sich bemühte, den Bremer Handel an sich zu bringen.

Im Jahre 1827 gelang es dem Bremischen Staat infolge der Tatkraft des damaligen Bürgermeisters Smidt vom Königreich Hannover einen Landstreifen von 342 Morgen nördlich von der Mündung der Geeste in die Weser, 70 km unterhalb Bremens, gegen Zahlung von 74 000 Talern zu erwerben, um dort einen Hafen anzulegen, das heutige Bremerhaven. Bremen mußte sich verpflichten, binnen drei Jahren im ganzen 200 000 Taler für Hafenbauten auf diesem Landstreifen zu verwenden.

1830 wurde das erste, etwa 7 ha umfassende Hafenbecken, welches durch eine kurze Kammerschleuse von 11 m nutzbarer Weite und 5,5 m Tiefe mit dem Flusse in Verbindung steht, dem Verkehr übergeben. 1851 folgte das zweite Becken, der sogenannte Neue Hafen, und 1876 das dritte, der Kaiserhafen. Damit war endlich Bremen wieder in den Besitz eines eigenen Seehafens gelangt, der ihm eine weitere Entwickelung seiner Seeschiffahrt ermöglichte und das konkurrierende Oldenburg in den Hintergrund drängte.

Die Weserkorrektion.

Wenn nun auch die rivalisierenden Weserhäfen auf oldenburgischem Gebiet im Kampfe um die See-schiffahrt geschlagen waren, so waren doch die anderen Nachbarhäfen wie Hamburg, Amsterdam, Rotterdam und Antwerpen durch ihre glückliche Lage zum Hinterland und den fortschreitenden Ausbau ihrer Hafen-anlagen immer mehr im Aufblühen zum Schaden Bremens begriffen.

Bremen hatte sich unter den schwierigsten Verhältnissen seine Stellung auf dem Weltmarkt mit großen Opfern erworben, es hieß nun, wollte man nicht alle Opfer umsonst gebracht haben, weiter kämpfen.

So wichtig die Anlage eines Hafens in Bremerhaven zwar für die Bremische Schiffahrt war, so hatte er doch den Nachteil mit sich gebracht, daß eine Zweiteiligkeit der Bremischen Schiffahrt und des Handels

Der Börsensaal.

hervorgerufen wurde. Der Hafen befand sich in Bremerhaven, während der Sitz der Reedereien, der kaufmännischen Comptoire und der Börse in Bremen waren. Es erwuchsen dadurch der Geschäftsführung mancherlei Schwierigkeiten. Schon die wiederholte Umladung der Güter, ehe sie auf den Speicher kamen, da kein direkter Verkehr zwischen Seeschiff und Speicher bestand, sie vielmehr erst durch den Leichterverkehr oder mit der teuern Eisenbahn ihrem Lagerort zugeführt werden mußten, verursachte unangenehme Spesen. Sie betrugen gegenüber dem direkten Verkehr vom Seeschiff in die Stadt 2 Mk. pro Tonne mehr, wodurch der Bremer Handel jährlich um mindestens 2 Mill. Mark belastet wurde. Nun war auch die Beschaffenheit des Wasserweges von Bremerhaven nach Bremen für den Leichtertransport ein sehr mangelhafter geblieben. Noch bis zum Jahre 1875 betrug die Fahrtiefe nicht mehr als ein Meter. Die Schiffe mußten mehrere in größeren Entfernungen hintereinander liegende Untiefen passieren, und wenn sie den Weg in einer Flutzeit zurücklegen wollten, waren sie gezwungen, mehrere derselben eine Zeit lang vor oder nach dortigem Hochwasser zu passieren. In allen ähnlichen Fällen ist nicht die bei Hochwasser vorhandene kleinste Tiefe das Maß der für den ganzen Weg ausnutzbaren Fahrtiefe, sondern letztere bleibt je nach der Lage der Untiefe und gemäß den Flutverhältnissen oft erheblich hinter jener zurück. Bei einer derartigen geringen Fahrtiefe war aber der Verkehr nur für kleine Fahrzeuge möglich oder er erlitt durch Festsitzen größerer schädliche Störungen. Besonders verschärfte sich diese Situation im Winter bei Eisgang, wenn sich das Eis in der durch das zeitweilige Gegeneinanderströmen von Ebbe und Flut auf besonders ungünstig gelegenen und die höchsten Untiefen enthaltenden Strecken der Unterweser zusammengeschoben hatte.

Daß Bremen unter diesen Zuständen von den Nachbarhäfen überflügelt worden war, ist kein Wunder. Während im Hamburger Hafen während der Jahre 1871/80 der Handel von 2 auf 4 gestiegen war, war er in Bremen nur von 2 auf 3 gekommen. 1871/80 kamen in Bremen durchschnittlich 966 000 Reg. tons an und während diese Zahl im Jahre 1887 auf 1 444 000 stieg, verhielt sich in Hamburg der Durchschnitt jener Periode zu der Einfuhr im Jahre 1887 wie 2 206 000 zu 3 920 000 tons.

Der Schütting. Sitz der Handelskammer.

Bremen mußte also selbst wieder zum Seehafen werden und sich moderne Hafeneinrichtungen erbauen, wollte es nicht ganz zur Bedeutungslosigkeit zurückgedrängt werden. Dazu war nun vor allen Dingen die Korrektion der Unterweser nötig.

Schon seit einigen Jahrzehnten hatten, wie erwähnt, die an der Schiffahrt Beteiligten bei den in Frage kommenden Regierungen der Uferstaaten Preußen, vormals Hannover, Oldenburg und Bremen Klage geführt und um Abhilfe resp. Regulierung wenigstens der oberen Stromstrecken ersucht. Bremen war bereits 1850 mit der Regulierung seiner eigenen, bis Vegesack reichenden Strecke vorangegangen. 1864 folgten die beiden anderen Staaten auf der anschließenden Strecke bis Lienen mit der Regulierung nach einem gemeinschaftlichen Plan. Eine wesentliche Verbesserung des Fahrwassers war die Folge, welche es Fluß- und Leichterfahrzeugen ermöglichte, ungehindert nach Bremen zu kommen, ebenso kleineren Seeschiffen mit einem Tiefgang von etwa 2,75 m. Gerade durch letzteren Umstand aber wurde der Mangel einer größeren Fahrtiefe recht fühlbar gemacht, denn mit jedem kleineren bis an die Stadt herankommenden Seeschiffe zeigte sich deutlicher wie auch durch jede Berechnung der Nutzen einer direkten Zugänglichkeit.

Das Kornhaus in der Langen Straße, erbaut 1590/91.

Nachdem sich herausgestellt hatte, daß mit Hilfe der seitherigen Regulierungs-Arbeiten, bei denen auf die Entwickelung der Flutwelle nur wenig Rücksicht genommen, sondern im wesentlichen dasselbe Prinzip wie bei der Korrektion oberer Flußstrecken befolgt war, sich kein wesentlicher Fortschritt mehr werde erzielen lassen, die Uebelstände des Fahrwassers aber mit steigender Frequenz sich um so fühlbarer machten, wurde von seiten des Norddeutschen Bundes mittels Bundesratsbeschluß vom 15. Februar 1874 eine Reichskommission aus Vertretern der drei Uferstaaten niedergesetzt mit dem Auftrage, ein Projekt zur durchgreifenderen Regulierung zu entwerfen. Nach mehrjährigem Vorarbeiten wurde dieses Projekt in den Jahren 1879—1881 vom Oberbaudirektor Franzius aufgestellt und von dessen Mitkommissären, Geh. Oberbaurat Gercke und Oberdeichgrafen Nienburg, festgestellt. Dasselbe ist nach seiner amtlichen Veröffentlichung*) später im Jahre 1886 von der Akademie des Bauwesens in Berlin geprüft und in allen wesentlichen Punkten gutgeheißen worden. Da es aber nach Ansicht der Reichsregierung über das von den Staaten Preußen und Oldenburg zu verfolgende Ziel

hinausging, so wurde es Bremen überlassen, dasselbe mit seinen alleinigen Mitteln zur Ausführung zu bringen.

Der Zweck der Korrektion war, das Fahrwasser der Weser so weit zu vertiefen, daß Seeschiffe von 5 m Tiefgang Bremen Stadt mit ein und derselben Flut erreichen können.

Die Kosten nach dem Entwurf von Franzius beliefen sich auf 30 Millionen Mark.

Es war dies für das kleine Staatswesen eine enorme Ausgabe, um so mehr, wenn man berücksichtigte, daß durch den bevorstehenden Zollanschluß Bremens, der wenige Jahre später eintrat, ebenfalls wieder Millionen dem Staatssäckel wieder auferlegt werden mußten.

Aber wie die Verhältnisse lagen, durfte man vor dieser ungeheuren Belastung, welche der Strom Bremen auferlegte, nicht länger zurückschrecken. Die öffentliche Meinung in Bremen nahm sich denn auch, eingedenk des Spruches am Hause Seefahrt, mit Wärme des Projekts von Franzius an, um Bremens Rang als Seehandelsplatz zu sichern.

Besonders sollte die Vertiefung des Fahrwassers auf 5 m für den Verkehr mit den europäischen Häfen von Nutzen werden. War auch im transozeanischen Handel in gewissen Zweigen Bremen noch immer den Nachbarhäfen überlegen, so hatte doch der Verkehr mit den europäischen Häfen nur eine

*) Projekt zur Korrektion der Unterweser etc. Leipzig; Verlag von W. Engelmann, 1882.

überaus geringe Entwickelung zu verzeichnen. Hierin machten sich die Mehrkosten, hervorgerufen durch die verschiedenen Umladungen auf der Unterweser zwischen Bremen und Bremerhaven am stärksten fühlbar und wirkten hemmend auf den Handel mit Europa. Von der Gesamteinfuhr Hamburgs im Jahre 1887 von 3 920 000 Reg. tons kamen 2 815 498 Reg. tons auf die europäische Fahrt und 1 104 736 Reg. tons auf die außereuropäische Fahrt. In Bremen dagegen entfielen von der Gesamteinfuhr von 1 440 000 Reg. tons 509 334 Reg. tons auf die europäische Fahrt und 935 349 Reg. tons auf die außereuropäische Fahrt. Da aber eine Tiefe von 5 m für die Schiffe, die in der europäischen Fahrt beschäftigt waren, genügte, so mußte naturgemäß die so verbesserte Wasserstraße der europäischen Schiffahrt zu gute kommen, während für die großen transozeanischen Schiffe die Hafenanlagen von Bremerhaven ausreichend erschienen.

Teil der Langen Straße.

Ehe wir weiter auf die Ausführung des Projekts der Korrektion der Unterweser eingehen, wollen wir noch eines Projekts gedenken, welches gleichzeitig mit dem ersten Projekt auftauchte und gerade in Bremen eine starke Unterstützung fand. Es handelte sich um die Herstellung einer besseren Wasserstraße von Bremen nach dem Hinterlande. Die eine Gruppe glaubte also Bremens Handel und Schiffahrt durch die Schaffung einer besseren Seeverbindung heben zu können, während die andere Gruppe durch die Verbesserung der Wasserstraße nach dem Binnenlande mit Anschluß an einen zu erbauenden Rhein-Weser-Elbe-Kanal eine Gesundung der Bremischen Handels- und Schiffahrts-Verhältnisse erblickte. Gegen die Ausführung eines Rhein-Weser-Elbe-Kanals machte man zunächst geltend, daß doch einige Sicherheit für die Ausführung dieses Kanalprojekts vorliegen müsse, ehe eine Anschlußverbindung von Bremen her Aussicht und Bedeutung bekommt. Ferner, daß das Binnenland selbst mit dem für Seeschiffe direkt zugänglichen Bremen weit lieber eine engere Verbindung suchen werde, als mit der mangelhaften Verbindung, in welcher sich Bremen befand. Wie man sieht, tauchte das heute heiß umstrittene Projekt des Mittelland-Kanals, welches in den nächsten Jahren hoffentlich durch seine Realisierung eine weitere wichtige Epoche der deutschen Wasserbauten eröffnen wird, schon damals auf. Der verdienstvolle Schöpfer der Weserkorrektion und der Bremischen Hafenanlagen, der am 23. Juni 1903 verstorbene Ober-Baudirektor Franzius wies im Jahre 1884 gelegentlich des Nordwestdeutschen Binnenschiffahrts-Kongresses in Bremen darauf hin, daß nach der gesicherten Ausführung dieses Rhein-Weser-Elbe-Kanals eines der wichtigsten Nebenglieder dieses großen und tiefen Kanals, die ebenmäßige Verbindung zwischen Hannover und Bremen durch die Kanalisierung der Leine und Aller erfolgen

2

müsse. Dadurch würde jenem Kanal die kürzeste und leistungsfähigste Querverbindung mit der See gegeben, die Stadt Hannover bekäme eine Lage zur See, wie sie Bremen seit langer Zeit nicht besser gehabt und endlich erlange Bremen die Verbindung mit der ganzen Elbe und zwar von Magdeburg aufwärts ebenso günstig, wie Hamburg sie besitzt. Aber sowohl die vollendete Korrektion der Unterweser als auch die sichere Ausführung des Rhein-Weser-Elbe-Kanals seien die Voraussetzungen für das Zustandekommen und die Nutzbarmachung jener Querverbindung. —

Senat und Bürgerschaft in Bremen traten nun trotz der enormen Kosten für die Korrektion der Unterweser nach dem Projekt von Franzius ein.

Der geniale Entwurf von Franzius wollte nach Möglichkeit alle scharfen Krümmungen und Unregelmäßigkeiten des Weserbettes beseitigen, besonders die nachteiligen Stromspaltungen; ferner eine Flutwelle herbeiführen, welche möglichst ungehindert eine große Wassermenge bei der Flut nach Bremen und bei der Ebbe nach Bremerhaven und der Wesermündung bringt und dadurch die Stromkraft vergrößert. Das Weserbett selbst sollte an allen Einbuchtungen seiner Ufer durch Leitdämme eingefaßt werden, das neue, regelmäßige Bett der Weser so in das alte hineingeleitet werden, daß fast alle größeren Tiefen ausgenutzt, die wertvollen Ländereien möglichst unberührt lassend und nur die vorhandenen Wasserflächen und wertlosen Landflächen zur Herstellung des neuen Bettes und zur Ablagerung der zu verschiebenden Erdmassen benutzt werden.*) Die Korrektion sollte durch die Herstellung eines einheitlichen, schlanken, dabei von oben nach unten stetig und planmäßig an Breite und Tiefe zunehmenden Stromlaufes, durch Abschneidung aller Seitenarme Ebbe und Flut so beeinflussen, daß sich z. B. in der Nähe der höchsten Barre anstatt 400 cbm pr. Sek. mit nur 0,33 m Geschw. als Durchschnittswerte der ganzen Tide demnächst nach der Korrektion 990 cbm mit 0,73 m Geschw. bewegen. Da die Geschwindigkeit aber im Verhältnis ihres Quadrats wirksam ist, so würde sich an der erwähnten Stelle die Stromkraft 12 fach vergrößern. Aus der beigefügten Abbildung der Profile der Weser geht die planmäßige Zunahme von oben nach unten hervor, sowie ebenfalls die Eigentümlichkeit der Form, daß nämlich ein möglichst breites, zwischen dem demnächstigen örtlichen Hoch- und Niedrig-Wasser liegendes Profil über einem sehr viel schmaleren unter dem Niedrigwasser befindlichen Profil gelagert ist. Hieraus ergibt sich die Möglichkeit, überall viel Flutwasser aufzunehmen, aber die Strömung tunlichst

Portal von Haus Seefahrt
mit der Inschrift Navigare necesse, vivere non est.

---

*) Projekt zur Korrektion der Unterweser, von Ober-Baudirektor Franzius entworfen und von der Reichs-Kommission Gercke, Nienburg, Franzius festgestellt, Bremen, den 30. Juni 1881. Verlag W. Engelmann, Leipzig, 1882.

in einem engeren und dadurch tieferen Bett zusammen zu halten. Um dieses zu erreichen sind die inneren Linien, also die Grenzen des Niedrigwassers, durch von der Sohle bis zu diesem Wasserspiegel ziehende Leitdämme ausgebaut und zwar mittels langer Sinkstücke.

Die Anschlagssummen des Projekts verteilten sich wie folgt:

I. Grunderwerb und Entschädigung wegen Ausdeichung	Mk.	495 000
II. Grab- und Baggerarbeit nebst Transport		22 641 212
III. Korrektionswerke		2 748 860
IV. Nebenanlagen und Abänderungen von Abwässerungsanlagen		950 000
V. Allgemeine und unvorhergesehene Kosten		2 164 328

Um diese Kosten zu decken, wurde Bremen in Form eines Reichsgesetzes vom 5. April 1886 ermächtigt, auf der Strecke Bremen-Bremerhaven von allen über 300 cbm Raum besitzenden Schiffen eine Abgabe zu erheben, sobald Schiffe mit 5 m Tiefgang die Weser befahren können. Diese Abgabe darf jedoch nur von Ladungen erhoben werden, welche aus See nach Bremischen Häfen oberhalb Bremerhavens bestimmt sind oder von solchen Häfen nach See gehen. Also die für die oldenburgischen Häfen Brake und Elsfleth bestimmten Schiffe blieben abgabenfrei. Die Bremer Handelskammer berechnete, daß bei einem abgabepflichtigen anfänglichen Seeverkehr von 500 000 tons und einer Abgabe von 1 Mk. pro Tonne bei Verzinsung des Anlagekapitals mit 3¹/₂ pCt. im 28. Jahr nach vollendeter Korrektion die Zinsen gedeckt, im 65. Jahr nach vollendeter Korrektion aber Kapital mit Zins und Zinseszins getilgt sein würden.

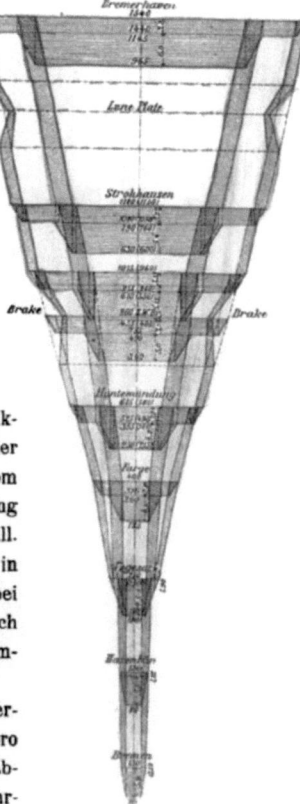

Profile der Weserkorrektion.

Die in Ziffer II berechneten Erdmassen betrugen rund 31 Mill. Kubikmeter, während noch außerdem 24 Mill. Kubikmeter durch die während der Ausführung vermehrte und entsprechend geleitete Strömung, also vom Strome selbst, als zu beseitigen angenommen wurden. Die Ablagerung sämtlicher 55 Mill. Kubikmeter war so gedacht, daß höchstens nur 12 Mill. flußabwärts geschwemmt, die übrigen im eigentlichen Korrektionsgebiet in den nicht ferner vorkommenden Wasserflächen abgelagert wurden. Hierbei mußte eine Fläche von etwa 1000 ha neues Land entstehen, jedoch noch ein Fassungsraum von 19 Mill. Kubikmeter außer dem korrigierten Strombett übrig bleiben.

Da sich unterhalb Bremerhaven die ein- und ausströmende Wassermasse von 6400 cbm im Durchschnitt der ganzen Tide auf 7500 cbm. pro Sekunde vermehren würde, so mußte daselbst trotz des langsamen Herabschwemmens von 12 Mill. Kubikmeter nur eine Verbesserung des Fahrwassers und eine völlig unschädliche Ablagerung jener Bodenmengen auf den viele tausend Hektaren großen Sanden in dem Mündungsgebiet der Weser die Folge der Korrektion sein.

Die ganze Ausführung der Korrektion war auf sechs Baujahre angenommen. Nach allen schwierigen und zeitraubenden Vorverhandlungen konnte endlich im Juli 1887 mit der Ausführung begonnen werden, einstweilen nur in geringem Umfange, weil allein für etwa 3¹/₂ Mill. Mark Bagger und zugehörige Erdtransportfahrzeuge anzuschaffen waren und sich diese Leistung bis in den Januar 1888 hinein erstreckte.

2*

Es handelte sich um acht große Strombagger, unter denen zwei mit 250 cbm stündlicher Leistung waren. Ferner 22 Dampfprahme zum Teil von 200 cbm Ladefähigkeit, 36 Schleppprahme, sechs größere Dampfer und sieben Dampfbarkassen mit im ganzen 4000 HP.

Der Durchstich der „Langen Bucht", einer etwa 1400 m Umweg verursachenden Krümmung in der Weser nahe unterhalb Bremen wurde schon in den Jahren 1883—86 zur Ausführung gebracht.

Der Erfolg der Korrektion zeigte sich bald. Die nutzbare Wassertiefe nahm anfangs um 0,5 m zu, dann naturgemäß wegen der immer größer werdenden Flächen allmählich langsamer und wies im Jahre 1894 die verlangten 5 m auf, so daß mit dem 1. April 1895 die vom Reiche gestattete Schiffahrtsabgabe erhoben werden konnte. An Stelle der drei Schiffe mit 4,5—5 m Tiefgang, welche 1890 nach Bremen kamen, waren dies 1896 schon 300, so daß die Verzinsung des Anlagekapitals nicht erst nach 28, sondern bereits nach drei Jahren eintrat und daß der Handel Bremens sich um das Fünffache hob. Mit dieser Arbeit, die auch gleichzeitig eine neue Betonnung und Befeurung der Unterweser und Wesermündung der Schiffahrt brachte. wurde eine der großartigsten Wasserbauten zum Aufblühen der Bremischen Schiffahrt und des Handels von seinem genialen Schöpfer Oberbaudirektor Franzius vollendet.

Im Bau befindliches Hauptverwaltungs-Gebäude des Norddeutschen Lloyd.

Bremen als Freihafen.

Fast gleichzeitig mit den Vorarbeiten für die Korrektion der Unterweser erfolgte der Beitritt Bremens zum Zollanschluß an das Deutsche Reich. War Lübeck diesem bereits früher beigetreten, so geschah der Beitritt Bremens wie Hamburgs im Jahre 1888.

Zu diesem Zweck war es notwendig, an der Weser im Bereich der Stadt Bremen, für den ungehinderten Verkehr der zollpflichtigen Handelsgüter einen Freibezirk mit einem Hafen zu schaffen.

Ansicht des Hafenbecken I zu Bremen.

Ansicht des Hafenbecken I zu Bremen mit dem Blick auf das Hafenhaus.

Bis zu jenem Zeitpunkt besaß Bremen vier kleinere Häfen, und zwar den Winterhafen für die Unterweser-Schiffe mit einer Sohlentiefe von 4 m und einem Flächenraum von 6 ha — dieser Hafen hatte erst in den 70er Jahren des vorigen Jahrhunderts Lösch- und Ladevorrichtungen an seinen Ufern erhalten, die 1877 durch die Bauten der Bremer Lagerhaus-Gesellschaft ergänzt und in eine direkte Verbindung mit der Eisenbahn gebracht worden sind —, weiter den Winterhafen für die Oberweser-Schiffe von nur 82 ar Flächengehalt, den Winterhafen im Wallerwied und einen kleinen Holzhafen.

Als geeigneter Platz für die neue Anlage des Freibezirks mit Hafen, der eine völlige Abschließung des Terrains durch Mauern vom Zollinland zuließ, mit Bewachung der Ausgänge, wurde in der Nähe des Stephanstores und der Altstadt ein Areal von zunächst 100 ha vom Bremischen Staat erworben. Aeußerst günstig für die Anlage eines großen neuen Hafens war es, daß er in guter Lage zur Weser und größter Nähe der Stadt, besonders zur Altstadt mit den Comptoiren, lag. Dieses Gebiet besaß den ferneren Vorzug, daß es ohne besonderen Schwierigkeiten die nötigen Straßen und Eisenbahnlinien herstellen ließ und daß es mit seinem unteren Ende weit flußabwärts reichte, wodurch gerade nach der Ausführung der Unterweser-Korrektion ein möglichst günstiger Zugang für tiefere Schiffe gesichert wurde. Senat und Bürgerschaft gaben diesem von Franzius empfohlenen Projekt den Vorzug vor einem Gegenprojekt, wonach der neue Hafen auf dem linken Ufer der Weser mit einer nahezu 2 km weiter oberhalb gelegenen Mündung angelegt werden sollte. Ein weiterer Vorzug des am rechten Ufer gelegenen Gebiets war noch, daß sich leicht eine Verbindung zwischen den Eisenbahngleisen des Freihafenbezirks und der von Bremen nach Bremerhaven-Geestemünde führenden Bahn herstellen ließ.

Das als Freibezirk festgesetzte Gebiet hat eine unregelmäßige längliche Gestalt von etwa 2500 m größter Länge und 400 m mittlerer Breite. Damit aber nicht das unmittelbar an diesen Freibezirk belegene Gebiet durch Privatspekulation in Anspruch genommen würde und einer weiteren Ausdehnung des Freibezirks Schwierigkeiten im Wege ständen, so kaufte der bremische Staat in weiser Voraussicht, wie dies die jetzt in Bremen geplanten Hafenerweiterungen beweisen, im Mai 1888 noch das Gebiet im Umfang von 55 ha zu, so daß sich der Bezirk auf 155 ha erhöhte, von denen zunächst aber nur 100 ha umgrenzt wurden.

Das Hafenbecken mußte ein langgestrecktes sein, was die Form des Grundstücks, die Lage zur Weser und zum Hauptbahnhof bedingten. Die Einfahrt für die Schiffe mußte am untersten Ende liegen, während für die Lagerhäuser eine Lage in der Nähe der Stadt geboten war. Das zur Ausführung kommende erste Hafenbecken war daher 2000 m lang und 120 m breit mit nahezu symmetrischer Anlage von Gleisen, Straßen, Speichern und Schuppen auf beiden Seiten.

Man hatte sich ferner bei der Wahl zwischen einem offenen oder geschlossenen Hafen für einen offenen Hafen, also wie in Hamburg und im Gegensatz der Dockhäfen von Bremerhaven, Antwerpen, London und Liverpool, entschieden.

Dockhäfen mit Schleusentoren sind nur da angebracht und von Nutzen, wenn der Wasserspiegel ganz oder nahezu in bestimmter Nähe erhalten werden kann, wo er dann den Vorteil einer bequemen Ladehöhe bietet. Das ist z. B. in Bremerhaven der Fall, wo der gewöhnliche Wasserwechsel zwischen Hoch- und Niedrigwasser 3,3 m beträgt und täglich zweimal eintritt. Dort ist ein Stand von etwas unter gewönlichem Hochwasser in dem Hafenbecken leicht zu erhalten, der eine gewisse Zeit vor bis nach Hochwasser die volle Oeffnung der Dockschleusen gestattet. Bei Bremen aber wäre wegen der in langen Zeiträumen vor sich gehenden bedeutenden Schwankungen des Wasserspiegels, welche bis zu 7 m betragen, eine Dockschleuse verfehlt gewesen. Durch den mit jeder Durchschleusung einer Kammerschleuse verbundenen Wasserverbrauch würde aber bei gewöhnlichem Hoch- oder Niedrigwasser in der Weser die Erhaltung eines normalen Wasserstandes in dem geschlossenen Becken, welches keinen Zufluß oder Abfluß hat, zur Unmöglichkeit werden. Die unvermeidlichen Schwankungen des Wasserspiegels in einem geschlossenen Hafen würden bei Bremen mindestens 4 m betragen.

Die Kosten, welche der zu errichtende Freihafenbezirk dem Bremischen Staat verursachte und von ihm allein zu tragen waren, verteilten sich nach dem am 6. März 1885 vorgelegten Anschlage auf:

I.	Grunderwerb	Mk. 2 196 000
II.	Erdarbeiten	2 669 100
III.	Ufermauern	6 912 000
IV.	Speicher und Schuppen	10 734 600
V.	Straßenanlagen	2 130 000
VI.	Gleisanlagen	1 750 000
VII.	Verschiedenes	„ 4 608 300
		Mk. 31 000 000
	Zollgebäude	„ 1 000 000
		Sa. Mk. 32 000 000

Die zur Herstellung der ganzen Hafenanlage ausgeführten Erdarbeiten umfaßten im ganzen die Bewegung von $2^1/_2$ Mill. Kubikmeter Boden. Der gesamte bei der Bauausführung geförderte Boden mit Ausnahme von 800 000 cbm, welche zum Bahnhofsumbau abgegeben wurden, ist zur Aufhöhung des Freigebiets um rund 2,5 m, also bis + 5,0 m Bremer Pegel, verwendet worden. Die Tiefe des Hafenbeckens war zunächst auf 6,8 m unter Bremer Null angenommen, wurde aber im Jahre 1893 wegen der eingetretenen Senkung des Ebbespiegels auf 8,0 m vergrößert. Das Becken selbst ist in seiner ganzen Länge mit Kaimauern eingefaßt und hat an der Mündung zwei massive Molenköpfe. Die Mauern sind in einer Gesamtlänge von 3750 m auf Pfahlrost, auf den am offenen Strom gelegenen Strecken dagegen in einer Ausdehnung von 300 m auf Beton zwischen Spundwänden gegründet. Für die Gründung der 3750 m langen Kaistrecke waren allein das Eintreiben von rund 19 000 Stück Tragpfählen von 9,5 bezw. 8,0 m Länge und rund 11 000 Stück Schrägpfählen von 10,5 m Länge notwendig.

Die auf dem Rost stehende eigentliche Mauer (18 000 qm Rostfläche) hat, um Platz für die Anlage eines begehbaren Kanals zu gewinnen und um sie auch an den schwächsten Punkten stark genug gegen den Anstoß von Schiffen zu machen, eine sehr bedeutende Breite erhalten. Der im oberen Teil der Mauer ausgesparte Kanal dient zur Aufnahme der Leitungen für das Druckwasser zum Kanalbetrieb, Elektrizität u. s. w. Auf der Sohle dieses mit zahlreichen Einsteigeschächten und großen Endöffnungen versehenen Kanals befindet sich eine kleine Eisenbahn für den Transport der schweren Rohre u. s. w. Da die Druckrohre im Winter mit warmem Wasser gefüllt werden, um das Einfrieren zu verhindern, so ist der ganze Raum stets ziemlich gleichmäßig erwärmt.

Die Ausrüstung der Kaimauern für die Benutzung besteht in starken 10 m von einander entfernt stehenden Streichpfählen mit einem eisernen Kopf und einer starken Verankerung. Außerdem sind Schiffsringe zum Befestigen der Schiffe angebracht. Eiserne Steigleitern und massive Treppen erleichtern die Verbindung mit dem Wasser.

Die das Hafenbecken umgebenden Hochbauten zerfallen in: das Hafenhaus, gleich am Eingang zum Freihafen, das Maschinenhaus in dessen Nähe, die Kaischuppen, welche sich unmittelbar an den beiden Kaiufern erstrecken, die Speicherbauten, dahinter gelegen, das Verwaltungsgebäude, gleich zwischen der Einfahrts- und Ausfahrtsstraße des Bezirks gelegen, und einigen Nebengebäuden.

Das am Kopfende des Hafenbeckens gelegene Hafenhaus, von dem hier eine Abbildung beigefügt ist, enthält im Erdgeschoß die Geschäfträume der Hafenbehörde, des Wasserschout, der Betriebsverwaltung, der Bremer Lagerhaus-Gesellschaft. Im Obergeschoß befinden sich ein meteorologisches Observatorium und eine Station zur Regulierung nautischer Instrumente. Außerdem befinden sich dort noch die Dienstwohnungen für den Hafenmeister und den Betriebs-Vorsteher. Im Kellergeschoß ist die Akkumulatoren-Anlage der elektrischen Zentrale untergebracht. Gekrönt ist das Hafenhaus von einem

Das Hafenhaus mit Maschinengebäude.

42 m hohen Turm, auf welchem sich ein Zeitball mit elektrischer Auslösung befindet. Oestlich vom Hafenhaus liegen das Kessel- und Maschinenhaus für die Erzeugung des Druckwassers zum Betrieb der an den Kais aufgestellten Krane und der Elektrizität für die Beleuchtung des ganzen Hafengebiets.

Das Verwaltungsgebäude ist ein Bau von 200 m Länge bei einer Tiefe von 16 resp. 12 m. Im Erdgeschoß des östlichen Flügels und des Mittelbaues sind die Bureauräume für ein Nebenpostamt, für die Zollbehörde, das Deklarationsbureau und die Eisenbahnverwaltung untergebracht. Der westliche Flügel sowie das Obergeschoß ist für Handelszwecke vorhanden, für Comptoire, Warenprobenzimmer etc. Auch befindet sich hier die Wasserbau-Inspektion. Im Keller befinden sich Lagerräume.

Die Anlage der unmittelbar das Hafenbecken umgebenden zehn Kaischuppen ist so, daß vor denselben, direkt am Kaiufer, zwei Eisenbahngleise liegen. Auf der Landseite der Kaischuppen befinden sich wieder zwei Gleise. Dann folgen hinter diesen die Ladestraße und zuletzt die Speicher. Unsere hier beigefügte Skizze giebt einen Ueberblick über die Situation.

Die Länge eines jeden Schuppens ist 139 bis 265 m, die Breite bei zweien 35 m, bei den übrigen 40 m. Zwischen den einzelnen Schuppen sind 28 m breite für die Zufuhr von Fuhrwerken bestimmte Plätze noch vorhanden.

An der Vorderseite sind die Schuppen ganz mit abwechselnd über einander greifenden aus verzinktem Wellblech hergestellten Schiebetoren versehen, so daß bei den fahrbaren Kränen, mit denen die Kais ausgerüstet sind, an jeder Stelle eines Schiffes aus mehreren Ladebrücken gleichzeitig die Ladung gelöscht werden kann. Während nach der Wasserseite die Schuppen völlig offen sind, haben sie nach der den Speichern zugekehrten Seite nur bestimmte Türen, die mit den Türen der Speicher korrespondieren und stehen zwischen je zwei solcher Oeffnungen feste Speicherkräne.

Die Schuppen sind ringsum mit Ladebühnen umgeben. Um den Verkehr des Landfuhrwerks von dem Verkehr der Eisenbahngleise tunlichst zu trennen, haben die Schuppen von der Straße her zugängliche geräumige Höfe oder Unterfahrten, welche gestatten, daß etwa neun Wagen gleichzeitig von dem in Ladebühnenhöhe liegenden Boden des Schuppens in bequemster Weise Güter erhalten. Nach einem Brande, welcher einen dieser Schuppen in kurzer Zeit völlig zerstörte, sind in dem wieder aufgebauten Schuppen zwei Brandmauern angebracht. Die bisher aufgeführten Kaischuppen haben eine Gesamtlänge von 1882 m und eine bebaute Grundfläche von 73 575 qm.

Für die Abfertigung von Dampfern, deren Ladung ausschließlich aus Baumwolle besteht, ist auf der nördlichen Hafenseite der Schuppen No. 9, dessen Fußboden auf der Wasserseite in Straßenhöhe liegt und nach der Landseite allmählich bis zur Ladebühnenhöhe ansteigt, erbaut. Abweichend von den übrigen Schuppen, die aus Eisen hergestellt sind, ist dieser aus Holz mit Wellblechbekleidung gebaut. In ähnlicher Bauweise befindet sich hinter diesem Schuppen ein Lagerschuppen für Baumwolle.

Als besondere Anlage, um loses Getreide zu löschen und zu Lager zu bringen, ist 1896—97 der Bau einer Getreideverkehrsanlage ausgeführt; sie besteht aus einem Kaischuppen von 170 m Länge und rund 41 m Breite und einem dahinter liegenden Lagerschuppen, die durch vier eiserne Brücken mit einander in Verbindung stehen. Der vordere, dem Wasser zugewandte Teil des Kaischuppens ist in 15 m Breite eingeschossig für die Behandlung gemischter Ladungen, der hintere Teil dagegen zweigeschossig für Lagerzwecke angeordnet. Hinter dem Schuppen durch die mit Eisenbahngleisen versehene Straße von rund 20 m Breite von diesem getrennt, befindet sich der zweigeschossige Lagerschuppen von 170 m Länge und rund 30 m Breite. Die Obergeschosse der beiden Schuppen dienen vorzugsweise der Lagerung des losen Getreides. Für den Transport von Waren und Geräten zwischen dem Ober- und Untergeschoß sind in beiden Schuppen fünf hydraulische Aufzüge und in dem hinteren außerdem

Speicherstraße am Hafenbecken I, Südseite.

3

Uferkrane und Schuppen, Nordseite.

zwei Sackrutschen für abgesacktes Getreide eingebaut. Das Löschen des Getreides aus dem Schiffe sowie das Befördern nach dem Lagerraume geschieht durch eine maschinelle Anlage in folgender Weise: Das lose zu Schiff ankommende Getreide wird mittels der fahrbaren Uferkräne, welche für diesen Zweck mit Greifbaggern versehen sind, zum Verwägen in fahrbare selbsttätige Wagen geschüttet. Diese Wagen befinden sich auf der Ladebühne, welche rings um den ganzen Schuppen herumläuft. Die Kornfrucht kann nun entweder auf der Ladebühne in Säcke gefüllt oder mit Hilfe von Transportbändern nach jeder beliebigen Stelle der beiden Schuppen befördert werden. An der Wasserseite des Schuppens befinden sich in einem begehbaren Kanal, der unter dem Fußboden angeordnet ist, zwei Sammelbänder, welche nach den Elevatoren laufen. Die Elevatoren befinden sich in der Mitte der Schuppenfront in einem besonderen Turm. Die Elevatoren heben nun das Getreide auf die unter dem Schuppendach vom Elevatorturm aus nach beiden Seiten parallel zur Wasserfront laufenden Verteilungsbänder. Die Auslaufrohre der Elevatoren sind so angeordnet, daß jeder Elevator je ein beliebiges der vier Längsbänder beschütten kann. Von diesen Längsbändern kann nun das Getreide entweder direkt Sammelrümpfen zum Absacken zugeführt werden, oder es gelangt von den Längsbändern auf eines der vier Verteilungsbänder, die senkrecht zur Wasserfront quer durch das Obergeschoß des vorderen und in geschlossenen Brücken über die Straße geführt nach dem Obergeschoß des hinteren Schuppens laufen. An jeder beliebigen Stelle kann das Getreide mittels beweglicher Abwurfvorrichtungen dem Transportband entnommen und entweder abgesackt oder lose zu Lager gebracht werden.

Der Betrieb der acht Bänder und Elevatoren erfolgte ursprünglich mit Hilfe von zwei Gaskraftmaschinen von zusammen 37 PS, welche in einem gesonderten Maschinengebäude aufgestellt sind. Durch die stärkere als früher angenommene Beanspruchung der Bänder wurde nachträglich eine Verstärkung um rund 27 PS erforderlich, welche dadurch erreicht ist, daß vier Bänder von dem Gasmotorenbetrieb losgelöst sind und durch je einen Elektromotor angetrieben werden. Zur möglichsten Verringerung der Explosionsgefahr ist eine elektrisch betriebene Entstaubungsanlage eingebaut, welche den im Elevatorturm sich entwickelnden Getreidestaub absaugt.

Die größte stündliche Leistung eines Bandes und Elevators beträgt 35 tons schweres Getreide; da im allgemeinen ein Längs- und ein Querband zusammen arbeiten, so können durch die vier Bänderpaare 140 tons stündlich befördert und zu Lager gebracht werden.

Der Kaischuppen hat eine Grundfläche von 6640 qm, der Lagerschuppen eine solche von 5110 qm, sie haben zusammen einen Fassungsraum von 18 000 tons, wenn, wie beim Speichereibetriebe, Getreide zur Dauerlagerung kommt, und 12 000 tons, wenn es sich um eine Lagerung, wie sie im Durchgangsverkehr üblich ist, handelt.

Die Kosten der ganzen Anlage, einschließlich der Gebäude, elektrischen Beleuchtung, Uferkräne und Betriebsgeräte, haben rund 1 049 000 Mk. betragen.

Inzwischen ist der Bedarf an Schuppenfläche wieder gestiegen und zwar hauptsächlich, weil die Zahl derjenigen Schiffe, welche mit 5 m Tiefgang und darüber nach Bremen kommen, erheblich zunimmt. Die Anzahl der Schiffe mit diesem größeren Tiefgang betrug 1896: 94, 1899: 181, 1902: 301. Dementsprechend haben sich auch die Anforderungen aus dem Durchgangsverkehr gesteigert. Die Bürgerschaft hat für die Verlängerung eines Schuppens um 109 m, wodurch sich ein Zuwachs von 4200 qm Schuppenfläche ergibt, 361 000 Mk. bewilligt und außerdem 38 000 Mk. für verschiedene weitere Anlagen, die sich im Interesse eines ungehinderten Verkehrs als notwendig herausgestellt haben, wie die Herstellung eines Schuppens für feuergefährliche Güter etc. Die weitere Steigerung des Verkehrs, und zwar namentlich soweit er aus den größeren Schiffen stammt, wird der im Bau begriffene zweite Freihafen nach seiner Eröffnung zu genügen haben.

Speicher und Schuppen, Nordseite.

Ansicht des

In den Speichern deren verschiedene Boden zwar zum Teil von den Straßenkränen direkt bedient werden, befindet sich an jedem Eingange ein für zwei Abteilungen dienender hydraulischer Aufzug mit Plattform, sowie an der Hinterseite eine einfache Winde, welche bei den älteren Speichern hydraulisch, bei den neueren von Hand betrieben wird. Hinter den Speichern folgen noch verschiedene Gleise, von denen das nächstliegende als Ladegleis, das zweite als Fahrgleis benutzt wird, während die übrigen Gleise dem sonstigen Eisenbahnbetrieb zu dienen haben.

Die bisher ausgeführten sechs Stück mehrgeschossigen Speicher mit zusammen 22 581 qm bebauter Grundfläche bieten eine nutzbare Lagerfläche von 105 260 qm.

Am Kopfende des Hafens, wo der Raum für regelmäßige Schuppen und Speicher nicht vorhanden war, wurde auf der linken Seite ein unterkellerter Stückgutschuppen von 1806 qm bebauter Grundfläche, eine Reparaturwerkstätte für die maschinellen Anlagen, eine Station für Feuerwehr und dergleichen mehr eingerichtet, während auf der rechten, geräumigeren Seite offene und bedeckte Lager für sogenannte Edelhölzer (z. B. Cedern, Teak, Mahagoni) Platz gefunden haben. Dieselben sind mit zahlreichen schmalspurigen Gleisen durchzogen und mit besonderen Kränen (in den Schuppen hochliegende Laufkräne) und besonderen Wagen ausgestattet.

Am unteren Ende des Hafens, wo zu beiden Seiten die sämtlichen Gleise zu Rangierköpfen auslaufen, ist links ein Platz für Schiffsreparatur (in Verbindung mit der außerhalb des Hafens liegenden Maschinenfabrik und Werft Akt.-Ges. „Weser") hergestellt, vor welchem im Hafenbecken ein zweiteiliges Schwimmdock von 100 m Gesamtlänge liegt.

Die Aktiengesellschaft „Weser", welche ihren gesamten Werftbetrieb nach Gröpelingen, aber noch in der Nähe Bremens, verlegt, beschäftigt durchschnittlich im Jahr 2400 Arbeiter. Sie betreibt den Bau von Kriegsschiffen — mehrere kleine Kreuzer der Kaiserl. Marine wurden hier fertiggestellt — wie auch den Bau von Handelsdampfern.

Mit der Verlegung der Werft nach Gröpelingen tritt der von ihr betriebene Bau in ein neues Stadium, da die Werft fortab den Bau von großen Kriegsschiffen betreiben wird. Sie hat bereits auf ihrer neuen Anlage einen großen Kreuzer von 144 m Länge bei 25 000 HP für die deutsche Marine im Bau.

Auch befindet sich dort ein neues großes Schwimmdock von 117 m Länge im Bau, das aus fünf Sektionen besteht und durch Hinzufügung weiterer Sektionen beliebig verlängert werden kann. Es wird im neuen Bremer Freibezirk, auf den wir noch zu sprechen kommen und dessen Eröffnung am 1. Oktober 1905 bevorsteht, in unmittelbarer Nähe des Vorhafens placiert werden.

Bei Bestimmung der Tiefenlage der Hafensohle unter dem Dock war die Voraussetzung, daß 5 m tief tauchende Schiffe auch bei niedrigstem Wasserstande noch in das gesenkte Dock ein- und aus-

Verwaltungsgebäudes.

fahren müssen. Das Dock, welches in zwei Sektionen von 60 m Länge bei 1650 tons Hebekraft und 41,4 m Länge bei 1050 tons Hebekraft zerfällt, besitzt eine Gesamt-Hebekraft von 2700 tons, so daß Schiffe von 120—140 m Länge bequem docken können.

Die hydraulischen Krananlagen.

Die schon erwähnten Hebezeuge und die Windetrommeln werden mittels Druckwasser von 50 Atm. Pressung betrieben. Der Druck wird in der am Kopfe des Hafenbeckens befindlichen Maschinenstation erzeugt. Zur Zeit sind drei stehende Dampfpumpmaschinen, von welchen jede bei 60 Umdrehungen in der Minute 100 PS leistet und in der Stunde 56,5 cbm liefert, im Betriebe. In unmittelbarer Nähe der Pumpen haben zwei Gewichtsakkumulatoren von je 954 Liter Inhalt ihren Standort erhalten. Durch eine Steuervorrichtung reguliert der eine Akkumulator die Umlaufsgeschwindigkeit der Maschine selbsttätig und derart, daß dieselbe dem jeweiligen Wasserverbrauche entspricht. Die Druckpumpen entnehmen ihr Wasser aus hochgelegenen Behältern, welche mit dem angewärmten Kühlwasser der Oberflächenkondensatoren gespeist werden. Die Hochdruckhauptleitung ist durchgehends $12^{1}/_{2}$ cm weit, aus Gußeisen, und hat eine Länge von rund 6000 m   Der größte Teil der Krane, Aufzüge und Winden ist mit Einrichtungen für dreifache Lastabstufungen ausgestattet, welche es ermöglichen, den Verbrauch von Druckwasser innerhalb dieser drei Abstufungen dem Gewicht der zu hebenden Massen anzupassen.

Die Form der Kräne ist so gewählt, daß von der sehr wertvollen und für den Verkehr nötigen Grundfläche möglichst wenig verloren geht, außerdem für den Kranführer ein guter Ueberblick über die Bewegung der Waren ermöglicht wird. Der Unterbau hat eine rechtwinklige Form und ruht auf vier Rädern, zwei derselben auf der Uferseite laufen auf einer Schiene, welche auf der Abdeckplatte der Ufermauer befestigt ist. Die beiden Räder an der Schuppenseite laufen auf einer Schiene, welche auf einem oberhalb der Schiebetüren an den eisernen Ständern des Schuppens befestigten Träger ruht. Der Raum unter dem Krangestell bietet genügend Platz für die Durchführung von zwei Eisenbahngleisen und für den 2,30 m breiten Perron des Schuppens.

Der Kranwärter befindet sich in dem hochgestellten Häuschen an der Wasserseite. Hier sind die Steuerungseinrichtungen aufgestellt, wodurch dem Wärter Gelegenheit gegeben ist, alle Bewegungen des Kranes und der Waren zu verfolgen und zu leiten. Der Anschluß der fahrbaren Uferkräne an die Druckleitung wird durch Gelenkrohre hergestellt, deren Länge für jeden Kran 5 m beträgt.

Die für das Verfahren der Eisenbahnwagen und der beweglichen Kräne zwischen den Ufergleisen aufgestellten Spills (Windetrommeln) haben eine Zugkraft von 1000 kg. Die in den Speichern befindlichen Winden und Aufzüge haben durchweg eine Hubkraft von 1500 kg.

Nachstehende Tabelle giebt eine Uebersicht über die zur Zeit im Freibezirk im Betriebe befindlichen, mit Druckwasser betriebenen Maschinen:

56 fahrbare Uferkräne	zu je	1 500 kg Hubkraft
12		2 400
1		4 000
2 feste		1 500
1 fester		10 000
10 feste und		
5 fahrbare Speicherkräne		1 500
18 Speicherwinden		1 500
28 Speicheraufzüge		1 500
7 Schuppenaufzüge		1 000
19 Spills		1 000
2		6 000
2 Druckwassermotoren für Ventilation		
2 Kräne für Kohlenverladung, davon		
1 Kran	von	26 000
1 „		6 000
1 Bühne zum Drehen und Heben leerer Eisenbahnwagen		10 000
1 Presse für Baumwollballen u. s. w.		80 000 „ Druckkraft.

Im ganzen 167 einzelne Maschinen mit Druckwasser.

Es sind ferner 34 Strahlapparate für Feuerlöschzwecke an die Druckleitung angschlossen.

Die Gleisanlagen. Die für die Ausbildung des Gleisnetzes im Freibezirke maßgebenden Gesichtspunkte lassen sich trennen in solche, die den inneren Betrieb und solche, die den Verkehr mit dem Hauptbahnhofe Bremen betreffen.

Erstere ergaben sich aus den Anforderungen, welche mit Bezug auf das Lösch- und Ladegeschäft im Hafengebiet zu stellen waren, und die im wesentlichen sich dahin zusammenfassen lassen, daß Eisenbahnverladung auf beiden Hafenseiten und zwar: 1. von und zu Schiff, 2. von und zu den Schuppen, 3. von und zu den Speichern, 4. bei den besonderen Anlagen für den Freiladeverkehr, für den Verkehr mit Nutzhölzern und für den Kohlenverkehr stattfinden sollte.

Bezüglich des Verkehrs nach Außen waren die Festsetzungen maßgebend, welche aus den zwischen der Königl. Preuß. Eisenbahn-Verwaltung, als der Inhaberin des Hauptbahnhofes Bremen und dem bremischen Staate über den Anschlußbetrieb gepflogenen Verhandlungen hervorgingen.

Hiernach ist der Freibezirk als ein unter Bremischer Verwaltung stehender Anschlußbahnhof zu betrachten, welcher vom Hauptbahnhofe Bremen Uebergabezüge empfängt und nach dahin abgehen läßt, und welcher eine eigene, preußischerseits zu besetzende Güterabfertigungsstelle erhält.

Die Züge werden im Bahnhof Freibezirk, nach Richtungen geordnet, übergeben, und zwar soll für die einlaufenden Züge eine Trennung nach: 1. Freibezirk rechts (Nordseite) und 2. Freibezirk links (Südseite) gemäß Frachtbriefvorschrift stattfinden, während die ausgehenden Züge den vier Richtungsgruppen des Hauptbahnhofes entsprechend zu ordnen sind nach: 1. Richtung Hannover, 2. Richtung Langwedel-Berlin, 3. Richtung Münster-Köln, 4. Richtung Hamburg, in welche Gruppe auch die für Bremerhaven und Oldenburg bestimmten Wagen mit eingestellt werden. Das weitere Ordnen der Züge hat jede der beiden Verwaltungen für sich zu besorgen.

Besondere Anlagen wurden noch erfordert für den Empfang von leeren Wagen und für den Versand von Stückgütern, welche getrennt von den Wagenladungsgütern zu behandeln sein werden, und

Ein Lloyddampfer im Freihafen zu Bremen.

deren Aufstellung in tunlichster Nähe der am östlichen (Kopf-) Ende des Hafengebietes im Verwaltungsgebäude untergebrachten Güterabfertigungsstelle erfolgen soll.

Schließlich darf nicht unerwähnt bleiben, daß bei Ausbildung der Bahnhofsanlage im Freibezirke
auch Rücksicht zu nehmen war auf die Ermöglichung von Gleisanschlüssen für Fabriken, welche nördlich
und südlich des Hafengebietes teils bestanden, teils im Bau begriffen waren, bezw. auf deren demnächstiges
Entstehen nach den gegebenen Verhältnissen gerechnet werden mußte.

Unter den vorstehend erörterten Gesichtspunkten wurde der auf dem Plan mit zur Darstellung
gebrachte Gleisplan festgestellt.

Die Bahnhofsanlagen des Freibezirks enthalten im ganzen rund 45 km Gleise.

Die elektrische Beleuchtung.

Die in der Maschinenstation aufgestellten vier Dynamomaschinen werden durch zwei Dampfmaschinen von je 200 PS betrieben. Eine Akkumulatoren-Batterie von 100 PS Leistung versorgt die Anlage während der Zeit des geringeren Verbrauchs mit Strom und unterstützt die Maschine bei größter
Stromentnahme. Bei gleichzeitiger Stromlieferung durch eine Dampfmaschine und die Batterie können
rund 3200 Glühlampen von je 16 Kerzen Leuchtkraft brennen. Die Beleuchtung im Freien erfolgt durch
Bogenlampen. An der Wasserseite der Schuppen ist jeder Kran mit einer Bogenlampe ausgestattet.

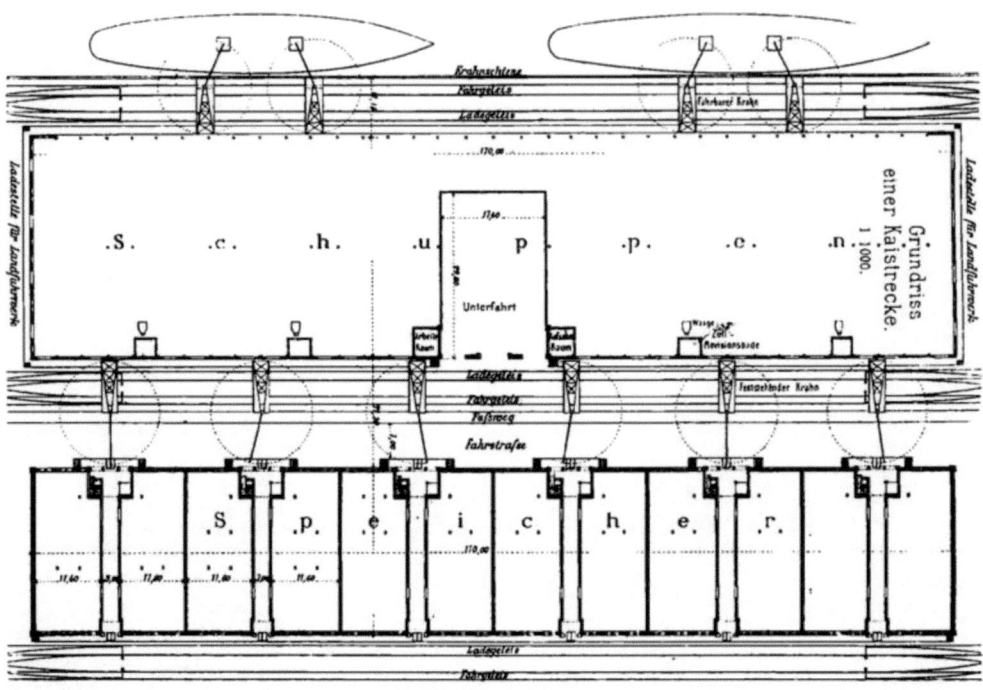

Grundriß einer Kaistrecke.

Nebenanlagen

Zum Heben besonders schwerer Gegenstände ist im Hafen ein Schwimmkrahn mit zwei verschiedenen Hebezeugen vorhanden, von denen das größere Lasten bis 40 tons, das kleinere bis 10 tons heben kann.

Für den Verkehr der die Unterweser befahrenden kleinen Personendampfer ist am oberen Ende des Hafens eine Landestelle in Gestalt eines Pontons zur Ausführung gekommen, welches durch einen eisernen Brückensteg mit der Fahrstraße in Verbindung steht.

Holzlagerplätze.

Der Verkehr mit ausländischen Nutzhölzern (namentlich Cedern und Mahagoni) ist seit langem in Bremen ein so reger, daß diesem Handelszweige von vorn herein ein verhältnismäßig großer und gut gelegener Platz im Freibezirke eingeräumt wurde, und daß in Aussicht genommen war, hierfür Einrichtungen zu treffen, welche besonders geeignet sein sollten, das Holzgeschäft für den bremischen Markt nicht nur zu erhalten, sondern noch zu erweitern und ihm den Wettbewerb mit anderen Hafenplätzen tunlichst zu erleichtern.

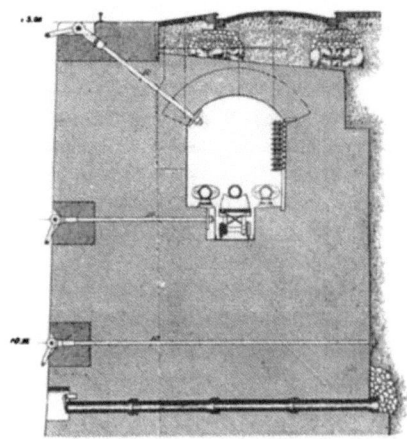

Querschnitt einer Kaimauer.

Zu diesem Zwecke ist für Lagerung von Nutzhölzern am stadtseitigen Ende des Hafens, auf der Nordseite des letzteren, eine Fläche von etwa 21 000 qm Gesamtinhalt vorgesehen, welche von der nördlichen Hauptstraße durchschnitten und in einen südlichen, am Kai belegenen Platz von rund 7500 qm und einen nördlichen, etwa 13 500 qm großen Platz zerlegt wird.

Außer der durch die Lage am Kai gegebenen Wasserverbindung ist behufs Ermöglichung der Zu- und Abfuhr des Holzes Sorge getragen:

a) für den Landverkehr durch Anlage von Fahrstraßen;
b) für den Eisenbahverkehr durch Gleisanschluß;
c) für den Verkehr zwischen den Lager- und Verladestellen durch Herstellung von Holz-Fördergleisen (Spurweite 0,60 m.)

Die Verladung der Hölzer von und zu Schiff wird durch drei feststehende Wasserdruck-Torkrane bewirkt, von denen zwei je 1,5 tons und einer 4,0 tons Tragkraft erhalten haben. Das Von- und Zu-Stapelbringen der Holzblöcke geschieht mit beweglichen Kranen, und zwar werden bei den Freilagern sogen. Kranwagen angewendet, während für die Schuppen Laufkrane (sogen. Gießereikrane) vorgesehen sind. Besondere feste Wasserdruck-Säulenkrane werden noch an einzelnen Stellen für die Ent- und Beladung der Eisenbahnfahrzeuge und für die Abfuhr mittels Landfuhrwerk untergebracht.

Der Platz am Kai ist durch eine an den Kai gelegte Längsstraße und durch vier Querstraßen in drei Abteilungen geteilt, welche als offene Lagerplätze zu dienen bestimmt sind.

Der vor Schuppen 1 am Ostgiebel liegenden Querstraße ist, da sie gleichzeitig als Ladestraße für den Schuppen gelten soll, eine Breite von 15,0 m gegeben, während im übrigen die Straßen, je nachdem sie lediglich dem Landfuhrwerk dienen oder zur Mitaufnahme von Gleisen für den Eisenbahnanschluß und für den Verkehr mit Schmalspurwagen bestimmt sind, eine Breite von 5,0 bis 7,50 m erhalten haben.

Der Platz nördlich von der Hauptstraße wird durch die über denselben hinweggeführten Gleise und eine Ladestraße ebenfalls in mehrere Einzelabteilungen zerlegt, von denen der tiefere östliche Teil mit etwa 5000 qm Flächeninhalt für die Anlage der gedeckten Lagerplätze (Holzschuppen) vorgesehen ist. Von den Holzschuppen sollen zunächst zwei von je 80 m Länge und 10 m Breite zur Ausführung kommen.

Die überall am Kai des Hafens vorgesehenen beiden Eisenbahngleise (Durchgangs- und Ladegleis) sind auch am Holzkai durchgeführt, so daß damit für den südlichen Platz in genügend ausgiebiger Weise für Eisenbahnverbindung gesorgt ist.

Die Holzschuppen sind auf dem Platze nördlich von der Hauptstrasse angeordnet und mit dem Kai durch Schmalspurgleise verbunden.

Die Verladung von Kohlen findet im Freibezirk statt einerseits für den eigenen Bedarf der Schiffe (Bunkerkohle), andererseits für Zwecke der Ausfuhr, wenn auch in letzterer Beziehung (abgesehen von dem schon jetzt nicht unbedeutenden Absatz von Koks) nur dadurch, daß Steinkohlen gelegentlich von Schiffen eingenommen werden, welche anders ohne Fracht (bezw. mit Ballast) auslaufen würden.

Die Anlagen haben ihren Platz auf der zwischen Winterhafen und Freihafen liegenden Landzunge (Nordmole) und konnten bei den beschränkten Raumverhältnissen nur eine bescheidene Ausbildung erfahren.

Da die Versorgung der Schiffe mit Bunkerkohlen jederzeit muß erfolgen können und bei der entfernten Lage der Zechen ein rechtzeitiges Eintreffen der angeforderten Wagenladungen nicht immer mit Bestimmtheit sich erreichen lassen wird, so sind Kohlenlagerplätze am Nordkai, westlich von Schuppen 9 angelegt worden.

Die Verladung der Kohlen erfolgt hier mit Kübeln, und zwar sind die Einrichtungen so getroffen, daß vom Bahnwagen sowohl zum Lagerplatz wie zu Schiff, oder aber vom Lagerplatz zu Schiff verladen werden kann.

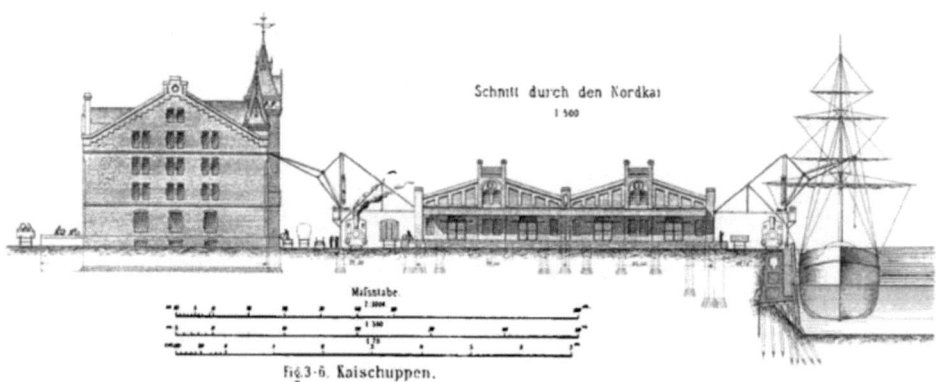

Fig. 3-6. Kaischuppen.

Für den Fall, daß ein Schiff seine Bunkerkohlen nicht an dem gedachten Platze einnehmen will, erfolgt die Verladung vom Bahnwagen aus mittels derselben Krane, welche für den allgemeinen Gebrauch an jeder Stelle des Kais vorhanden sind, sei es, daß die Kohlenwagen unmittelbar von der Zeche aus zugeführt sind, sei es, daß deren Beladung an den Kohlenlagerplätzen hat vorgenommen werden müssen.

Für Zwecke der Kohlenausfuhr, wobei es sich um die unmittelbare Verladung großer Kohlenmengen von Bahnwagen in Schiffe handelte, wurde in Erwägung gezogen, ob das Entleeren der Eisenbahnfahrzeuge mittels Kippe oder mittels Kran erfolgen sollte.

Wenngleich nun die in englischen Kohlenhäfen gemachten Erfahrungen bei den gegebenen Verhältnissen auf die Anwendung einer Kohlenkippe hinwiesen, und auch bei eingehender Ausarbeitung vergleichender Entwürfe sich ergab, daß die Gesamtanlage sich hier in jeder anderen Beziehung günstiger gestalten ließ unter Anwendung einer Kippe, so wurde doch mit Rücksicht auf den Umstand, daß die deutsche Steinkohle weicher und leichter zerbrechlich ist als die englische, und weil man sich von der Kranverladung eine erhebliche bessere Schonung der Kohle versprechen zu sollen meinte, die Anwendung eines Kohlensturzkranes vorgezogen.

Der Holz- und Fabrikenhafen.

Nördlich vom jetzigen Freihafen befindet sich der 1890 und 1891 ausgeführte Holz- und Fabrikenhafen, dessen Eingang rund 500 m unterhalb der Nordmole des Freihafens liegt. Dieses Bassin wurde in einfachen Erdböschungen hergestellt, um den Einrichtungen der Ufer für ihre besonderen Zwecke nicht vorzugreifen. Die Nordseite ist mit Fabrikenanlagen und die Südseite mit Holzlagerplätzen besetzt; beide Seiten sind mit Gleisverbindungen ausgestattet. Auf der Südseite sind für den Holzverkehr hölzerne, nicht vollständig hochwasserfreie Ladeperrons angeordnet, von denen aus das Ufer bis zur hochwasserfreien Ladestraße allmählich ansteigt; die Verbindung der Lagerplätze mit den Ladeperrons wird durch zahlreiche Schmalspurgleise vermittelt.

Auf der hochwasserfreien Nordseite liegen am Ufer eine Straße und Gleise, von denen die besonderen Anschlußgleise nach den einzelnen Werken abzweigen. Die Verbindung mit dem Wasser erfolgt durch Ladeperrons oder bei den Mühlen durch schienenfreie Brücken, auf welchen die Transporte des Getreides erfolgen.

Die Sohle des Hafens liegt auf — 6,8 m Bremer Null; eine Vertiefung derselben vor den Ladeperrons auf der Südseite, zunächst bis — 9,0 m, ist in der Ausführung begriffen.

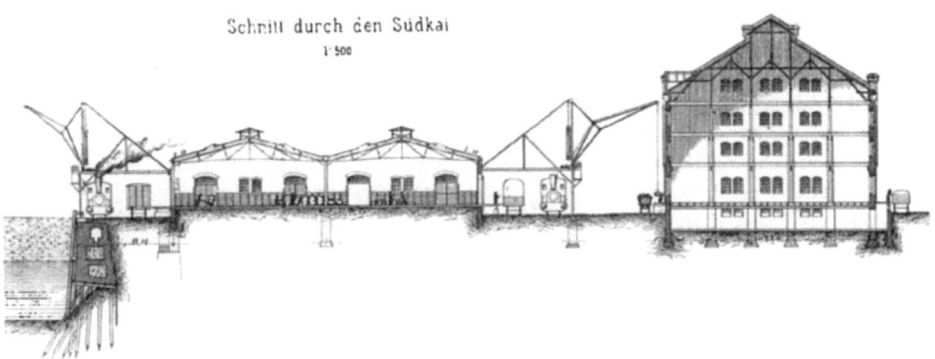

Schnitt durch den Südkai
1:500

Erweiterung des Freibezirks und die Vergrößerung des Holz- und Fabrikenhafens.

Die günstige Wirkung, welche die Korrektion der Unterweser auf die bremische Schiffahrt und den Handel ausübte, merkte man bald an der Steigerung des Verkehrs im Freihafen. Mit Rücksicht auf diese Steigerung wurde 1897 ein Enteignungsplan für das bei einer zukünftigen Erweiterung der bremischen Hafenanlagen erforderliche Areal auf Grund eines Projekts vom 17. Juni 1897 beschlossen und die entsprechenden Erwerbungen gemacht. Am 3. Februar 1899 legte der heutige Baurat Suling einen Plan für die zunächst in Angriff zu nehmenden Erweiterungen des Freibezirks vor, dessen Ausführung auch beschlossen wurde. Das Projekt kam stückweise, dem Bedürfnis folgend, zur Durchführung, und wurde mit dem Bau im Jahre 1899 begonnen.

Gleichzeitig ist eine Vergrößerung des Holz- und Fabrikenhafens ins Auge gefaßt.

Das zweite Bassin liegt zwischen dem Bassin I und dem Holzhafen. Es erhält bei einer Breite von 100 - 110 m eine Länge von 1720 m und ist in gleicher Weise wie Bassin I mit Kaischuppen und dahinter liegenden Speichern ausgerüstet. Die Tiefe der Kaischuppen ist von 40 m auf 60 m gesteigert.

An der Mündung des zweiten Bassins ist ein 350 m langer und 240 m breiter Vorhafen angeordnet, an welchen sich unmittelbar am Eingang die neue Schwimmdockanlage mit Reparaturbassin anschließt. Auf der Nordostseite des Vorhafens ist eine Bassinerweiterung für den Verkehr von Schiff zu Schiff vorgesehen, die gleichzeitig zwölf großen Seeschiffen nebst den längsseits liegenden Leichtern Platz gewährt. Diese Bassinerweiterung bildet die Zufahrt zu dem Holz- und Fabrikenhafen, welcher eine Verlängerung von 500 m erfährt. Nördlich der Bassinerweiterung ist noch ein 175 m breites Hafenterrain vorgesehen, welches Lagerzwecken und dem Verkehr zwischen Schiff und Land dienen soll und dementsprechend mit Gleisanlagen ausgestattet wird.

Das neue Bassin II erhält nach seinem vollständigen Ausbau rund 2800 lfd. m Kaischuppen mit rund 170 000 qm Fläche, während im bestehenden Bassin I rund 1900 lfd. m Schuppen mit 74 000 qm Fläche vorhanden sind.

Die Speicher auf der Südseite des Bassins II besitzen eine Tiefe von 30 m, während sie auf der Nordseite nur 24 m tief sind. Auf dieser Seite sollen die Speicher als Brandmauern zwischen dem Freihafen und den Holzlagerplätzen dienen und erhalten dementsprechend keine Tür- und Fensteröffnungen auf den Schmalseiten und auf der nördlichen Längswand, so daß nur eine einseitige Belichtung der Lagerräume stattfindet.

Für den umfangreichen Rangierverkehr ist ein besonderer Hafenbahnhof angelegt. Die Züge vom Hauptbahnhof nach dem Freihafen sind völlig unrangiert und sind zunächst zu teilen in fünf Hauptgruppen,

4*

Bassin I links, Bassin I rechts, Bassin II links, Bassin II rechts und Bassin III; jede der ersten vier ist wiederum zu teilen nach den drei Gleisarten: Kaigleis, Straßengleis und Speichergleis und schließlich ist jede dieser Teilgruppen wieder nach den einzelnen Schuppen auszurangieren. Ferner sind noch größere Gleisgruppen für die Zustellung und Abholung, namentlich der Kaigleise, vorgesehen. Bei dem künftigen Ausbau einer zweiten Verbindung mit dem Staatsbahnhof, der Waller Verbindungsbahn, kann der Eisenbahnverkehr des Holz- und Fabrikenhafens, sowie der der Bassinerweiterung für sich behandelt werden, worauf bei der Disposition der Gleise Rücksicht genommen ist.

Für das Bassin II ist ein besonderer Zugang von der Stadt her vorgesehen, welcher unter den Gleisen durchgeführt ist, auch wird die jetzige Zufahrt zum Holz- und Fabrikenhafen die gleiche Anordnung erhalten.

Am Kopf des Hafens ist ein umfangreiches Verwaltungsgebäude projektiert.

Die gesamte Erweiterung, mit Ausnahme der Vergrößerung des Holz- und Fabrikenhafens, wird Zollausland werden und dementsprechend mit einem Zollgitter, welches sich an die bestehende Zollgrenze anschließt, versehen. Die Eröffnung dieser neuen Hafenanlage, die bisher etwa 15 Millionen Mark Kosten erforderte, dürfte am 1. Oktober 1905 zu erwarten sein.

Verwaltung und Betrieb.

Der Hafen wird, wie die übrigen bremischen Häfen, durch die Deputation für Häfen und Eisenbahnen verwaltet.

Der Eisenbahnbetrieb im Hafen ist auf den eigentlichen Rangierdienst daselbst beschränkt, zu welchem Zwecke die nötigen Rangierlokomotiven usw. gehalten werden. Dagegen werden kraft eines besonderen, zwischen Bremen und der Königl. Preußischen Eisenbahndirektion zu Hannover abgeschlossenen Vertrages die formierten Züge vom Hafen zum Hauptbahnhofe sowie umgekehrt durch die preußische Bahnverwaltung geschafft.

Abgesehen von dem Betriebe der Holzschuppen und etwa einigen untergeordneten Teilen des Hafens wird der ganze übrige Lösch- und Ladebetrieb einschließlich der Arbeiten in den Schuppen und Speichern durch die im Jahre 1877 gebildete Lagerhaus-Gesellschaft ausgeübt, welche hierzu auf Grund eines besonderen Mietsvertrages vom Bremer Staat als betriebsführende Verwaltung unter Staatsaufsicht eingesetzt worden ist. Die Vorteile dieses Verfahrens kommen sowohl dem Handel als auch dem Staate selbst zu gute. Namentlich ist es für alle kleineren Geschäfte vorteilhaft, nicht für alle Fälle gemietete Räume bereithalten zu müssen, welche zeitweilig wenig oder gar nicht benutzt werden würden, vielmehr Gelegenheit zu haben, ihre Güter jederzeit gegen Entrichtung einer nach Menge und Lagerzeit zu bestimmenden Gebühr unterzubringen. Auf diese Weise werden aber auch die vom Staate hergestellten Räume am intensivsten ausgenutzt und überflüssige Gebäude vermieden. Ebenso und vielleicht noch mehr wird an Personal (Lagermeister und Küper usw.) gespart, wenn der fragliche Betrieb in einer Hand liegt.

Den ganzen Betrieb aber staatsseitig zu führen, wird in einer Handelsstadt stets und auch mit Recht wenig Anklang finden, namentlich weil die Beamten einer Gesellschaft im Interesse des Handels zeitweilig weniger streng die etwaigen Vorschriften beachten dürfen, als dies von Staatsbeamten verlangt und erwartet werden kann.

Mit der Betriebsführung durch eine einzige Hand ist ferner ermöglicht, daß Güter ohne Platzveränderung von einem Besitzer an einen anderen gelangen können, daß Lagerscheine und sog. Warrants, als hypothekarisch gesicherte Pfandscheine, auf eingelagerte Güter ausgestellt werden können, wodurch erfahrungsmäßig dem Handel eine bedeutende Erleichterung erwächst. Es können dadurch z. B. binnenländische Kaufleute und Fabrikanten ihre in Bremen gekauften Waren, bis sie dieselben gebrauchen, im zollfreien Lager bei mäßigen Lagerspesen liegen lassen und zu niedrigerem Zinsfuße Vorschüsse auf sie erhalten.

Die vertragsmäßigen Bestimmungen zwischen Staat und Lagerhaus - Gesellschaft bestehen im wesentlichen darin, daß letztere die Kosten der ihr überwiesenen Objekte, jedoch mit Ausnahme der für das Hafenbassin, die Kaimauern, die Straßengleise usw. verausgabten Summen, dem Staat zu 4 pCt. verzinst, sodann von dem etwaigen Ueberschusse der Betriebseinnahmen über die Betriebsausgaben zunächst 2 pCt. (jedoch nicht über 15 000 Mk.) als Tantième für ihre Beamten erhält, und von dem Restbetrage des Ueberschusses nur ein Viertel für sich behält und drei Viertel dem Staat zuweist.

Zu den Betriebsausgaben gehören Gehalte, Löhne und Bureaukosten, sowie Unterhaltung, Wartung und teilweise Erneuerung der überwiesenen baulichen und maschinellen Objekte und die Kosten des in und mit diesen zu leistenden Betriebes einschließlich des Eisenbahn-Rangierbetriebes.

Die Betriebseinnahmen sind durch einen zunächst nur provisorisch festgestellten Tarif geregelt.

Ehe wir nun zur Schilderung des Schiffahrts- und Handelsverkehrs in den neuen Bremischen Hafenanlagen übergehen, wollen wir gleich noch der anderen Bremischen Hafenanlagen in Vegesack und Bremerhaven, da sie mit der Schiffahrt und dem Handel Bremens auf das Engste verbunden sind, mit einigen Worten gedenken.

Die Hafenanlagen in Vegesack und Bremerhaven.

Wie schon früher bemerkt, wurde notgedrungen, infolge der Versandung der Weser, der Hafenbetrieb in dem Jahre 1619 nach Vegesack, 17 km unterhalb Bremens, verlegt. Der Hafen von Vegesack wurde 1619—1622 erbaut, um den weseraufwärts kommenden Seeschiffen einen sicheren Lösch- und Liegeplatz zu geben. Im Jahre 1799 kamen 1033 Schiffe die Weser hinauf nach dem Hafen von Vegesack, worunter sich 89 aus Nordamerika, 10 aus Westindien und 98 aus Frankreich befanden. Damit hatte aber auch der dortige Verkehr seinen Höhepunkt erreicht, und der Verkehr nahm wieder ab; was sich besonders nach der Anlage von Bremerhaven bemerkbar machte. Auch die 1862 hergestellte Verbindung des Hafens mit der Eisenbahn brachte nur eine geringe Förderung des Verkehrs. Die durchgeführte Korrektion der Unterweser brachte eine Senkung des Ebbestandes und damit eine Verringerung der Tiefe des Hafens bei Ebbe mit sich. Es wurde daher eine Vertiefung und Erneuerung der Ufereinfassungen 1891 mit einem Kostenaufwande von 560 000 Mark durchgeführt.

Der Hafen hat jetzt ein Becken von 275 m Länge und 70 m mittlerer Breite. Schiffe bis 4 m Tiefgang liegen unter gewöhnlichen Verhältnissen im Hafen flott. Am Hafenufer befinden sich Handkräne und Eisenbahngleise. Eine große Werft „Bremer Vulkan", die 2600 Arbeiter beschäftigt, betreibt auf einem Areal von 286 765 qm vorwiegend Handelsschiffbau.

Bremerhaven.

Der Hafen von Bremerhaven, welcher später dann den ganzen Schiffahrtsverkehr Bremens im transozeanischen Verkehr an sich zog, liegt 65 km unterhalb Bremens an der Mündung der Geeste in die Weser gegenüber des an der Geeste gelegenen preußischen Hafenplatzes Geestemünde. Bremerhaven hat rund 20 000 Einwohner. Bis zum Jahre 1830 vollzog sich der Lösch- und Ladebetrieb der dort ankernden Seeschiffe meist auf dem Strom. Bereits unter der Herrschaft der Bremischen Bischöfe, deren Landeshoheit sich nahezu über das gesamte Gebiet zwischen der Unterweser und Unterelbe erstreckte, hatte man daran gedacht, an der Unterweser einen der Schiffahrt zugänglichen festen Platz zu schaffen und war dabei auf das Land an der Mündung der Geeste in die Weser verfallen. Die späteren Besitzer des Landes, die Schweden, hatten den Gedanken wieder aufgenommen und auf dem nördlichen Ufer der Geestemündung eine Schanze errichtet, die zu Ehren des regierenden Königs von Schweden, Karl, die Karlsburg genannt wurde. Diese Schanze hat die Angriffe der Kurbrandenburgischen Flotte erdulden müssen, verfiel nach der schwedischen Herrschaft und gelangte erst unter der Franzosenherrschaft wieder

Ausrüstungshafen in Bremerhaven.

zu vorübergehender Bedeutung, als sie ein Bollwerk gegen die Engländer wurde und gegen den von diesen gemachten Versuch die Continentalsperre zu durchbrechen.

Auf diese Gegend an der Geestemündung waren naturgemäß die Blicke Bremens gerichtet, als es galt, einen Hafen zu erbauen, und da man zudem auf der Oldenburgischen linken Seite der Weser, die eventuell auch als geeignet anzusehen war, wenig Entgegenkommen fand, blieb kaum eine andere Wahl. Nach langwierigen Verhandlungen gab die Besitzerin des Landes, die Hannoversche Regierung, die Erlaubnis zur Ausführung des Planes, indem sie gleichzeitig gegen Gewährung einer Geldentschädigung die Oberhoheit über das betreffende, der Gemeinde Lehe zugehörige Gelände an Bremen abtrat, sich dabei aber das Recht vorbehielt, auf einem an der neuen Hafenanlage auf Bremische Kosten zu erbauendem Fort eine Hannoversche Garnison zu erhalten und Bremen zu den Kosten derselben heranzuziehen.

So entstand innerhalb der Jahre 1827 bis 1830, durch Holländische Ingenieure und Unternehmer ausgeführt, der „alte Hafen", ein mittels einer Kammerschleuse gegen die wechselnden Wasserstände der Weser abgeschlossenes, langgestrecktes Hafenbecken mit einem an die Mündung der Geeste sich anschmiegenden geräumigen Vorhafen und einem schmalen, zur Aufnahme von Holzflößen dienenden Holzhafen, der, nördlich an den Hafen angebaut, im Jahre 1861 aber wieder zugeschüttet wurde, weil er den Zugang zu neuen, inzwischen notwendig gewordenen Hafenanlagen behinderte. Eine Verbreiterung erfuhr der „Alte Hafen" in den Jahren 1860—1862.

Als nach Einführung der Dampfkraft in dem Schiffahrtsbetriebe die Breite der zunächst nur mit Seitenrädern ausgestatteten Schiffe beträchtlich stieg und der infolge des Baues des „Alten Hafens" ständig wachsende Verkehr einen weiteren kräftigen Aufschwung durch die Auswanderung nach Nordamerika erfuhr, sah sich Bremen nach Ende der vierziger Jahre gezwungen, einen neuen, den gesteigerten Ansprüchen der Schiffahrt entsprechenden Hafen zu schaffen.

Angeregt durch tatkräftige bremische Kaufleute, hatte sich, nachdem ein Postvertrag zwischen Bremen und den Vereinigten Staaten zu stande gekommen war, eine amerikanische Gesellschaft gebildet, welche eine regelmäßige Dampferverbindung zwischen Bremerhaven und den Häfen Nordamerikas einrichtete.

Lloydkantine in Bremerhaven und Einfahrt zum Ausrüstungshafen.

Die Vereinigten Staaten unterstützten dieselbe durch Geldmittel, während Bremen die Verpflichtung übernahm, in Bremerhaven eine neue Hafenanlage zu erbauen, in welche die von der Gesellschaft beschafften breiten Raddampfer gelangen könnten. Die Hafenanlage — der „Neue Hafen" — wurde in den Jahren 1847—1851 auf dem im Jahre 1827 von Bremen erworbenen Gelände unterhalb des „Alten Hafens" ausgeführt. Ihre Eröffnung konnte indessen erst nach neuen schwierigen Verhandlungen mit der Hannoverschen Regierung vor sich gehen, da diese Bremen das Recht abstritt, auf seinem Gelände erbaute Hafenanstalten mit dem der Hannoverschen Krone gehörigen Weserstrom in Verbindung zu setzen,

Bremen verpflichtete sich, um die Erlaubnis der Hannoverschen Regierung hierzu zu erlangen, eine zweite auf seinem Gelände in der Nähe des „Neuen Hafens" im Jahre 1848 von der deutschen Reichsregierung erbaute Batterie an Hannover abzutreten, einen erhöhten Beitrag zu den militärischen Verteidigungsmaßregeln des Bremischen Bezirks zu zahlen und gemeinschaftlich mit Hannover eine Brücke über die Geeste zu erbauen, um das an dem linken Ufer derselben von Hannover gegründete Geestemünde mit den bremischen Häfen und dem neben denselben angelegten Ort Bremerhaven zu verbinden. Als Gegenleistung gestattete Hannover den Ausbau des rechten Bremischen Geesteufers auf Bremische Kosten, ver-

Der neue Hafen in Bremerhaven.

sprach, einer späteren Vergrößerung des Neuen Hafens nicht im Wege zu sein und stellte hierfür eine weitere Abtretung von Land an Bremen in Aussicht. Letztere fand erst im Jahre 1861 statt. Gemäß den bei dieser Gelegenheit gepflogenen Verhandlungen wurde es Bremen gestattet, seine Weserdeiche nach dem Strom hin zu verschieben und auch die Strecke des alten Hannoverschen Weserdeichs, welcher durch die Bremischen Deichanlagen zum Schlafdeich geworden war, zurückzuverlegen. Eine Beseitigung dieser Deichstrecke wurde damals nicht zugestanden, da man hannoverischerseits glaubte, die Bremerhavener Schleuse als gefahrbringende Stelle der Deichanlagen ansehen zu müssen, und bei einem Bruch der Schleuse die Hannoverschen Marschen vor Ueberschwemmung gesichert wissen wollte. Auch diesmal wurde von Hannover die Anlegung eines Forts an der äußersten an der Weser gelegenen Ecke des abgetretenen Gebiets auf Bremische Kosten verlangt

Leider verwirklichten sich die Hoffnungen nicht, die man in die subventionierte Dampfschiffahrtsgesellschaft gesetzt hatte, welche die letzte Veranlassung zur Erbauung des „Neuen Hafens" gewesen war. Trotz kräftiger Unterstützung, an der sich auch die Oldenburgische, Preußische und damalige Reichsregierung beteiligten, ging die Linie ein. Eine Bremische Gesellschaft, welche zwei Schiffe der unter den Hammer gekommenen deutschen Flotte gekauft hatte, nahm mit diesen das Unternehmen wieder auf, aber mit ebenso wenig Erfolg, wie die Amerikaner.

Erst einer späteren Bremischen Schiffahrtsgründung, dem Norddeutschen Lloyd, sollte es vorbehalten bleiben, eine Lebenskraft dem Hafen von Bremerhaven zuzuführen, so daß man im Jahre 1872 den Bau eines dritten Hafenbeckens, welches den Namen „Kaiserhafen" führt, in Angriff nehmen und 1876 eröffnen konnte. Als dann der Norddeutsche Lloyd seit 1886 die großen Schnelldampfer erbauen ließ und die Häfen sich als zu schmal, die Schleusen als zu kurz erwiesen, mußte er mit seinem Schnelldampferbetrieb nach Nordenham an der Weser notgedrungen übersiedeln. Um diesen wichtigen Verkehr wieder nach Bremerhaven zu ziehen, beschloß man, den Kaiserhafen um ein Bedeutendes zu erweitern und diesen durch eine Kammerschleuse mit der Außenweser zu verbinden. Gleichzeitig wurde beschlossen, ein großes Trockendock zu bauen.

Kaiserhafen in Bremerhaven.

Die heutigen Anlagen von Bremerhaven bestehen nun aus drei durch Deiche gegen Sturmfluten geschützte Dockhäfen, und zwar dem „Alten", dem „Neuen" und dem „Kaiserhafen" von insgesamt rund 36 ha Wasserfläche, welche an ihren Kais mit Gleise- und Krananlagen, Schuppen und Speicherbauten reichlich ausgestattet sind. Die Hafengleise stehen mittels zweier Verbindungsgleise mit der Preußischen Staatsbahn in Verbindung. Der Alte und der südliche Teil des Neuen Hafens sind im Zollinlande gelegen, während der nördliche Teil des Neuen Hafens und der Kaiserhafen Freihäfen sind.

Die Gesamtlänge der Kais an den Häfen, Vorhäfen, an der Weser und Geeste beträgt 7520 m.

Die älteste Anlage, der „Alte Hafen", welcher 1830 eröffnet wurde, steht mit der Weser durch eine Kammerschleuse in Verbindung. Die Breite der Schleuse beträgt 11,0 m, die Tiefe derselben bei gewöhnlichem Hochwasser 5,86 m, die Länge der Schleusenkammer 42,0 m, ihre Breite 26,0 m. Das Hafenbassin ist 750,0 m lang und 86,0 m, bezw. 115,74 m breit, die Wasserfläche 7,20 ha und die Wassertiefe bei gewöhnlichem Hochwasser 7,06 m.

Das zweite Hafenbecken, der „Neue Hafen", im Jahre 1851 dem Verkehr übergeben, besitzt zur Verbindung mit der Weser eine nur zur Schleusenzeit offene Dockschleuse von 22,0 m Breite und 7,61 m Tiefe unter gewöhnlichem Hochwasser. Die Länge des Hafenbassins beträgt 879,0 m und die Breite 86,81 m bezw. 1115,74 m, die Wasserfläche 8,27 ha und die Wassertiefe bei gewöhnlichem Hochwasser 8,76 m.

Der dritte Hafen, „Kaiserhafen", dessen älterer Teil mit einer 17,0 m breiten und 7,86 m tiefen Dockschleuse, die kleine Kaiserschleuse, im Jahre 1876 eröffnet worden ist, hat in den Jahren 1892 bis 1897 eine Erweiterung und im Anschluß an diese eine zweite Einfahrt erhalten. Diese neue Einfahrt enthält eine 28,0 m breite und 10,56 m unter Hochwasser tiefe Kammerschleuse, die große Kaiserschleuse genannt, deren Länge zwischen den Toren gemessen 223,2 m beträgt; das gesamte Hafenbecken ist 1420 m lang. Es ist in seinem südlichen Teile 115 m breit, während es sich nach Norden zu allmählich erweitert,

Dampfer „Kaiser Wilhelm der Große" im Kaiserdock.

und an der großen Kaiserschleuse derart bemessen ist, daß Schiffe von 250 m Länge bequem gedreht werden können. Die Gesamtwasserfläche des Kaiserhafens beträgt 20,75 ha, die Wassertiefe, bei gewöhnlichem Hochwasser, in dem südlichen Teile 9,06 m und im nördlichen 10,56 m.

Kaiserhafen und Neuer Hafen stehen untereinander durch eine 16,0 m breite und 7,56 m unter Hochwasser tiefe Schleuse in Verbindung.

An den Neuen Hafen schließt sich eine im Besitz des Norddeutschen Lloyd befindliche, mit Werkstätten ausgestattete Trockendockanlage, an den Kaiserhafen eine dem Bremischen Staat gehörige und an den Norddeutschen Lloyd auf 25 Jahre gegen 120 000 Mark pro Jahr verpachtete, im Jahre 1899 in Betrieb genommene, mit Reparatur- und Liegehafen versehene gleiche Anlage (Kaiserdock) an, dessen Trockendock eine nutzbare Länge über den Kielstapeln von 226,0 m und eine Tiefe von 10,76 m unter gewöhnlichem Hochwasser hat. Die mittlere Breite der Einfahrt beträgt rund 28 m.

Am Ufer der Geeste liegen 3 größere, auch für Schiffsneubauten eingerichtete und mit Trockendockanlagen versehene in Privatbesitz befindliche Dockhöfe.

An Kränen sind vorhanden:

Am Alten Hafen: 3 Handkräne von 7,5, von 5 und von 2 Tonnen Tragfähigkeit.

Am Neuen Hafen: 2 Handkräne von 12,5 und von 8 Tonnen Tragfähigkeit, 2 transportable Dampfkräne von je 1,5 Tonnen Tragfähigkeit, 1 Scherenkran mit Dampfbetrieb von 45 Tonnen Tragfähigkeit und 8,50 m Ausladung, 1 Dampfdrehkran von 75 Tonnen Tragfähigkeit und 10,20 m Ausladung.

Am Kaiserhafen: 1 Handkrahn von 20 Tonnen

Dampfer „Kronprinz Wilhelm" in der Schleuse.

Tragfähigkeit, 1 transportabler Dampfkran von 1,5 Tonnen Tragfähigkeit, 1 feststehender Drehkran mit Druckwasserbetrieb von 30 Tonnen Tragfähigkeit und 12,0 m Ausladung, 1 feststehender Drehkran mit Gasbetrieb von 20 Tonnen Tragfähigkeit und 12,0 m Ausladung.

Am Kaiserdock: 1 elektrischer Turmkran von 150 Tonnen Tragfähigkeit mit bis zu 14,0 m verstellbarer Ausladung, 2 Turmkräne von je 50 Tonnen Tragfähigkeit mit einer von 1,50—7,50 m verstellbaren Ausladung, welche elektrisch betrieben werden.

Das Dock, welches mit einem Kostenaufwande von 5 900 000 Mark erbaut wurde, wovon das Reich 2 400 000 Mark übernahm, ist das erste massiv aus Stein gebaute, das die deutsche Handelsmarine besitzt, und eines der größten Docks der Welt. Die massiven Trockendocks unserer Marine in Wilhelmshafen sind bedeutend kleiner, während in Kiel annähernd zwei so große Docks auf der Kaiserlichen Werft sich befinden.

Als Anfang der neunziger Jahre der Norddeutsche Lloyd Schiffe von solchen Abmessungen zu bauen begann, für welche die heimischen Docks nicht mehr genügten, regte sich auch in bremischen Rhederkreisen das Interesse an der Errichtung einer Dockanlage in Bremerhaven, in welcher die größten neuzeitlichen Schnelldampfer aufgenommen werden könnten, damit die außerordentlich hohen Kosten, die das Docken der großen Schiffe in England verursachte, nach Möglichkeit vermieden würden. Dazu gesellte sich ein sehr erhebliches Interesse der Reichsmarine. Dieser genügten ihre eigenen Docks in Wilhelmshaven nicht, die Schwimmdocks in Hamburg sind von dem vermutlichen Schauplatz einer Seeschlacht in der Nordsee zu weit abgelegen, die in Bremerhaven und Geestemünde vorhandenen Trockendocks hatten nicht die Dimensionen für ein großes Kriegsschiff, namentlich auch nicht die Tiefe, die für ein beschädigtes, also vermutlich mit stark vergrößertem Tiefgang ankommendes Fahrzeug erforderlich sind.

Infolgedessen trat die Reichsmarine den bremischen Bauplänen für die Erweiterung des neuen Kaiserhafens und die Kammerschleuse, sowie namentlich auch für das bei diesen gleich von Anfang an vorgesehene Trockendock näher. Sie veranlaßte die

Elektrischer Turmkran von 150 Tonnen Hebekraft zu Bremerhaven.

Aufstellung eines Projekts, das ihren Ansprüchen Rechnung tragen, ihr ein Recht auf Mitbenutzung geben sollte und übernahm einen Teil der genannten Kosten.

Von vornherein war das sich nördlich an den erweiterten Kaiserhafen anschließende Gelände für die Trockendockanlage bestimmt. Anfänglich hatte man ein Vorbassin mit drei Dockkammern in Aussicht genommen, von denen jedoch vorläufig nur eine ausgeführt werden sollte, für die beiden andern wäre das Bedürfnis abzuwarten. Später kam man davon zurück und entschied sich dahin, an Stelle der dritten Dockkammer ein schmales Hafenbecken zu lassen, das als Reparaturbecken dienen kann. In diesem von Holzbollwerken eingeschlossenen Becken, in welchem ein 200 m langes und ein 150 m langes Schiff bequem liegen können, sollen Schiffe repariert werden, welche nicht gedockt zu werden brauchen, oder auch an im Trockendock gewesenen Schiffen diejenigen Arbeiten ausgeführt werden, welche ein weiteres Liegen im Trockendock nicht erheischen. Somit bleibt, nachdem die eine Dockkammer und das Reparaturbecken hergestellt sind, die zweite Dockkammer der Zukunft vorbehalten.

Die Einfahrt in die ganze Anlage, d. h. das Vorbassin mit Dockkammer und Reparaturbecken ist durch eine Drehbrücke überbrückt, welche den Eisenbahn- und sonstigen Hafenverkehr von einem Ufer zum andern ermöglicht, jedoch beigedreht wird, wenn ein Schiff in das Vorbassin einfahren oder aus demselben ausfahren soll.

Der Abschluß der Dockkammer gegen das Vorbassin geschieht durch ein Hebeponton, der nicht nur am äußersten Ende des Docks, sondern auch 60 m weiter dockeinwärts eingelegt werden kann. Dadurch kann an Betriebskosten gespart werden, weil dann bei kleineren Schiffen die leer zu pumpende Dockkammer um 60 m kleiner sein kann. Zum Leerpumpen ist ein Dampfschöpfwerk hergerichtet, welches imstande ist, das ganze Dock innerhalb 2—2½ Stunden vom Wasser zu entleeren. Dasselbe besteht aus zwei Centrifugalpumpen, deren Gehäuse einen Durchmesser von 5 m haben. Sie werden angetrieben durch direkt gekuppelte Dampfmaschinen von je 600 Pferdestärken und fördern in der vorerwähnten kurzen Zeit 75 000 cbm. Die Erbauer dieser großen Dockanlage waren Baurat Rudloff unter der Oberleitung von Oberbau-Direktor Franzius, sowie die Ingenieure Claußen und Güntler.

Zu den weiteren Anlagen des Norddeutschen Lloyd gehört die Schleppversuchsstation. Die Abteilung für schiffbautechnische Versuche des Norddeutschen Lloyd, welche dem technischen Betriebe desselben zu Bremerhaven unterstellt ist, oder kurz: „Die Schleppversuchsstation des Norddeutschen Lloyd" liegt am äußersten Nordende Bremerhavens hinter dem Kaiserdock. — Die Gebäude dieser Station bedecken ein Areal von ca. 2000 qm und enthalten außer einer 170 m langen Halle, in der sich das Schleppversuchsbassin befindet, Räumlichkeiten für die Modellgießerei, die Modellschneidemaschine, Accumulatoren, ein Magazin, eine Werkstatt, einen Zeichensaal und zwei Bureaux. Neben der langen Halle, unter freiem Himmel, ist eine Filteranlage erbaut mit ca. 400 qm nutzbarer Filterfläche. Dieselbe ist dazu bestimmt, das Wasser für das Schleppversuchsbassin, das dem neben dem Kaiserdock liegenden Reparaturhafen mittelst einer Centrifugalpumpe entnommen wird, zu reinigen.

Das Schleppversuchsbassin selbst hat eine Fahrlänge von 154 m, eine Tiefe von 3,20 m und eine Breite von 6 m, so daß dasselbe aufgefüllt ca. 2900 cbm filtriertes Wasser enthält. — Während die Gebäude aus Fachwerk, das außen ganz mit Holz bekleidet ist, hergestellt sind, ist das Bassin nur aus Holz konstruiert. Der Bau dieses Bassins hat ein äußerst solider und fester sein müssen, um jegliche Bewegung der Seitenwände, sei es in Folge Erd- oder Wasserdrucks, zu verhindern.

Die erste Schleppversuchsstation wurde von dem verstorbenen englischen Schiffbau-Ingenieur W. Froude für die britische Admiralität in Torquay erbaut. Sein noch heute lebender Sohn R. E. Froude richtete dann eine zweite, bedeutend verbesserte Anlage, ebenfalls für die englische Marine, in Haslar bei Portsmouth ein. Es folgten bald darauf William Denis & Bros. in Dumbarton in Schottland, die holländische, italienische, russische, französische, die Vereinigten Staaten-Marine und die Deutsche Marine, deren Versuchsstation sich in Berlin in Angliederung an die Königl. Technische Hochschule befindet.

Gegenwärtig sind zehn Schleppversuchsstationen im Betrieb. Sämtliche dieser vorgenannten Anlagen haben, mit Ausnahme der französischen und amerikanischen, ihre Pläne und Einrichtungen der Froude'schen entlehnt.

In einer solchen Schleppversuchsstation werden, wie der Name schon sagt, Modelle von Schiffskörpern aus Paraffin oder Holz durchs Wasser geschleppt. Die Kraft, welche erforderlich ist, das Modell mit einer der wahren Schiffsgeschwindigkeit correspondierenden Geschwindigkeit zu ziehen, wird mittelst eines Dynamometers gemessen und vermittelst der ebenfalls von W. Froude zuerst angewandten, später aber von seinem Sohne R. G. Froude bedeutend vervollkommneten Methode für das Schiff umgerechnet. Man verfährt hierbei wie folgt:

Nachdem das Deplacement eines Schiffes, entsprechend den Bedingungen, die dieses erfüllen soll, also entsprechend der Geschwindigkeit, der Ladefähigkeit und dem Aktionsradius festgelegt ist, wird es möglich sein, für dieses nunmehr als konstant zu betrachtende Deplacement durch Variation der Länge, Breite, des Tiefganges, der Völligkeitsgrade der Spanten und Wasserlinien unzählige Konstruktionen des Schiffes auszuführen. Der Geschicklichkeit des Konstrukteurs bleibt es überlassen, nachdem er die etwa durch örtliche Verhältnisse bedingten Abmessungen der Länge, Breite und Tiefe berücksichtigt hat, für dieses Deplacement eine gute Schiffsform zu wählen. Um nun aber zu erfahren, ob diese Form wirklich die beste ist, werden noch zwei oder drei ähnliche Konstruktionsrisse, die untereinander und gegenüber der ersten natürlich verschieden sind, ausgeführt. — Von allen drei oder vier Rissen werden Paraffinmodelle, die in der Regel eine Länge von 4,50 bis 5 m haben, gegossen und mittelst einer sehr sinnreich konstruierten Fräsmaschine direkt nach der der Modellänge entsprechenden Konstruktionswasserlinienzeichnung geschnitten.

Sind die Modelle fertig bearbeitet, mittelst Krahn in das Wasser des Versuchsbassin gesetzt und durch Bleigewichte auf den richtigen Tiefgang gebracht, so werden sie nacheinander mit wachsender Geschwindigkeit geschleppt. Hierzu ist ein Wagen erforderlich, der, entweder durch Seilbetrieb oder Elektromotoren getrieben, über dem Wasserspiegel des Bassins auf seitlichen Schienen rollt und unter den das Modell gehängt wird und auf dem sich sämtliche zur Messung des Widerstandes, der Geschwindigkeit und der beim Schleppen auftretenden Tauchungsunterschiede des Modells erforderlichen Apparate befinden.

Nachdem nun durch eine große Menge solcher Schleppversuche, die der Anzahl der geschleppten Modelle entsprechenden Totalwiderstandskurven gefunden sind, wird dasjenige Modell und von ihm derjenige Konstruktionsriß für den Bau des Schiffes gewählt, welches für die vom Schiff verlangte Geschwindigkeit den kleinsten Widerstand aufweist.

Auf Grund der Froude'schen Methode wird nun weiter unter Anwendung einer durch viele Versuche gefundenen Formel für den Reibungswiderstand des Schiffes und durch Berechnung des wellen- und wirbelbildenden Widerstandes mittelst des mechanischen Aehnlichkeitsgesetzes aus dem Totalwiderstand des Modells der des Schiffes berechnet. Dieser Totalwiderstand, oder die Kraft, mit der das Schiff geschoben werden müßte, um die verlangte Geschwindigkeit zu erreichen, ergiebt, mit der Schiffsgeschwindigkeit in Metern pro Sekunde multipliziert und durch 75 dividiert, die effektive oder Nutzleistung der Maschine. Da nun erfahrungsgemäß diese Nutzleistung ein Bruchteil, sagen wir z. B. die Hälfte der indicierten Maschinenleistung ist, so muß diese soeben berechnete effektive Leistung durch 0,5 dividiert werden, um die erforderliche indicierte Maschinenleistung zu erhalten.

Es erhellt somit sofort, daß es nicht gleichgiltig sein wird, welche Form einem Schiff gegeben werden muß, um bei einem den Zwecken des Schiffes entsprechenden Deplacement den kleinsten Widerstand, die niedrigste erforderliche Maschinenleistung und somit, vorausgesetzt, daß die Maschinen selbst richtig konstruiert sind, den geringsten Kohlenverbrauch zu erzielen.

Mag die Methode der Modellschleppversuche nicht in jedem Falle so ohne weiteres die indicierte Leistung der Maschinen ergeben, da sie die Funktion eines Erfahrungskoeffizienten ist, der nur aus ähnlichen Schiffen gewonnen werden kann, so steht doch zweifellos fest, daß, wenn durch Variation des Modell-

5*

schiffes schliesslich die für den Totalwiderstand günstigste Modellform gefunden ist, auch das wirkliche Schiff, dem dieses Modell entlehnt ist, oder nach dem umgekehrt das Schiff endgiltig konstruiert wird, die besten Resultate erzielen wird.

Ist die Form des Schiffes festgelegt, so wird ebenfalls durch Versuche und durch Rechnung die für die Fortbewegung des Schiffes erforderliche bestmögliche Schraube bestimmt.

Die Kosten der heute in Bremerhaven vorhandenen Hafenanlagen werden reichlich 36 Millionen Mark betragen.

Aber inzwischen verlangen die Hafen-Verhältnisse in Bremerhaven schon wieder eine Vergrößerung. Der Bremische Staat ist daher mit der Preußischen Regierung in Unterhandlung getreten, zur Durchführung des folgenden Projekts:

Zur Erweiterung des Handelshafens in Bremerhaven ist die innerhalb des Erweiterungsgebiets belegene Batterie Brinkamahof I, mit Ausnahme der Geschütze und des beweglichen Inventars, vom Staate Bremen angekauft worden. Nach dem Kaufvertrage hat Bremen, sobald die Verhandlungen zwischen Preußen und Bremen wegen Abtretung des für die Hafenerweiterung erforderlichen Geländes zum Abschluß gebracht sein werden, die zur Herstellung einer Ersatzbatterie erforderliche Summe von 1 500 000 Mk., und zwar in solchen Jahresraten, wie sie zum Zwecke des Ersatzbaues in den Etat der Marine eingestellt werden, zu zahlen. Für 1904 werden als erste Rate 500 000 Mk. gefordert, welcher Ausgabe gemäß vorstehendem eine bei den außerordentlichen Deckungsmitteln des Reiches eingestellte Einnahme von gleicher Höhe gegenübersteht.

Somit steht der Staat Bremen vor einer neuen Erweiterung seines Gebietes, der fünften im Laufe der letzten achtzig Jahre, seit der Gründung Bremerhavens, so daß z. Zt. der Flächenraum Bremerhavens auf 292 ha und der des gesamten bremischen Staatsgebiets auf 25 642 ha stieg.

Die jetzt in Aussicht stehende Landabtretung von Preußen an Bremen dürfte, wie alle bisherigen, durch die Hebung des Bremerhavener Schiffsverkehrs im allgemeinen und durch die inzwischen erheblich vergrößerten Abmessungen der transatlantischen Dampfer des Norddeutschen Lloyd im besonderen bedingt sein. Die Ausdehnung Bremerhavens kann nur nach Norden hin erfolgen, und zwar in unmittelbarem Anschluß an den neuen Kaiserhafen, der vor etwa sechs Jahren eröffnet wurde und fast ausschließlich dem Verkehr des Norddeutschen Lloyd dient. Die vermutlich in Frage kommenden Ländereien mit dem oben erwähnten Fort Brinkamahof I gehören zu den Gemeinden Lehe (im Nordosten), Weddewarden und Dingen im Norden des Kaiserhafens.

Wenngleich nicht auf Bremens Kosten angelegt, aber doch fast ausschließlich dessen Handel dienend, ist der auf dem linken Ufer der Geeste von der damaligen Hannoverschen Regierung gebaute und im Jahre 1863 eröffnete Hafen von Geestemünde. Derselbe besitzt innerhalb einer rund 23 m weiten, aber nur 73 m zwischen den Ebbetüren langen (damals für ausreichend gehalten) Kammerschleuse von 7,65 m Drempeltiefe ein breites Hauptbecken mit einem dahinterliegenden, durch ein Ponton in der Oberfläche absperrbaren und an seinen Ufern mit großen Tanks versehenen Petroleumhafen und einem sich von ersterem abzweigenden schmaleren Kanal, für welchen jenseits der Hauptbahn eine Erweiterung vorgesehen ist. Eine wirksamere Erweiterung kann dem ganzen Hafen noch durch Benutzung des mit der Unterweser-Korrektion zu gewinnenden Areals außerhalb des jetzigen Hauptdeichs gegeben werden. Der Hafen besitzt große vom Kai durch ein Eisenbahngleis getrennte, jedoch an einzelnen Stellen desselben mit ihren Obergeschossen überbrückende fünfgeschossige Lagerhäuser, welche ebenso wie die Krane am Kai mit hydraulischem Betrieb versehen sind.

Der 1891 begonnene Bau des Fischereihafens ist 1896 fertiggestellt worden. Es ist dies die größte derartige Anlage in Deutschland mit einer Kailänge von 1200 m und einem Gesamt-Kostenaufwand von 8 Millionen Mark. Bei der andauernden Entwickelung der Hochsee-Fischerei und ihrem Hauptmarkt in Geestemünde hat bereits auch diese Anlage sich als zu klein erwiesen, so daß Erweiterungen schon im ersten Jahre nach der Eröffnung haben in Angriff genommen werden müssen. An der Ostseite sind bereits 210 m Kailänge mit den zugehörigen Schienengleisen, Straßen und Lagerplätzen fertiggestellt. Der Hafen hat eine mittlere Tiefe von 4,3 m unter NN und eine Einfahrt von 110 m Breite.

Am Ufer der Geeste liegen mehrere größere, auch für Schiffs - Neubauten eingerichtete und mit Trockendock - Anlagen versehene, in Privatbesitz befindliche Dockhöfe. Es sind dies die Werften von Joh. C. Tecklenburg A.-G. 1850 Arbeiter und G. Seebeck A.-G. 918 Arbeiter beschäftigend.

Etwa 10 km oberhalb Bremerhavens, aber auf dem linken Weser-Ufer, sind von der oldenburgischen Regierung im Laufe der letzten 20 Jahre nach und nach die Hafenanlagen von Nordenham ausgeführt, welche im wesentlichen aus einer eisernen Anlandebrücke (Piers) bestehen. Dieselben reichen etwa 900 m vom Ufer bis ans tiefe Wasser (dicht unterhalb Nordenham befindet sich eine Wassertiefe von rund 20 m unter ord. Hochwasser). Fast alle sind mit Eisenbahngleisen versehen, welche zur Oldenburgischen Staats-

Ein Doppelschraubenpostdampfer des Norddeutschen Lloyd in der Schleuse.

bahn Oldenburg-Brake-Nordenham gehören. Für die Dampffischerei „Nordsee“, eine der größten Dampf- fischereien Deutschlands, befindet sich hier seit 1896 ein offenes Hafenbecken.

Ferner haben die Norddeutschen Seekabelwerke hier ihre Anlage für die Herstellung der Seekabel und einen Landungsplatz für ihre Kabeldampfer, deren Deutschland jetzt zwei besitzt „Stephan“ und „v. Podbielski“. Die meisten in Nordenham löschenden Schiffe, insbesondere solche mit rohem Petroleum, Naphta, sind für Bremische Rechnung befrachtet.

Der gleichfalls oldenburgische Hafen zu Brake, etwa 18 km oberhalb Nordenham gelegen, welcher in seinem älteren Teile im Jahre 1861 ausgeführt wurde, bietet ein mit Mauern eingefaßtes Becken und größere, zum Teil mit natürlichen Böschungen versehene Wasserflächen für Holzlagerung, welche beiderseits durch eine 13,3 m weite und tiefe Dockschleuse zugänglich sind und demgemäß einen etwas unter ord. Hochwasser reichenden Spiegel halten. Der Hafen hat rund 800 m steinerne Kajen und rund 600 m Böschungsufer. Eisenbahngleise laufen rings um die Bassins; es ist eine Anzahl beweglicher und elektrischer Kräne vorhanden, darunter ein großer Schwenkkran von 20 000 kg Tragtähigkeit, zum Ein- und Aussetzen von Masten verwendbar. Auch dieser Hafen, sowie der etwa 10 km oberhalb, früher an einem alten Weser-Arme, jetzt der Mündung der Hunte, liegende, nur mit einem offenen Kai und dahinter befindlichen Eisenbahngleisen ausgestatteten Löschplatz zu Elsfleeth, ist dem Handel Bremens für manche Zwecke von Nutzen.

Zu den bisherigen Ausgaben von 32 Millionen Mark für den ersten Freihafen-Bezirk, 35 Millionen Mark für die Unterweser-Korrektion, 2 Millionen Mark für den Holzhafen, 18 Millionen für die Erweiterung des Kaiserhafens in Bremerhaven, 6 Millionen Mark für das Kaiserdock, welche Bremen seit 1885 im Interesse seiner Schiffahrt machte, gehören noch 10 Millionen Mark für die Vertiefung der Außenweser bis in die See.

Die Außenweser.

Die eigentliche Mündung der Weser, d. h. diejenige Stelle, wo die zwischen langgezogenen Sandbänken eingeschlossenen und durch regelmäßige Flut- oder Ebbeströmung gekennzeichneten Arme aufhören und ein nahezu ebener Seegrund beginnt, liegt etwa 30 km von der Insel Helgoland, auf welche die Mündungen der Elbe, Weser und Jade fast gleichmäßig zusammenlaufen.

Von Helgoland, welches alle größeren in jene Ströme einlaufenden Schiffe passieren, ist bis Bremerhaven eine Entfernung von 84 km, auf welcher das Hauptfahrwasser zweimal eine fast von West nach Ost gerichtete Lage annimmt.

Abgesehen von den Baggerungen, die vorgenommen wurden, war es auch notwendig ein derartig gewundenes und seitlich von nur einigen Meter unter Niedrigwasser tiefen Sandbänken eingefaßtes Fahrwasser, bei Tag und Nacht den Schiffen durch Seezeichen aller Art kenntlich zu machen.

Das System, welches dabei zur Anwendung kam, ist ein sehr kostspieliges gewesen, dessen Herstellung und Unterhaltung von Bremen mit ⁴/₆, von Preußen und Oldenburg mit je ¹/₆ Kosten getragen werden.

Die Verwaltung des Ganzen erfolgt durch das Tonnen- und Bakenamt zu Bremen. Neben den zahlreichen, verschiedenen, geformten und bemalten, durch große Buchstaben oder sonstige Abzeichen einzeln kenntlich gemachten, das Fahrwasser genau begrenzenden nur etwa 2—3000 m voneinander entfernten Seetonnen und den ebenfalls nur als Tagesmarken dienenden, auf geeigneten Punkten der Sandbänke stehenden sogenannten Baken, sind in nautischer und bautechnischer Hinsicht besonders interessant die großartigen Nachtmarken. Hierzu gehören zwei Feuerschiffe, von denen das eine in der offenen See und etwa 10 km vor der eigentlichen Weser-Mündung liegt, die mit einer Seetonne, bezeichnet wird, welche als Zeichen den im Bremer Wappen befindlichen Schlüssel auf der Spitze trägt und Schlüsseltonne genannt wird. Hierzu kommen noch einige Leuchtbaken oder kleinere eiserne Leuchttürme. Ferner zwei große Leuchttürme.

Der ältere, der Hoheweg-Leuchtturm, steht etwa 27 km von Bremerhaven entfernt auf einer links vom Fahrwasser liegenden, bei Hochwasser 1,5 m hoch überfluteten Sandbank, dem „Hohen Wege" und wurde bereits 1855/56 von v. Ronzelen erbaut. Der Turm hat eine Höhe bis zur Laterne von 26,6 m über Niedrigwasser. Der Turm ist achteckig aus Backsteinen hergestellt und besitzt ein Fresnelsches Licht II. Ordnung.

Ein hochinteressantes Bauwerk ist der 1883/85 nach dem Entwurf von Hanckes auf der Sandbank „Roter Sand", nach der er auch seinen Namen führt, hergestellte Roter-Sand-Leuchtturm. Er steht fast 19 km weiter seewärts an der rechten Seite des Fahrwassers. Die betreffende Stelle der Sandbank liegt 8 m unter Niedrigwasser und 11 m unter Hochwasser. Zum Unterschied des bekannten Eddystone-Leuchtturmes an der englischen Küste, der auf einem einsamen Felsenriff steht, hat dieser Turm tief unter dem Meeresboden mit Eisen und Stein sich selbst seine Stütze geschaffen. Zu diesem Zweck wurde das Fundament in der Gestalt eines eisernen Senkkastens von linsenförmigem Querschnitt mit bezw. 14 und 11 m Durchmesser und 18,76 m Höhe mit Hilfe von Schleppdampfern von Bremerhaven bis zu dem Aufstellungsort geschleppt, dort dann etwa 13 m tief in den festen Sandboden pneumatisch hineingesenkt

Nach dem Original-Gemälde von Hans Behrdt.   Hoheweg-Leuchtturm.

Lloyddampfer den Rotesand-Leuchtturm vor der Wesermündung
passierend.

und mit Beton ausgefüllt. Der erste, im Jahre 1881 unternommene Versuch, in dieser Weise das Fundament des Turmes zu schaffen, mißglückte, indem bei starkem Sturm die Wellen in den fast fertig hinabgesenkten, aber nicht ausgefüllten Senkkasten, hineinschlugen und ihn von innen zerrissen. Der heutige Turm hat bis zur Laternenspitze eine Höhe von 28,4 m über Hochwasser. Es ist bei einem kreisförmigen Querschnitt, in schlanker Verjüngung aus starkem Eisenblech und innerer Fußmauerung hergestellt.

Der Rotesand Leuchtturm besitzt in 23,9 m über Hochwasser einen Fresnelschen Apparat IV. Ordnung, welcher nach beiden Richtungen des Fahrwassers je einen schmalen Streifen auf 10 Seemeilen weit sichtbares elektrisches festes Feuer zu 17 Seemeilen Sichtweite und daneben sogar Blitzfeuer zeigt. Letzteres warnt die Schiffe in dem Augenblick, wo sie in Gefahr kommen, das richtige Fahrwasser zu verlassen. Außerdem besitzt der Turm, wie auch der Hoheweg-Leuchtturm noch niedriger stehende Nebenfeuer.

Ferner ist der Turm mit einer See-Telegraphenstation versehen, die mittelst des internationalen Flaggensystems aufgegebene Telegramme von Seiten der vorüberziehenden Schiffe befördert. Die elektrische Kraftanlage für das Licht des Turmes befindet sich auf der Insel Wangeroog und beträgt die Länge des Leitungskabels 18 km.

Neue Projekte.

Zu den vielen Millionen, welche Bremen im Laufe der Jahre für die Wasser- und Hafenbauten, wie sie hier geschildert sind, ausgab, werden sich aller Voraussicht nach im Laufe der Zeit noch weitere bedeutende Ausgaben für neue Hafenanlagen gesellen, deren Herstellung davon abhängig sein wird, ob der preußische Landtag endlich dem Bau des Rhein-Weser-Elbekanals, jenes in weiten Kreisen sehnlich erwünschten Wasserweges, zustimmt und für den Bremen bereit ist, eine große Zinsgarantie zu übernehmen.

Es käme dann die vom Bremischen Staate im Anschluß an die Herstellung des Mittellandkanals geplante Kanalisierung der Oberweser in Betracht, deren Kosten in Höhe von etwa 43 Millionen Mark Bremen allein zu tragen bereit ist. Die Pläne sind längst fertig, Bremen wartet nur noch auf die Genehmigung der großen wasserwirtschaftlichen Vorlage, um dann sofort mit der Ausführung seines Projekts beginnen zu können.

Der Bau des Mittellandkanals würde aber für Bremen noch eine weitere Veranlassung bieten zu neuen großen Hafenanlagen, ungeachtet des jetzt erst vollendeten zweiten Freihafens, der lediglich dem Seeverkehr dient. So lange der Binnenschiffahrtsverkehr nach und von der Oberweser sich in seinen jetzigen Grenzen hält, wird es kaum einer Erweiterung der vorhandenen, bezw. der Errichtung besonderer Verkehrsanstalten bedürfen. Ist aber erst durch den Mittellandkanal und durch die kanalisierte Oberweser das Hinterland erschlossen, so steht eine bedeutende Steigerung der Oberweserschiffahrt zu erwarten und es muß für eine möglichst leichte und ungehinderte Abwickelung dieses Verkehrs, namentlich in Bremen als Umschlagsplatz, gesorgt werden. Die bremischen Behörden haben das längst erkannt; sie sind auch hier bereits mit dem frischen, besonders in den letzten Jahrzehnten oft bekundeten Wagemut ans Werk gegangen, Pläne aufzustellen, die den Anforderungen des Binnenschiffahrtsverkehrs Rechnung tragen, Pläne, die, wie diejenigen aller neueren bremischen Wasserbauten, von dem bremischen Oberbaudirektor Franzius herrühren.

Nach diesen Plänen wollte Franzius von der Oberweser aus einen vollständig neuen Kanal um die südlichen bezw. südwestlichen Stadtteile herum zur Unterweser führen und damit zugleich eine direkte Verbindung der im Süden der Stadt belegenen, bezw. dort auf den Ländereien der „Industriegesellschaft" im Entstehen begriffenen industriellen Anlagen mit der Ober- und Unterweser schaffen. Vom linken Ufer der Oberweser abzweigend, soll der Verbindungskanal zunächst Weideland durchqueren, dann die „kleine Weser" schneiden und eine kurze Strecke dem dort noch vorhandenen Rest des alten Stadtgrabens folgen, um darauf zwischen zwei Straßen der südlichen Neustadt entlang sich als vierschiffiger Kanal den erwähnten Industrieländereien zuzuwenden. Umfangreiche Lösch- und Ladeplätze sind zu beiden Seiten projektiert. In etwa westlicher Richtung soll er sich dann zunächst dreischiffig, an den Stadtteilen Woltmershausen und Rablinghausen vorbei, der Unterweser zuwenden, in welche er zwischen Rablinghausen und dem Dorfe Lankenau gegenüber dem Freihafen münden soll. Auf der ganzen Strecke des Kanals sind zunächst drei Kammerschleusen und neben sonstigen Lösch- und Ladegelegenheiten eine Reihe von Hafenbecken, sowie auch ein Umladeplatz für Schiffe, etwa in der Mitte des Kanals, vorgesehen. Auch event. später auszuführende bedeutende Erweiterungen dieser ohnehin schon umfangreichen Anlage sind aus den Plänen ersichtlich.

Vorläufig handelt es sich hierbei jedoch, wie besonders betont sei, nur um ein von langer Hand vorzubereitendes Projekt, das in seinen Einzelheiten noch von den Beschlüssen des Senats und der Bürgerschaft abhängig ist und vielleicht mit der Ausführung oder Nichtausführung des Mittellandkanals steht oder fällt.

Alle diese Vorbereitungen deuten von Neuem darauf hin, daß man in Bremen mit ziemlicher Sicherheit auf das einstige Zustandekommen des Mittellandkanals rechnet und die bedeutenden Aufwendungen, die der wenig mehr als 222 000 Einwohner zählende Kleinstaat zu machen nicht zurückschreckt, lässt wiederum erkennen, wie große Hoffnungen man dort auf den Kanal setzt.

Sein letztes Projekt, welches der geniale Schöpfer der fast sämtlichen Wasserbauten im Wesergebiet zum Heile der bremischen Schiffahrt schuf, sollte der Oberbau - Direktor Franzius nicht mehr realisiert sehen. Am 23. Juni 1903 raffte der Tod den in aller Welt ob seiner Schöpfungen bekannten ersten bremischen Beamten für den Wasserbau dahin. Es ist daher hier der Platz, der Verdienste dieses Mannes mit einigen Worten zu gedenken.

Franzius, obwohl er in erster Linie in bremischen Diensten stand, gehörte mit seinem reichen Wissen und Können nicht der alten Hansestadt allein, er gehörte der gesamten Ingenieurwissenschaft, die in ihm einen hervorragenden Meister auf dem speziellen Gebiete des Wasserbaues verehrte und mit Bewunderung zu ihm, ihrem Altmeister, aufblickte. Die Umgestaltung Bremens, die Neuschaffung seiner Häfen in der Stadt und in Bremerhaven, die Korrektion des Fahrwassers der Unter- und Außenweser, die für Stadt und Staat von der allergrößten Bedeutung geworden, sind auf das engste mit der umfassenden Tätigkeit des Oberbaudirektors Franzius verknüpft. Seinem eigenem Geiste sind alle die bedeutsamen Werke, die teils schon seit einer Reihe von Jahren vollendet sind, teils sich in Vorbereitung befinden, entsprungen. Mit seltener Initiative, nicht rastend, hat er sie zum Wohle der ihm im Laufe seiner 27jährigen bremischen Tätigkeit lieb und wert gewordenen Stadt Bremen durchgeführt und damit alle Bedenken glänzend widerlegt, die in der bremischen Bevölkerung laut wurden, als er im Jahre 1879 in der „Weserzeitung" seine Pläne entwickelte, die darauf abzielten, die damals ganz verwilderte Unterweser mit einem bedeutenden Anlagekapital in einen wohlgeordneten und für die moderne Schiffahrt geeigneten Strom zu verwandeln. Durch dieses, sein eigenstes Werk hat er es Bremen ermöglicht, in dem scharfen wirtschaftlichen Wettbewerbe des letzten Jahrzehnts mit günstiger gelegenen Hafenplätzen gleichen Schritt zu halten. Der blühende Schiffsverkehr an der Stadt Bremen, die in der Wesermündung verkehrenden Riesendampfer, insbesondere die neuesten prächtigen Schnelldampfer des Norddeutschen Lloyd, das gewaltige an den Norddeutschen Lloyd vermietete Kaiserdock u. s. w., wie sie vorstehend geschildert wurden, — alle diese Erscheinungen verdankt Bremen zu einem guten Teile dem Verstorbenen, der den bremischen Rhedern und Kaufleuten die richtigen Wege wies und mit der Durchführung seiner Pläne ihre Gangbarkeit ermöglichte.

Oft und gern hat die Bremer Bürger- und Kaufmannschaft dem Oberbaudirektor Franzius ihre Dankbarkeit und Anerkennung bezeugt. Sie kamen zu besonderem Ausdruck gelegentlich seines fünfzigjährigen Berufsjubiläums am 8. April 1903, an welchem Tage der Bremer Senat ihn durch die Verleihung der nur hervorragend verdienten Bürgern zu Teil werdenden goldenen Medaille mit der Inschrift „Dem Meister des Wasserbaues Ludwig Franzius" auszeichnete, und an seinem 70. Geburtstage, an welchem ihm die Bremer Handelskammer ihren Glückwunsch in einer ehrenvollen Adresse übermittelte und ihm mitteilte, daß sie der Dankbarkeit, die Bremens Kaufmannschaft ihm für seine hervorragenden Taten und für seine Wirksamkeit in vielen wichtigen Verkehrsfragen schulde, dadurch einen bleibenden Ausdruck geben wolle, daß sie in der Börse neben den Reliefbildnissen hervorragender bremischer Kaufleute auch das seinige anbringen lasse, um den kommenden Geschlechtern „den bedeutendsten Förderer von Handel und Schiffahrt auf dem Gebiete der Technik" vor Augen zu halten.

Franzius' Lebenswerk voll zu würdigen, ist mit kurzen Worten nicht möglich, dazu sind seine Werke und seine Verdienste viel zu umfangreich und bedeutsam. Geboren wurde er am 1. März 1832 in Wittmund, studierte am hannoverschen Polytechnikum die Ingenieurwissenschaften, wurde 1864 Wasserbauinspektor in Hannover und übernahm 1867 den Lehrstuhl für Wasserbau an der damaligen Bauakademie zu Berlin. Zugleich war er auch Hilfsarbeiter im Handelsministerium, dem damals auch die Abteilung „Wasserbau" unterstellt war. Als Regierungsbaurat verließ er 1875 den preußischen Staatsdienst, um fortan dem gesamten bremischen Staatsbauwesen als Oberbaudirektor vorzustehen. 1880 wurde er zum außerordentlichen Mitgliede der damals gegründeten Akademie des Bauwesens in Berlin ernannt. Von 1885 bis 1888 leitete er den Bau des von ihm entworfenen Bremer Freihafens. 1892 erfolgte seine Ernennung zum Mitglied der preußischen Immediatkommission wegen Abwendung der Hochwassergefahren. Von Einfluß ist sein Rat gewesen bei der Erbauung der Häfen von Rostock, Mainz, Frankfurt a. M, Düsseldorf, Duisburg, Dortmund etc. Der Kaiser hat ihm wiederholt sein Vertrauen bekundet, durch dasselbe wurde er u. a. gerufen, um auf Helgoland ganz eigenartige Schutzbauten an der Düne vorzunehmen. Er hat sie völlig selbständig projektiert und ausgeführt. Sein Hauptwerk aber ist und bleibt die Korrektion der Unterweser. Die Wertschätzung, die Franzius bei seinen Berufsgenossen auch außerhalb Bremens genoß, bekundet am besten das Ehrendiplom, auf welchem ihn der Berliner Architektenverein im Jahre 1902 zu seinem Ehrenmitglieder ernannte. Franzius wird darin der „bewährte Meister der Wasserbaukunst, der sich durch sein Wirken als Lehrer dauernde Verehrung erworben hat, der verdiente Vorkämpfer für die Rechte des Baufaches, der Schöpfer gewaltiger Werke des Baningenieurwesens zur Förderung deutschen Handels und deutschen Ansehens" genannt und seine langjährige erfolgreiche Tätigkeit im Berliner Architektenverein und in seinem Fache findet besondere Anerkennung.

So wird sein Andenken fortleben bis in die fernsten Zeiten. „Die genialen Schöpfungen des Verstorbenen werden", wie es in einem Beileidstelegramm des Kaisers an die Familie Franzius heißt, „seinen Namen mit der Entwickelung der Stadt Bremen, ihres Handels und der gesamten deutschen Schiffahrt bis in die ferne Zukunft unzertrennlich verbinden und ihm im Herzen seiner Mitbürger für alle Zeiten ein ehrenvolles und dankbares Andenken sichern."

Der Schöpfer der bremischen Häfen und Gestalter der Weser ist tot, aber fortleben werden seine Werke zum Blühen der deutschen Schiffahrt, denn: navigare necesse est, vivere non est necesse.

Bremens Seeverkehr.

Wie wir schon wiederholt Gelegenheit hatten zu bemerken, setzt die Entwickelung des bremischen Seeverkehrs mit dem Moment ein, wo die von Franzius durchgeführte Weserkorrektion vollendet wurde, was 1894 geschah.

Gelangten noch Ende der achtziger Jahre nach Bremen nur Seeschiffe von geringem Fassungsvermögen, Wattenschiffe. lediglich für die Küstenfahrt bestimmt, und Leichter, so ändert sich der Verkehr, wie die Tiefe des Fahrwassers von 2,75 m auf 5—6 m gebracht war.

Während im Jahre 1890 nach der Stadt Bremen Seeschiffe von insgesamt 173 000 t gelangten, kamen im Jahre 1902 insgesamt 1 101 279 t an, die sich auf 1289 Seedampfer von zusammen 887 500 t und 984 Segelschiffe und Leichter von zusammen 213 500 t verteilen. Gegen das Vorjahr beträgt der Zuwachs 168 279 t; es ist dies der größte, der seither verzeichnet werden konnte, indem der früher größte, den das Jahr 1891 aufwies, nur auf 144 000 t sich stellte. Besonders auffallend ist die Zunahme der Ankünfte in der Stadt Bremen, wenn man sie den Ankünften in allen Weserhäfen gegenüberstellt. Während im Jahre 1890 den 173 000 t der Ankünfte in Bremen 1 734 000 t der gesamten Weserhäfen, also 10 mal mehr, gegenüberstanden, kommen im Jahre 1902 von 2 984 410 t der Ankünfte in allen Weserhäfen 1 101 279 t, also mehr als ein Drittel, auf die Ankünfte in Bremen Stadt. Dieser Aufschwung des Bremer Seeverkehrs wird jedenfalls noch ganz bedeutend zunehmen, wenn der zweite Freihafen vollends fertiggestellt und die lange gewünschte und geplante Regulierung der Oberweser endlich Tatsache sein wird.

Der Seeverkehr der Bremischen Häfen von und nach europäischen Häfen zeigt folgende Ziffern:

Es kamen an:

	zusammen		darunter		Prozent des Tonnengehalts
1902	3584 Schiffe	1 216 305 Reg. tons	1826 Dampf.	894 897 Reg. tons	= 73,58 %
1903	3651	1 343 493	1946	1 010 788	= 75,23 „

gingen ab:

	zusammen		darunter		Prozent des Tonnengehalts
1902	4163 Schiffe	1 809 773 Reg. tons	2065 Dampf.	1 445 765 Reg. tons	= 79,89 %
1903	4278	1 892 800	2195	1 525 913	= 80,61 „

Davon entfallen auf deutsche Häfen

	angekommen		abgegangen	
	Schiffe	Reg. tons	Schiffe	Reg. tons
1902	1761	430 062	2147	640 647
1903	1771	470 071	2180	605 892

die Nordseefischerei

	Schiffe	Reg. tons	Schiffe	Reg. tons
1902	435	14 735	418	14 258
1903	302	15 072	384	14 803

Großbritannien

	Schiffe	Reg. tons	Schiffe	Reg. tons
1902	670	370 850	891	816 046
1903	645	372 935	953	917 326

Schweden, Norwegen, Dänemark

	Schiffe	Reg. tons	Schiffe	Reg. tons
1902	254	79 287	358	113 720
1903	289	93 992	363	114 586

6*

Rußland

	angekommen		abgegangen	
	Schiffe	Reg. tons	Schiffe	Reg. tons
1902	156	147 933	133	82 511
1903	227	231 136	176	107 317

Holland

1902	149	47 121	126	57 127
1903	179	57 741	136	46 243

Belgien

1902	41	23 234	22	26 816
1903	45	25 644	22	36 050

Frankreich

1902	28	21 559	5	9 457
1903	29	20 650	4	3 989

Spanien und Portugal

1902	49	29 988	44	29 021
1903	52	30 527	39	24 692

Uebriges Europa (Italien, Rumänien, Türkei etc.)

1902	41	51 528	19	20 170
1903	22	25 725	21	21 902

Im transatlantischen Verkehr ist ebenfalls eine Steigerung zu verzeichnen.

Es kamen an:

	zusammen		darunter		Prozent des Tonnengehalts
1902	613 Schiffe	1 768 106 Reg. tons	562 Dampf.	1 721 423 Reg. tons	= 97,36 %
1903	599	1 836 322	557	1 791 193	= 97,54 .

gingen ab:

	zusammen		darunter		Prozent des Tonnengehalts
1902	339 Schiffe	1 194 917 Reg. tons	314 Dampf.	1 162 605 Reg. tons	= 97,31 %
1903	340	1 291 965	316	1 260 453	= 97,57

Davon entfallen auf die Häfen von Nordamerika

	angekommen		abgegangen	
	Schiffe	Reg. tons	Schiffe	Reg. tons
1902	316	1 079 051	169	745 625
1903	325	1 179 908	175	842 292

Westindien

1902	37	43 768	17	20 255
1903	34	38 522	18	28 865

Mittel- und Südamerika

1902	125	259 268	88	210 071
1903	104	246 984	80	197 487

Asien

	angekommen		abgegangen	
	Schiffe	Reg. tons	Schiffe	Reg. tons
1902	105	288 928	38	128 750
1903	108	282 770	37	128 476

Australien und Südsee-Inseln

1902	18	83 616	21	83 924
1903	15	75 261	20	80 560

Afrika

1902	12	13 474	6	6 292
1903	13	12 867	10	14 285

Auf die verschiedenen Weserhäfen verteilen sich die für bremische Rechnung angekommenen Schiffe:

	1902	1903
Bremen	2273 Schiffe mit 1 101 279 Reg. tons	2326 Schiffe mit 1 114 659 Reg. tons
Vegesack	31 „ „ 4 272 „	52 „ „ 6 086 „
Bremerhaven	1577 „ „ 1 443 790 „	1513 „ „ 1 561 423 „
zusammen	3881 Schiffe mit 2 549 351 Reg. tons	3891 Schiffe mit 2 682 168 Reg. tons
Geestemünde	162 Schiffe mit 236 554 Reg. tons	156 Schiffe mit 236 281 Reg. tons
Brake	101 „ „ 162 622 „	124 „ „ 201 294 „
Nordenham	48 „ „ 34 775 „	76 „ „ 59 447 „
and. Weserpl.	5 „ „ 1 118 „	3 „ „ 625 „
insgesamt	4197 Schiffe mit 2 984 410 Reg. tons	4250 Schiffe mit 3 179 815 Reg. tons
	in %	in %	in %	in %
Bremen	54,14	36,90	54,73	35,05
Vegesack	0,74	0,14	1,22	0,19
Bremerhaven	37,58	48,38	35,60	49,10
zusammen	92,46	85,42	91,55	84,34
Geestemünde	3,86	7,92	3,67	7,43
Brake	2,41	5,45	2,92	6,34
Nordenham	1,15	1,17	1,79	1,87
and. Weserpl.	0,12	0,04	0,07	0,02

Der Flagge nach war unter den angekommenen Schiffen die deutsche am stärksten vertreten und zwar hauptsächlich bremische Schiffe.

1903 waren es 2173 bremische Schiffe mit 1 862 825 Reg. tons gegen 2183 Schiffe mit 1 752 045 Reg. tons des Vorjahres. Die anderen deutschen Schiffe waren 1903 mit 1119 Schiffen von 339 573 Reg. tons gegen 1116 Schiffe mit 384 925 Reg. tons vertreten. In größerem Abstand folgt dann erst die englische Flagge für 1903 mit 485 Schiffen von allerdings 745 305 Reg. tons gegen 446 Schiffe mit 623 181 Reg. tons des Vorjahres. Holland mit 138 Schiffen von 27 666 Reg. tons zeigt gegen 1902 mit 161 Schiffen von 31 436 Reg. tons eine Abnahme. Schweden 113 Schiffe mit 21 947 Reg. tons gegen 101 Schiffe mit 27 842 Reg. tons gegen das Vorjahr. Der Rest der 1903 angekommenen 4250 Schiffe mit 3 179 815 Reg. tons gegen 4197 mit 2 984 410 Reg. tons entfällt auf Rußland, Norwegen, Dänemark, Frankreich, Spanien, Italien, Oesterreich, Griechenland und Nordamerika, welches 1903 mit 1 Schiff von 5131 tons vertreten war.

Bremens Flußschiffahrt.

Die Erwartung, man könnte den binnenländischen Endpunkt der Weserschiffahrt nach Kanalisierung der Fulda von den am Zusammenfluß von Werra und Fulda gelegenen Münden herauf nach Cassel verlegen und dadurch eine Verbesserung des Wasserweges zum Hinterlande herheiführen, hat sich nicht in vollem Umfange erfüllt. Die Schiffahrt auf der Fulda ist im Winter mit großen Unterbrechungen und mit erheblichen Betriebskosten und Gebühren verknüpft; auch ist die geographische Lage Cassels als Weserhafen nicht sehr günstig für den Verkehr mit dem Hinterlande. Dagegen hat die Schiffahrt auf der Weser von Münden an verhältnismäßig wenig unter Störungen zu leiden und kann zu sehr billigen Frachtsätzen nach und von den Unterweserhäfen befördern. Ferner liegt Münden günstiger für den Verkehr mit dem Hinterlande, mit Thüringen, einem Teil Sachsens und dem nördlichen Bayern. Bisher waren die Güter nach und von diesen Gegenden auf dem Main und Rhein über Holland gegangen, während nach Schaffung eines günstigen Umschlagsplatzes in Münden zu hoffen ist, daß der überseeische Verkehr dieses großen Interessengebietes über die Weser, also von den holländischen Hafenplätzen ab auf deutsche Hafenplätze geleitet werden kann.

Deshalb haben sich schon seit längerer Zeit die wichtigsten Weserschiffahrtsinteressenten darum bemüht, daß in Münden ein Umschlagsplatz für Schiffsgüter an der Weser und in Verbindung damit eine Gleisverbindung zwischen diesem Platz und dem Mündener Bahnhofe hergestellt werde. Nachdem verschiedene Projekte sich als ungeeignet erwiesen hatten, ließ der Norddeutsche Lloyd ein neues Projekt ausarbeiten, das zunächst die generelle Zustimmnng der Weserstrombauverwaltung und der Eisenbahnverwaltung gefunden hat und auch in der Plenarsitzung der städtischen Kollegien in Münden angenommen worden ist, so daß seine Ausführung als gesichert angesehen werden darf.

Nach diesem Plane soll am rechten Ufer der Weser, 300 m unterhalb des Zusammenflusses der Werra und Fulda, ein Umschlagsplatz geschaffen werden, der bei einer Kaimauer von vorläufig 240 m Länge und 10 m Tiefe, doppelte Gleisanlagen, Dampfkrähne und alle sonstigen modernen Einrichtungen für eine Schiffsladestelle erhalten soll. Von diesem Umschlagsplatz soll eine Hafenbahn, in 3 Gleissträngen ausgehend, nach dem Gleis der Staatsbahn Hannover—Cassel und außerdem noch weserabwärts ein ca. 550 m langes Auszugsgeleise geführt werden.

Von den Kosten, welche auf 600 000 M. veranschlagt sind, wird die Stadt Münden 100 000 M. übernehmen (70 000 M. in bar nebst einem Terrain im Wert von 30 000 M.), während 500 000 M. von den an der Weserschiffahrt interessierten Schiffahrtsgesellschaften (Norddeutscher Lloyd, Hansa, Argo, Neptun, Bremer Oberweser-Schiffahrtsgesellschaften, die Mindener und Hamelner Schleppschiffahrtsgesellschaften) aufgebracht werden.

Die Flußschiffahrt auf der eigentlichen Oberweser hat sich während der letzten Jahre fortschreitend entwickelt, wenn auch Witterungs- und Wasserstandsverhältnisse häufig hemmend dieser Entwickelung entgegen treten.

Der Verkehr auf der Oberweser bei Bremen wird seit dem Zollanschluß nur noch bei Ankunft und Abgang der Fahrzeuge in und von Bremen angeschrieben. Der Umfang dieses Verkehrs ist, sowohl was die Zahl der beladenen Schiffe als auch die Menge der geladenen Güter betrifft, gegen das Vorjahr zurückgeblieben. An der im Jahre 1901 zu Berg abgegangene Warenmenge (140 541 t) waren vornehmlich beteiligt: Getreide mit 59 256 t (42 % des Gesamtabgangs zu Berg), Mehl mit 20 637 t, Reis mit 11 549 t und Erze mit 10 976 t. Zu Tal kamen 230 628 t Güter an, deren Hauptmengen Baumaterial (72 %) bildeten, ferner waren noch in größeren Mengen Zucker (30 662 t) und Glaswaren (9 612 t) vertreten. Der Floßverkehr ist fortdauernd in der Abnahme begriffen und äußerst gering geworden, er betrug im Berichtsjahr nur noch 1951 t.

Eine Tabelle selbst gibt folgendes Bild:

Zu Berg

durch-schnittlich jährlich bezw. im Jahre	Frachtschiffe						Flöße (Floßholz) 1000 Tonnen
	beladene Schiffe	unbeladene Schiffe	Tragfähigkeit der beladenen u. unbelad. Schiffe (1000 Tonnen)	geladene Güter	durchschnittliche Tragfähigkeit der unbeladenen Schiffe (Tonnen)	durchschnittliche Belastung der beladenen Schiffe (Tonnen)	
Abgegangen							
1872—75	370	689	120	—	113,1	61,6	—
1876—80	392	163	74	—	133,3	105,1	—
1881—85	382	133	79	—	153,5	129,3	—
1886—90	511	380	173	—	194,4	155,9	—
1891—95	699	422	235	—	210,3	162,7	—
1896	935	346	284	—	221,7	244,9	—
1897	958	609	353	—	225,3	214,0	—
1898	1141	387	371	—	242,8	232,3	—
1899	1140	300	365	¹)101	253,4	²)214,5	—
1900	1215	377	392	179	246,1	²)227,1	—
1901	1201	417	407	141	251,7	²)217,7	—

Zu Tal

durch-schnittlich jährlich bezw. im Jahre	Frachtschiffe						Flöße (Floßholz) 1000 Tonnen
	beladene Schiffe	unbeladene Schiffe	Tragfähigkeit der beladenen u. unbelad. Schiffe (1000 Tonnen)	geladene Güter	durchschnittliche Tragfähigkeit der unbeladenen Schiffe (Tonnen)	durchschnittliche Belastung der beladenen Schiffe (Tonnen)	
Angekommen							
1872—75	995	62	120	—	113,2	155,2	34
1876—80	467	87	74	—	133,6	160,0	15
1881—85	446	79	78	—	148,1	175,8	11
1886—90	841	68	177	—	194,2	195,5	8
1891—95	1052	82	238	—	210,4	178,6	5
1896	1162	124	284	—	220,8	240,0	4
1897	1502	112	363	—	224,9	239,0	4
1898	1369	188	375	—	240,8	248,4	3
1899	1357	143	376	¹)193	250,5	²)260,4	3
1900	1441	162	395	251	245,9	²)262,5	3
1901	1430	164	409	229	252,2	²)254,3	2

Die bremische Flußschiffahrt auf der Unterweser wurde 1903 von 189 Schiffen mit 31 288 Reg.-Tons gegen 178 mit 28 812 des Vorjahres ausgeübt. Hierzu kommen nun noch für 1903: 73 oldenburgische Schiffe mit 2 993 Reg.-Tons und 25 preußische Schiffe mit 915 Reg.-Tons, im ganzen also 287 Schiffe mit 35 196 Reg.-Tons.

Dieser Verkehr gestaltete sich:

	In Bremen kamen an			Von Bremen gingen ab	
	Schiffe	Reg.-Tons		Schiffe	Reg.-Tons
1902	5 387	858 281		5 322	913 750
davon Flöße	—	—	davon Flöße	34	944
1903	5 689	923 984		5 640	972 530
davon Flöße	2	16	davon Flöße	27	601

Bremens Handel.

In der Börse zu Bremen, deren Saal wir hier in einer Abbildung wiedergegeben haben, laufen mittags die Fäden des Bremischen Handels aus allen Weltgegenden zusammen. Die Bremer Kaufmann-schaft besaß bereits im Jahre 1695 einen eigenen Börsensaal, aber der in unserm Bilde gezeigte ist eine Schöpfung einer jüngeren Zeit.

Im Jahre 1861—64 wurde das neue Börsengebäude im gotischen Stil aus Backstein mit Sandstein-Gesimsen erbaut. Schön ist die Fassade nach dem Marktplatz zu, welche die Figuren des Seemannes, des Landmannes, des Bergmannes, des Walfischfängers u. a. schmücken. Das Portal nach dem Dom zu zeigt ein Relief, den Ozean und die Weser darstellend, welche den Bremer Schlüssel tragen, das heraldische Wahrzeichen Bremens, und zwei Statuen, welche auf den Land- und Seeverkehr hinweisen.

Der große Börsensaal, in dem sich die Bremer Kaufmannschaft immer mittags versammelt, besitzt an seiner einen Schmalseite ein von Janssen in Düsseldorf gemaltes Kolossalbild, die Kolonisation der Ostsee-Provinzen durch die Hansa im Jahre 1200 darstellend. In diesem schönen Saal, dessen eine

---

¹) In den Vorjahren waren bei der Ankunft und dem Abgang wesentlich größere Gütermengen nachgewiesen, weil nicht bloß die gelöschten und geladenen angegeben, sondern auch die durchgeführten Güter mit eingerechnet waren, es sind daher die Zahlen für die Jahre vor 1899 hier nicht aufgeführt.

²) Die durchschnittliche Belastung der beladenen Schiffe ist einschließlich der auf den angekommenen und abge-gangenen Schiffen befindlichen Durchgangswaren berechnet.

Merkurbrunnen auf dem Domshof in Bremen.

Galerie eine Marmorstatue der Brema schmückt, wird über Waren im Werte von Millionen von Mark disponiert, über Schiffsladungen verfügt, die noch auf dem Meere schwimmen und deren Ziel der Bremer Hafen ist. Einen Haupthandelsartikel bildet die aus Amerika eintreffende rohe Baumwolle, welche, in Ballen gepreßt, zu Tausenden von Ballen mit einem Dampfer ankommt.

So kamen von dieser Warengattung 1903: 3 991 309 Dz im Werte von 388 674 479 Mk. in Bremen an.

Ferner ist der Kaffeehandel bedeutend. Vorzugsweise ist es Südamerikanischer Kaffee, der zur Einfuhr kommt. Diese betrug 1903: 177 485 Dz im Werte von 13 275 750 Mk.

Ebenso ungeschälter Reis aus Ostindien, der dann in Bremen auf den dort vorhandenen großen Reismühlen geschält und für den Detailhandel bereitet wird. Die Einfuhr betrug 1903: 2 130 387 Dz im Werte von 31 334 132 Mk. Ein weiterer Haupthandelsartikel ist der Rohtabak, der aus Amerika eingeführt wird und im Jahre 1903: 499 493 Dz im Werte von 45 961 975 Mk. betrug. Auch ist die Getreide-Einfuhr bedeutend. So kamen 1903: 6 644 153 Dz Getreide im Werte von 68 451 528 Mk. an. Bremens Handel ist in einer fortwährenden Steigerung begriffen. Den von der Bremer Handelskammer veröffentlichten „Statistischen Mitteilungen, betreffend Bremens Handel und Schiffahrt im Jahre 1903", sei darüber folgendes noch entnommen:

Die Gesamteinfuhr ist von 42 017 470 Dz Netto - Gewicht im Werte von 1 082 959 112 Mk. im Jahre 1902 auf 46 935 127 Dz im Werte von 1 212 691 447 Mk. und die Gesamtausfuhr von 30 799 400 Dz im Werte von 1 032 011 452 Mk. im Jahre 1902 auf 34 799 524 Dz im Werte von 1 157 278 878 Mk. gestiegen. Während das Gewicht der Ein- und Ausfuhr in den letzten Jahren eine stetige Steigerung erfahren hatte, war der Wert sowohl der Ein- als der Ausfuhr im Jahre 1901 etwas zurückgegangen gegen das Vorjahr. Durch die Steigerung des Wertes der Ein- und Ausfuhr in den Jahren 1902 und 1903 ist nicht bloß dieser Rückgang ausgeglichen, sondern der Stand von 1900 wieder beträchtlich überschritten worden. Aus der in der Statistik aufgeführten Uebersicht über die Entwickelung des Bremischen Handels seit dem Jahre 1847 ist zu ersehen, daß seit dieser Zeit die Einfuhr dem Netto - Gewicht nach über 14 Mal, dem Werte nach beinahe 11 Mal größer geworden ist, die Ausfuhr dem Netto-Gewicht nach über 22 Mal, dem Werte nach beinahe 12 Mal größer.

Die Steigerung des Güterverkehrs entfällt auf die Einfuhr und die Ausfuhr sowohl seewärts als land- und flußwärts. Der im Jahre 1902 eingetretene Rückgang der Ausfuhr land- und seewärts ist wieder ausgeglichen und durchweg der höchste bisher erreichte Stand überschritten. Die Einfuhr zur See ist von 24 851 579 Dz im Werte von 775 216 263 Mk. auf 25 923 145 Dz im Werte von 883 913 919 Mk. gestiegen, die Ausfuhr von 16 009 687 Dz im Werte von 461 332 .46 Mk. auf 18 820 920 Dz im Werte von 535 338 556 Mk.

Von den eingeführten Gütern stammten aus dem Deutschen Reiche 22 870 499 Dz (im Vorjahre 18 968 823) im Werte von 357 828 325 Mk. (345 899 533), insgesamt aus Europa 33 162 585 Dz (im Vorjahre 28 865 638) im Werte von 520 289 423 Mk. (491 979 920), aus transatlantischen Ländern 13 772 542 Dz

(13 151 832) im Werte von 692 402 025 Mk. (590 979 192). Von der Gesamtausfuhr gingen 18 423 295 Dz (16 666 388) im Werte von 633 627 737 (579 808 360) Mk. ins Deutsche Reich, 4 974 006 Dz (4 836 366) im Werte von 310 257 358 Mk. (265 464 491) nach den übrigen europäischen Ländern und 11 382 223 Dz (9 296 646) im Werte von 213 393 783 Mk. (186 738 601) nach transatlantischen Ländern. Es ist also im letzten Jahre durchweg, in der Einfuhr wie der Ausfuhr, im Gewicht wie im Werte eine beträchtliche Steigerung gegen das Vorjahr zu verzeichnen. Auch der Warenverkehr mit den Vereinigten Staaten von Nordamerika ist in der Einfuhr wie in der Ausfuhr gestiegen. Während die Ausfuhr in den letzten Jahren stetig zugenommen hatte, war die Einfuhr dem Gewicht nach in den letzten Jahren stetig, dem Werte nach im Jahre 1902 zurückgegangen; im vergangenen Jahre dagegen ist eine durchgängige Steigerung zu verzeichnen. Es wurden aus den Vereinigten Staaten 8 404 651 Dz (7 757 758) im Werte von 463 983 062 Mk. (394 845 738) eingeführt und 3 114 549 Dz (2 445 058) im Werte von 510 261 924 Mk. (92 581 446) dorthin ausgeführt.

Bremens Südfruchthandel.

Der Bremische Südfruchthandel ist 1903 in ganz neue Bahnen gelenkt worden. Während bisher nur verhältnismäßig kleine Südfruchtsendungen nach Bremen eingeführt wurden, ist die im Jahre 1902 ins Leben gerufene Fruchthandel - Gesellschaft m. b. H. in Bremen dazu übergegangen, ganze Dampferladungen dorthin kommen zu lassen und die Früchte nach Hamburger Muster in öffentlicher Auktion zu verkaufen. Das Unternehmen hat sich bewährt und vor allem auch den Vorteil gehabt, daß Südfrüchte, die früher verhältnismäßig hoch im Preise standen, jetzt auch den weniger bemittelten Volksklassen eher zugänglich sind. Die Bremische Einfuhr an Südfrüchten hat sich im letzten Jahre von dem früheren Durchschnitt von etwa 900 tons auf 7500 gehoben, eine Ziffer, die im Verhältnis zu derjenigen Hamburgs, wo im Jahre 1901 nicht weniger 57 000 tons Südfrüchte eingeführt wurden, allerdings noch eine bescheidene ist. Aber bei der guten Aufnahme des Bremischen Unternehmens ist nicht daran zu zweifeln, daß es sich weiter entwickeln und sich der Umsatz im zweiten Geschäftsjahre noch wesentlich heben wird.

Die hauptsächlich zur Einfuhr gelangenden Früchte sind Apfelsinen, Orangen und Zitronen, die von Ende November bis zum Mai an den Markt kommen, ferner Weintrauben, Ananas, Bananen, sowie auch Kartoffeln, Zwiebeln usw. Durch Heranziehung einer Reihe von Fruchtsorten außer Apfelsinen und Zitronen ermöglicht es die Fruchthandel - Gesellschaft, daß sie ihr Personal auch für die Sommermonate ausreichend beschäftigt und so auch während der stillen Jahreszeit einen Teil ihrer Betriebsunkosten deckt. Im Herbste dieses Jahres kamen hauptsächlich italienische Weintrauben und andere italienische Früchte, im ganzen etwa 42 000 Kolli an den Markt, die in zwanzig kleineren Auktionen verkauft wurden. Ihnen folgte vor kurzem eine große Sendung der äußerst dauerhaften und wohlschmeckenden spanischen Almeria-Weintrauben.

Im Gegensatz zu allen anderen Fruchtsorten hat sich bisher in amerikanischen Aepfeln ein belangreiches Geschäft nicht entwickelt.

Für schnellsten und sicheren Transport bieten die regelmäßigen Dampferlinien des Norddeutschen Lloyd zwischen Amerika und Bremen in gleicher Weise eine sichere Gewähr, wie die vierzehntägige Verbindung Bremens mit den hauptsächlich für Apfelsinen etc. in Betracht kommenden Häfen Siziliens durch die Mittelmeer-Dampfer der Bremischen Dampfschiffahrts-Gesellschaft „Argo".

Die bedeutende Steigerung, die Bremens Handel im Jahre 1903 gegenüber dem Vorjahre zu verzeichnen hat, ist nicht allen Warengattungen, die in Bremen ein- und ausgeführt werden, zu gute gekommen; vielmehr steht einer beträchtlichen Steigerung der einen Warengattungen ein nicht geringer Rückgang von anderen gegenüber. Die größte Steigerung weist die Baumwolle auf, von welcher im vorigen Jahre für über 75 Millionen Mark mehr ein- und für über 76 Millionen Mark mehr ausgeführt worden ist, als im Jahre zuvor. Auch der Handel mit Schafwolle ist beträchtlich gestiegen; die Steigerung des Wertes ihrer Einfuhr beträgt annähernd 24 Millionen Mark, die ihrer Ausfuhr 22 Millionen Mark. An dritter Stelle kommt die Zunahme des Verkehrs in Getreide, von welchem im Jahre 1903 in Bremen für beinahe 10 Millionen Mark mehr ein- und für 6 Millionen Mark mehr ausgeführt worden ist. Den größten Rückgang weist der Tabakverkehr auf. Die Einfuhr von Rohtabak ist um beinahe 9 Millionen Mark (135 540 Dz Netto) und die Ausfuhr um 3 Millionen Mark (7450 Dz) zurückgegangen. Die Ursache davon liegt beinahe ausschließlich im starken Rückgang des Handels mit südamerikanischem Rohtabak; denn dieser hat in der Einfuhr einen Rückgang von 156 282 Dz und in der Ausfuhr einen Rückgang von 53 360 Dz zu verzeichnen, während in den übrigen Tabaken nur die Einfuhr aus Westindien und Mexiko zurückgegangen ist, dagegen die übrigen sowohl in der Ein- als der Ausfuhr dem Gewicht nach zugenommen hat.

Bremens Flotte und regelmäßige Linien.

Unter den zahlreichen Schiffen, die im Laufe des Jahres mit Waren beladen im Hafen zu Bremen eintreffen, sind es in erster Linie bremische Schiffe. Die Zahl der Seeschiffe der bremischen Flotte ist während des Jahres 1903 von 613 Schiffen im Vorjahr mit 646 914 Reg.-Tons auf 629 Seeschiffe mit 682 537 Reg.-Tons angewachsen. Darunter befinden sich 362 Dampfer mit 482 887 Reg.-Tons gegenüber 346 Dampfern mit 442 985 Reg.-Tons im Jahre 1902.

Wenn nun heute die bremische Schiffahrt mit fast allen Teilen der Erde regelmäßige Schiffahrtslinien unterhält, die für die weitere Entwickelung eines Hafenplatzes von so großer Bedeutung sind, so ist dies auf die von bremischem Unternehmungsgeist hervorgerufene Gründung des Norddeutschen Lloyd zurückzuführen, welche große Gesellschaft ja ganz besonders auf die Entwickelung der bremischen Anlagen eingewirkt, wie wir im Laufe der vorstehenden Zeilen wiederholt zu bemerken Gelegenheit hatten.

Der 1857 gegründete Norddeutsche Lloyd steht nicht nur an der Spitze sämtlicher Bremer Reedereien, sondern auch mit der Hamburg-Amerika-Linie an der Spitze sämtlicher großen Schiffahrtsgesellschaften der Welt. Die Flotte des Norddeutschen Lloyd bestand 1903 aus 123 Seeschiffen einschliesslich zweier Schulschiffe mit 525 662 Brutto-Raumgehalt in Reg.-Tons. Hierzu gehörten die grössten und schnellsten Doppelschrauben-Postdampfer, wie sie keine andere Nation besitzt und welche die Verbindung über den Ozean in 5 Tagen und wenigen Stunden vollziehen. Befördert wurden während dieses einen Betriebsjahres 374 972 Personen und 3 202 881 cbm Güter. Als der Norddeutsche Lloyd ein Jahrzehnt später, nachdem zum ersten Mal das Dampfschiff „Washington" von der Ocean S. S. Navigation Compagnie über den Atlantic von New York nach Bremen gekommen war, 1857, seinen Betrieb aufnahm, geschah dies mit drei kleinen Dampfern, und zwar ging die von ihm eingerichtete erste Schiffahrtslinie nicht nach New York, sondern nach England. Das damalige Grundkapital war 3 Millionen Thaler Gold. Heute beträgt das Aktienkapital des Lloyd 110 000 000 Mk. und eine Anleihe von 57 300 000 Mk. Die vom Norddeutschen Lloyd unterhaltenen Linien erstrecken sich über den ganzen Erdball. Er vermittelt den Verkehr zwischen Bremen und Nord-, Mittel- und Südamerika, Ostasien, Australien, zwischen Genua, Neapel und New York. Ferner zwischen Bremen nach Belgien, Frankreich und England. Ausserdem betreibt er mit 53 Dampfern eine ausgedehnte Küstenschiffahrt im indisch-chinesischen Meer und im Anschluß daran eine Flußschiffahrt auf dem Yangtse-Kiang.

Auch nur annähernd eine Schilderung über seine Entwickelung und heutige Bedeutung hier geben zu wollen, würde zu weit führen und einen ganzen Abschnitt für sich beanspruchen.

Wir wollen daher nur einige kurze übersichtliche Angaben über seinen gegenwärtigen Betrieb machen. Er betreibt heute 27 Schiffahrtslinien, nämlich 5 Linien nach Nordamerika, 2 nach Südamerika,

2 nach Ostasien (davon eine Reichspostdampferlinie), eine Reichspostdampferlinie nach Australien, 4 Zweiglinien im Anschluß an die ostasiatische Hauptlinie, 9 Zweiglinien in der schon oben erwähnten indisch-
chinesischen Küstenfahrt und 4 europäische Linien.

Der Wert des Konsums an Kohlen betrug allein 20³/₄ Millionen Mark in einem Jahr, an Proviant
9¹/₂ Millionen Mark

Die Besatzung der Flotte beläuft sich auf über 10 000 Mann, von denen 6500 Personen auf die
rein seemännische Besatzung kommen, von der allein 505 Kapitäne und Schiffsoffiziere und 522 Maschinisten
sind. In den Werkstätten auf dem Lande wurden über 2000 Personen beschäftigt, wozu noch 6000 Dock-
arbeiter und Stauer kommen.

Neben seiner Flotte hat der Norddeutsche Lloyd in Bremen und Bremerhaven ein Trockendock
mit Reparaturwerkstatt, Magazine für Proviant und Schiffsausrüstung, einen Landungsplatz mit Bahnhof
und Wartehalle in Bremerhaven für die Reisenden, diverse Lagerschuppen, eine Dampfwäscherei u. s. w.

Ein neues Hauptverwaltungsgebäude befindet sich in Bremen im Bau, dessen Abbildung wir im
Anfang dieses Abschnittes brachten.

Seiner Schleppversuchsstation wurde schon bei Bremerhaven mit einigen Worten gedacht.

Dampfer „Washington".

Eine andere Einrichtung des Norddeutschen Lloyd darf aber hier nicht unerwähnt bleiben, das
ist die Einstellung von Schulschiffen zur Heranbildung seines Offizierpersonals. Die Offiziere des Norddeutschen Lloyd hatten früher die allgemeine übliche seemännische Laufbahn durchzumachen, indem sie
als Schiffsjunge auf irgend einem Segelschiff eintraten und dann von der Pike auf nach gewissen Zeit-
abschnitten zum Leichtmatrosen und Vollmatrosen aufrückten. Dann wurde die Navigationsschule zur
Ablegung des Steuermannsexamen besucht und später nochmal zur Erlangung des Kapitän-Patents.

Diese heute bei der Handelsmarine noch allgemeine übliche Laufbahn des seemännischen Berufs
hat aber neben ihren Vorzügen auch manche Nachteile. Zunächst, daß dem Schiffsjungen auf dem Segelschiff vielfach Arbeiten auferlegt werden, die in ihrer untergeordneten Art weder für die seemännische
Ausbildung noch für erzieherische Zwecke von Wert sind. Es werden dadurch viele junge Leute, welche
eine bessere Schulbildung genossen, von dem Seemannsberufs abgeschreckt.

Der Norddeutsche Lloyd stellte daher im Mai 1900 sein erstes eigenes Schulschiff „Herzogin
Sophie Charlotte" in den Dienst, um an Bord dieses schönen viermastigen Barkschiffes sich den Ersatz
seines Offizierstammes unter Vermeidung des bisherigen Bildungganges auszubilden.

Der Gedanke ein Kadetten-Schulschiff für die Ausbildung zur Offizierlaufbahn bei der Handelsmarine zu benutzen fand so begeisterten Anklang, daß sich der Lloyd veranlaßt sah, ein Jahr darauf schon
ein zweites Schulschiff „Herzogin Cecilie" in den Dienst zu stellen.

Diese beiden Schiffe machen immer grosse Weltreisen von langer Dauer, wobei sie nicht nur
während dieser Zeit der Ausbildung der jungen Leute, sondern auch dem Frachtverkehr dienen, indem
sie gewisse Massengüter befördern.

Die Unterkunftsräume der an Bord befindlichen 40 — 50 Kadetten liegen im Zwischendeck. Sie
bieten Licht, Luft und Raum in genügender Weise, so daß in sanitärer Beziehung bei der gleichzeitig
guten Lloydküche für die „Jüngsten" gut gesorgt ist.

Eine weitere Folge dieser Einführung von Schulschiffen in die Handelsmarine, war die Gründung
des Deutschen Schulschiff-Vereins. Der Anregung des Großherzogs Friedrich August von Oldenburg,
der immer ein äußerst reges Interesse für Deutschlands maritime Entwickelung bekundet hat, verdankt
der Verein sein schnelles Inslebentreten.

Der Großherzog übernahm selbst das Protektorat und den Vorsitz über den Verein, der hauptsächlich im Gegensatz zum Norddeutschen Lloyd das Ziel verfolgt, Jungen der ärmeren Bevölkerung,
denen die Mittel zur Bestreitung der hohen Kosten für die Annahme als Schiffsjunge fehlen, zunächst
als künftiger Matrosenersatz auf dem Schulschiff des Vereins „Großherzog Elisabeth" auszubilden.
Neuerdings ist auch eine Abteilung zur Ausbildung von Kadetten eingerichtet worden. Die geschäftliche
Leitung hat der Direktor der Bremer Seefahrtschule, Professor Schilling, übernommen. Dem Verein gehören als Mitglieder deutsche Schiffsreeder, Kaufleute etc. an.

Auch hat sich in den letzten Jahren in Hamburg der „Verein Seefahrt" gebildet, der ähnliche
Ziele wie der Schulschiff-Verein verfolgt, nur daß er nicht ein eigenes Schulschiff besitzt, sondern daß
die Hamburger Segelschiffsreeder sich verpflichtet haben, jährlich immer eine gewisse Anzahl von
Jungen auf ihren Schiffen ausbilden zu lassen.

Deutschland kann auf seine Einrichtungen dieser maritimen schwimmenden Schulen für die
Handelsmarinen stolz sein, denn kein Seestaat besitzt ähnliche Einrichtungen. In der Erkenntnis der
Wichtigkeit dieser Einrichtung und wie vorzüglich sich diese Schulschiffe bewähren, treten jetzt andere
Staaten ebenfalls dieser Erziehungsfrage des seemännischen Nachwuchses näher.

Nicht minder gut wird vom Lloyd für die wissenschaftliche Ausbildung seines Ingenieur- und
Maschinistencorps am Polytechnikum zu Bremen gesorgt.

Die nach dem Norddeutschen Lloyd bedeutendste Reederei in Bremen ist die Deutsche Dampfschiffahrts Gesellschaft „Hansa", die 1881 gegründet wurde. Sie besitzt zur Zeit 46 Seedampfer
mit 176 200 Brutto Reg.-Tons, sechs weitere Dampfer befinden sich im Bau. Das Aktienkapital beträgt
20 000 000 Mk. und 7 400 000 Mk. Anleihen. Diese Dampfschiffsreederei vermittelt den Verkehr zwischen
Deutschland und Ostindien, Argentinien und Portugal, Amerika—Südafrika—Indien etc. Die 1873
gegründete Dampfschiffahrts-Gesellschaft „Neptun" hat einen Dampferbestand von 53 Schiffen
von 35 103 Brutto Reg.-Tons. Die Dampfer vermitteln den Verkehr zwischen Bremen und Rotterdam—
Amsterdam, Lissabon, Oporto, Kopenhagen, Danzig, Königsberg, Riga, Stockholm, Bergen, zwischen
Leer—Emden und den Ostseehäfen, zwischen Köln und den genannten Häfen. Das Aktienkapital beträgt
3 500 000 Mk. und 2 790 000 Mk. Anleihen. Als vierte Gesellschaft ist die 1896 gegründete Dampfschiffahrts-Gesellschaft „Argo" zu nennen, die mit 26 Dampfern von 44 214 Brutto Reg.-Tons den
Verkehr vermittelt zwischen Bremen und England, Rußland, Holland, Belgien, Italien, Spanien, Algier,
Vereinigte Staaten von Nord-Amerika. Das Aktienkapital beträgt 7 000 000 Mk. und 3 500 000 Mk. Anleihe.

Die 1898 gegründete Dampfschiffahrts-Gesellschaft „Triton A.-G." vermittelt mit fünf
Dampfern von 8 488 Br.-Reg.-Tons in unregelmäßiger Fahrt den Verkehr zwischen Bremen und den
Ostseehäfen.

Rickmers Reismühlen, Reederei und Schiffbau A.-G., welches Unternehmen 1839 von R. C. Rickmers gegründet und nach seinem Tode von den Söhnen 1899 in eine Aktiengesellschaft mit 13 000 000 Mk. Kapital bei 3 275 000 Mk. Anleihen umgewandelt wurde, ist ein Weltunternehmen ersten Ranges.

Es befördert den auf eigenen Reisfeldern in Ostasien gewonnenen Reis auf den auf der eignen Werft in Bremerhaven gebauten Schiffen zur Mühle in Bremen. Die Firma besitzt heute zehn Seeschiffe von 25 934 Br.-Reg.-Tons, nachdem sie einen Teil ihrer Flotte vor einigen Jahren an die Hamburg-Amerika-Linie verkaufte. Sie ist auch Erbauerin der schon erwähnten Schulschiffe.

Die 1896 gegründete Rhederei „Visurgis" A.-G. betreibt die Segelschiffahrt mit 10 Seglern von Bremen nach dem Auslande ohne eine bestimmte Linie aufrecht zu erhalten. Die Schiffe haben insgesamt 21 845 Br.-Reg.-Tons Raumgehalt. Das Aktienkapital beträgt 1 950 000 Mk. und 450 000 Mk. Anleihe.

Außer diesen genannten Aktiengesellschaften existieren nun noch eine große Anzahl von privaten Reedereien, die meist Segelschiffahrt betreiben, in Bremen.

Ehe wir nun Bremen verlassen, müssen wir noch der Auswanderung über Bremen gedenken, die doch eigentlich die Ursache der Gründung des Norddeutschen Lloyd war und die heute ein so wichtiger Faktor geworden ist für die Entwickelung der bremischen Reederei und das fast lückenlose Netz der Schiffahrtslinien, die sich von der alten Hansastadt über den Erdball erstrecken.

Bremens Auswanderung.

Das äußere Bild, welches die Auswanderung über Bremen bietet, ist noch so unverändert geblieben, wie es auch in den früheren Jahren in Hamburg am Hafen der Fall war, ehe die Hamburg-Amerika-Linie ihre Passagierhallen baute und dadurch das charakteristische eigentümliche Strassenbild den Augen der Zuschauer mehr entzog. In Bremen kann man vor dem Hauptbahnhof und in der zur Stadt führenden Bahnhofs-Straße die Typen aller osteuropäischen Völker wie Russen, Slowaken, Bosniaken usw. sehen. Beladen mit dem Rest ihrer Habe in Bündeln und Kisten, Säuglinge auf dem Arm, ziehen die europamüden Völkerstämme hastend in langen Zügen über den großen Bahnhofsplatz den in der Bahnhofstraße gelegenen Logierhäusern zu.

Dicht gedrängt in Gruppen belagern sie den Laden des Geldwechslers, um das erste amerikanische Geld, wenn auch noch nicht in Massen zu verdienen, wie jeder hofft, so doch in geringer kleiner Münze einzuwechseln. Da an jedem Dienstag von Bremerhaven ein Schnelldampfer nach Amerika expediert wird und jeden Sonnabend ein Doppelschrauben-Postdampfer, so herrscht dieses lebhafte Treiben eigentlich die ganze Woche über. Es scheint als ob dieser Menschenstrom, der sich über den Bahnhofsplatz ergießt nimmer aufhören wird. Wieviel Not, wieviel Elend spricht aus vielen Gesichtern, oft sind es nur Lumpen, die den Körper notdürftig bedecken. Es ist kein sehr heiteres Bild, welches sich da uns entrollt. Und doch ist der Aermste dieser Armen von einem Hoffnungsschimmer erfüllt drüben wird ihm der Wohlstand lächeln. Ach und wieviel gescheiterte Hoffnungen bringen die großen Schiffe wieder zurück zur heimatlichen Scholle. --

Und dann der Kontrast in dem Aeußern der Kajütspassagiere, die mit ihren Rohrplatten-Koffern und Ledertasche in der Equipage angerollt kommen.

Dampfer der „Neckar"-Klasse.

Besonders interessant ist das Bild am Morgen der Abfahrt des Extrazuges von Bremen nach Bremerhaven, der schon gegen 9 Uhr Bremen verläßt und 1 ½ Stunden später in Bremerhaven vor der Lloydhalle, unmittelbar neben den Dampfern, die Passagiere befördert. Wenn man nun die Ziffern der in den letzten fünf Jahren über Bremen und Bremerhaven ausgewanderten Personen erblickt, so fällt sofort die gewaltige Steigerung ins Auge, die der bremische Auswandererverkehr in diesem Zeitraum gewonnen hat. Während im Jahre 1899 die Gesamtzahl der über Bremen — zum weitaus größten Teile mit Dampfern des Norddeutschen Lloyd — ausgewanderten Personen noch 86072 betrug, brachte das Jahr 1900 es bereits auf 95961 und 1901 auf 110606. Im folgenden Jahre erhöhte sich die letztgenannte Ziffer rapide, nämlich auf 143329 und im Jahre 1903 erreichte die Zahl der Auswanderer bereits die Höhe von 175320. Wie der Zwischendecksverkehr, so hat auch der Kajütverkehr eine beträchtliche Steigerung erfahren. Die auf der nordamerikanischen Linie des Norddeutschen Lloyd verzeichneten Ziffern sind die höchsten, die jemals auf einer transatlantischen Linie erreicht worden sind. Soweit der gesamte Auswandererverkehr in Frage kommt, hatten im Jahre 1903 von 175320 Auswanderern allein 164271 als Reiseziel die Vereinigten Staaten von Nordamerika. (1902: 134600 1901: 103214.) Ferner gingen im Jahre 1903 nach Kanada 452, nach Brasilien 473, nach den La Platastaaten 886, nach Afrika 1731 und nach Australien 236 Personen. Ausserdem gingen noch 7271 Auswanderer nach Großbritannien. Der Auswanderungsverkehr bestand wieder vorzugsweise aus Personen slavischer Nationalität, indessen hat auch die deutsche Auswanderung zugenommen. Sie stieg im Jahre 1903 auf 16639 Personen, nachdem 1902 aus Deutschland 13960, 1901: 9143, 1900: 9073 und 1899: 8988 Deutsche ausgewandert waren. — Auch der Passagierverkehr auf den Reichspostdampferlinien zeigte einen Zuwachs.

Wir haben aus der Schilderung des bremischen Hafenlebens und seiner Bauten gesehen, von welchem bewunderungswürdigen Unternehmungsgeist die Bürger dieser Hansastadt beseelt sind. Wie sie Millionen und aber Millionen für die Interessen der Schiffahrt anlegen. Es ist darum keine leere Phrase geblieben, was der Gründer des Norddeutschen Lloyd, H. H. Meyer, in seiner Rede am 12. Juni 1858 bei der Probefahrt des ersten transatlantischen Lloyddampfer „Bremen" sagte:

„In unserm Wappen — ein Anker, der den Bremer Schlüssel kreuzt, den ein Eichenkranz umschließt — sehen Sie unsern Wahlspruch:

In dem Anker halten wir die Hoffnung fest, daß der Schlüssel uns die Verkehrswege eröffnen werde, die wir mit deutscher Manneskraft, Ausdauer und Treue festhalten wollen"

sondern es ist eine Tatsache geworden, die heute nicht mehr zu bestreiten ist.

Emden,

der Kaiser Wilhelm-Kanal

und die Ostseehäfen.

Der Kaiser Wilhelm-Kanal.

Schon gelegentlich der Schilderung der Unterelbe wurde Brunsbüttel erwähnt, welcher Ort mit seinen Schleusenanlagen den Eingang resp Ausgang des Kaiser Wilhelm-Kanals für die von der Nordsee nach der Ostsee oder umgekehrt wollenden Seeschiffe bildet.

Um uns nun der dritten der deutschen Hansastädte, Lübeck, zuzuwenden, wollen auch wir diesen Weg durch den Kanal zur Erreichung unseres Zieles benutzen, der der kürzeste Weg zwischen dem Nord- und Ostseegebiet ist, und den Weg zwischen Bremerhaven und Lübeck um etwa 295 Seemeilen abkürzt, als wenn der Weg um Skagen, der Nordspitze Jütlands, gewählt würde.

Kadettenschulschiff „Charlotte" passiert auf der Heimreise den Kaiser Wilhelm Kanal bei der Levensauer-Brücke.

Damit ist gleichzeitig ein sehr wichtiger Zweck des Kaiser Wilhelm-Kanals für die Seeschiffahr gekennzeichnet. Er erspart eine kostspielige Abweichung von der kürzesten Linie in der Verbindung zwischen Nord- und Ostsee für von gewissen Häfen kommende und nach gewissen Häfen bestimmte Schiffe.

Hierzu kommt noch, daß der Weg um Skagen der Schiffahrt unter gewissen Witterungsverhält-nissen Gefahren bietet, die im Kanal nicht vorhanden sind.

Hanseatische Kaufleute suchten schon in früheren Zeiten den Weg um die Halbinsel Jütland, welche die beiden nordischen Meere trennt, zu vermeiden. Um den Gefahren bei Jütland und im Skagerrak und Kattegatt sowie dem Sundzoll der Dänen zu entgehen, der von diesen erhoben wurde, stellte man 1386 eine direkte Wasserverbindung zwischen der Nord- und Ostsee her. Man benutzte dazu einen Nebenfluß der Trave, die Stecknitz und einen solchen der Elbe, die Delvenau, um zwischen diesen beiden Flüssen einen Schiffahrtskanal herzustellen.

Auf diese Weise konnten Schiffe, natürlich kleinere Fahrzeuge nur, ungehindert und ungefährdet den Handel zwischen Hamburg und Lübeck schon damals vermitteln.

Eine zweite wichtigere Verbindung für etwas größere Schiffe wurde später der Eider-Kanal, dessen Bau im Jahre 1777 unter dänischer Herrschaft begonnen und im Jahre 1784 dem Verkehr übergeben wurde.

Wir haben aber schon aus den früheren Zeilen ersehen, wie die Raummaße der Schiffe anwuchsen; daher konnte auch dieser Kanal für die Seeschiffahrt nicht länger in Frage kommen.

Aber erst das geeinigte Deutsche Reich und die damit geschaffene Deutsche Flotte und deren Kriegshäfen, Kiel und Wilhelmshaven, sollten den Kaiser Wilhelm-Kanal entstehen und ihn mit der Zeit zum Suez-Kanal des Nordens werden lassen, wenn auch nicht dem Tonnengehalt der Schiffe nach, was der Handelsverkehr der in Frage kommenden Gewässer nicht ermöglicht, so doch der Schiffszahl nach.

Der Kaiser Wilhelm-Kanal wurde auf Grund des Reichsgesetzes vom 16. Mai 1886 als ein für die Benutzung durch die Kriegsflotte geeigneter Schiffahrts-Kanal mit einem Kostenaufwande von 156 Mill. Mark erbaut. In erster Linie wurde ihm also eine strategische Bedeutung beigelegt und besteht diese darin, daß der deutschen Flotte die Möglichkeit gegeben ist, in ganzer Stärke nach Belieben in einem der beiden Meere vereint auftreten zu können. Deutschland, der Kontinentalstaat mit den breiten Landfronten, muß, nach „Nauticus"*) darauf gefaßt sein, von mehreren Seiten zugleich angegriffen zu werden. Gelänge es im Kriege einem Gegner, gleichzeitig mit einer starken Flotte vor Kiel und in der deutschen Bucht der Nordsee zu erscheinen, so bliebe es uns nur übrig, zunächst mit ganzer Kraft den einen anzugreifen und den anderen mit Hilfe der lokalen Küstenverteidigung so lange hinzuhalten, bis die Schlachtflotte Entsatz bringen kann.

Für diese Aufgabe bildet der Kaiser Wilhelm-Kanal ein unentbehrliches Hilfsmittel.

---

*) „Nauticus", Jahrbuch für Deutschlands See-Interessen, Berlin 1899.

S. M. S. „Zähringen" auf der Fahrt durch den Kaiser Wilhelm-Kanal.

Auf einer der Fähren im Kaiser Wilhelm-Kanal.

Bei der Benutzung des Kanals wird es immer leichter, sicherer und schneller gelingen, Streitkräfte an diejenigen Stellen in unseren heimischen Meeren zu werfen, wo sie gebraucht werden.

Das Vermeiden der Wasserstraßen zwischen den dänischen Inseln hindurch ist im Kriege aus strategischen Gründen ratsam. Diese engen Passagen bieten mit ihren zahlreichen Engen und Schlupfwinkeln den Torpedofahrzeugen des Gegners vielleicht eine erwünschte Gelegenheit zu erfolgreichen Angriffen. Auf die unbedingt wohlwollende Neutralität der dänischen Nachbarn ist im Kriege nicht mit Bestimmtheit zu rechnen. Ohne den Kanal würde man auf ihre freundschaftliche Gesinnung angewiesen sein.

Durch Wegnahme der Fahrwasserbezeichnungen und Auslöschung der Leuchtfeuer könnten sie uns die Belte und den Sund für größere Schiffe teilweise verschließen oder doch die Durchfahrt erschweren.

Der Kanal erleichtert also die bessere Ausnutzung unserer Flotte.

Im Auslande hat man zwar behauptet, der Kanal genüge als strategisches Hilfsmittel nicht ganz, weil er nicht Kiel und Wilhelmshaven, unsere beiden Kriegshäfen, miteinander verbindet.

Dem muß aber entgegengestellt werden, daß eine direkte Mündung des Kanals bei Wilhelmshaven nicht eine absolute Notwendigkeit ist, da unsere überaus starken Befestigungen in der Elbmündung bei Cuxhafen und auf Helgoland die Brunsbütteler Schleusen gegen überraschende Handstreiche und Ueberfälle genügend schützen.

Die eigentliche Verteidigung des Kanals zugleich mit der unserer Flußmündungen und Küsten hat die deutsche Hochseeflotte zu übernehmen. —

Bei der Abfassung dieses Werkes war Deutschland im Begriff, in eine neue Epoche seiner Wasserstraßenbauten zu treten, welche hauptsächlich dem Ausbau der binnenländischen Kanäle mit den nachstehend aufgeführten Summen bezweckt:

1. für Herstellung eines Schiffahrt-Kanals vom Rhein nach Hannover und zwar:

    a) einen Schiffahrt-Kanal vom Rhein in der Gegend von Ruhrort bis zum Dortmund-Ems-Kanal in der Gegend von Herne (Dortmund-Rhein-Kanal) einschließlich eines Lippe-Seiten-Kanals von Datteln nach Hamm 70 500 000 Mk.

    b) verschiedene Ergänzungsbauten am Dortmund-Ems-Kanale in der Strecke von Dortmund bis Bevergern 6 150 000 Mk.

    c) einen Schiffahrt-Kanal vom Dortmund-Ems-Kanal in der Gegend von Bevergern nach Hannover mit Zweig-Kanälen nach Osnabrück, Minden und Linden, einschließlich der Kanalisierung der Weser von Minden bis Hameln oder der Herstellung von Staubecken an Stelle dieser Kanalisierung 120 500 000 Mk., zusammen für den Kanal vom Rhein nach Hannover 197 150 000 Mk.

2. für Herstellung eines Großschiffahrtweges Berlin—Stettin (Wasserstraße Berlin—Hohensaathen) 43 000 000 Mk.

3. für Verbesserung der Wasserstraße zwischen Oder und Weichsel sowie der Schiffahrtstraße der Warthe von der Mündung der Netze bis Posen 31 175 000 Mk.

4. für die Kanalisierung der Oder von der Mündung der Glatzer Neisse bis Breslau sowie zu Versuchsbauten für die Strecke von Breslau bis Fürstenberg a. O. 18 950 000 Mk., zus. 280 275 000 Mk.

Die große bedeutsame wasserwirtschaftliche Vorlage, welche für das volkswirtschaftliche Leben eine so eminente Bedeutung besitzt, hatte nun einen ganzen Sturm von oft diametralen Ansichten entfesselt und das Projekt aus dem Gebiet der Nationalökonomie auf das der Politik übertragen. — Ohne

Schnelldampfer nach Passieren der Schleuse im Kaiser Wilhelm-Kanal.

uns auf das pro et contra der verschiedenen Parteistandpunkte einlassen zu wollen, wobei besonders die Landwirte die Vorlage heftig bekämpften, wollen wir doch hier ein Projekt nicht unerwähnt lassen, welches bezweckte, eine Fortsetzung des Kaiser Wilhelm-Kanals gegen das des Mittelland-Kanals auszuspielen.

Der Abgeordnete Dr. Otto Arendt schrieb darüber:

„Man hat den Mittellandkanal als eine Hinterlassenschaft Moltkes bezeichnet — mit viel größerem Recht können wir uns für den Seekanal, die Nordlinie, auf Bismarck berufen. Moltke hat am 30. Juni 1883 in seiner Rede im Herrenhause sich und zwar recht kühl für den Mittellandkanal ausgesprochen, wobei er nicht unterließ anzufügen: „In militärischer Beziehung muß ich ja dem Ausbau unseres Eisenbahnnetzes entschieden den Vorzug geben vor den Kanälen. Man wird auf den Kanälen schwerlich jemals Truppen transportieren, doch aber wird ein ausgebildetes Kanalsystem auch in militärischer Beziehung sehr vorteilhaft sein, namentlich zur Verproviantierung unserer Grenzfestungen und Anhäufung der unermeßlichen Magazine, welche erforderlich sind für die Operations-Armee."

Moltkes Worte sind heut ebenso richtig wie vor 20 Jahren. Sie gelten indes mindestens für die Nordlinie wie für die Mittellandlinie, für den Torsokanal bis Hannover kann man sie kaum ins Gefecht führen. Mit Moltke stand Bismarck im Gegensatz bezüglich des Nordostseekanals, den Moltke bekämpfte, hierüber schreibt Bismarck in seinen „Gedanken und Erinnerungen":

„Bei meinem Bemühen, die Zustimmung des Kaisers zu gewinnen, hatte ich weniger die handelspolitischen Vorteile als die ihm mehr anglichen militärischen Erwägungen in den Vordergrund gestellt. Die holländische Kriegsmarine hat den Vorteil, Kanäle im Binnenlande benutzen zu können, die den größten Schiffen den Durchgang gestatten. Unser analoges Bedürfnis einer Kanalverbindung wird durch das Vorhandensein der dänischen Halbinsel und die Verteilung unserer Flotte auf zwei getrennte Meere wesentlich gesteigert. Wenn unsere gesamte Flotte aus dem Kieler Hafen, der Elbemündung und eventuell, bei Verlängerung des Kanals, der Jahde ausfallen kann, ohne daß ein blockierender Feind es vorher weiß, so ist der letztere genötigt, in jedem der beiden Meere ein unserer ganzen Flotte äquivalentes Geschwader zu unterhalten. Aus diesen und anderen Gründen war ich der Meinung, daß die Herstellung des Kanals

Ein Torpedoboot mit Rennyacht „Meteor" im Schlepp passiert die Brunsbüttler Schleusen nach der Nordsee.

unserer Küstenverteidigung nützlicher sein würde als die Verwendung der Kanalkosten auf Festungsbau und Mehranschaffung von Schiffen, für deren Bemannung wir nicht über unbegrenzte Kräfte verfügen. Mein Wunsch war, den Kanal von der Niederelbe in westlicher Richtung so weit fortzusetzen, daß die Wesermündung, die Jahde und eventuell auch die Emsmündung zu Ausfallpforten, welche der blockierende Feind zu beobachten hätte, hergerichtet würden. Die westliche Fortsetzung des Kanals wäre verhältnismäßig weniger kostspielig als die Durchschneidung des holsteinischen Landrückens, da sich Linien von gleichmäßigem Niveau darbieten, auch zur Umgehung der hohen Geest an der Landspitze zwischen der Weser und der Elbemündung.'

Ist es nicht jetzt an der Zeit, diesen bismarckischen Gedanken wiederaufzunehmen? Die deutsche Flotte hat in Kiel einen Stützpunkt mit doppeltem Ausgang, aber die Verbindung Kiel—Wilhelmshaven ist nicht gesichert, und insbesondere ist die Ausfahrt aus dem Jahdebusen gefährdet, wenn Helgoland fällt. Wilhelmshaven ist der Hauptstützpunkt unserer Flotte in der Nordsee, der Seekanal schafft für Wilhelmshaven wie für Kiel die Ausfallsmöglichkeit vom Dollart bis zur Kieler Bucht. Es ist unmöglich, den hohen strategischen Wert dieser binnenländischen Verbindung für unsere Flotte zu verkennen. Daneben aber treten beim Seekanal alle die schweren technischen, finanziellen und wirtschaftlichen Gründe zurück, die gegen den Mittellandkanal sprechen, während umgekehrt er vor diesem große wirtschaftliche Vorteile voraus hat.

Eine Verbindung vom Rhein nach dem Dortmund-Ems-Kanal, wie die Handelskammer Altona vorschlägt, und von Dortmund nach der Weser, die Kanalisierung der Lippe und der Weser, ein für Seeschiffe fahrbarer Kanal von der Unterelbe bis zum Dollart — das sind Aufgaben, die technisch keine Schwierigkeiten machen, und wofür Wasser genügend vorhanden ist, ohne daß wie beim Mittellandkanal die Anlieger Widerspruch erheben, weil die ausreichende Bewässerung ihrer Aecker für sie gefährdet erscheint. Auf diesem Wege wird die westfälische Kohle den Hauptseeplätzen zugeführt, wo sie die englische Kohle bekämpft, was nationalwirtschaftlich ebenso wünschenswert ist, wie es bedenklich ist, wenn der Mittellandkanal die rheinische auf Kosten der schlesischen Kohle bevorzugt. Die letztere Linie bringt eine ungesunde Verschiebung der industriellen und landwirtschaftlichen Verhältnisse mit sich. Die großen Ströme sind auch heut in ihrer Bedeutung für den Handel, namentlich für die Einfuhr, vorhanden, ihre Verbindung im Unterlauf ändert hierin nichts, im Mittellauf dagegen stellt der Kanal eine neue bedenkliche Einfallspforte dar.

Es hat eine Zeit gegeben, wo die preußische Regierung selbst den Mittellandkanal verwarf und sich für die Nordlinie entschied; ist es so unmöglich, daß sie hierhin zurückkehrt? Der rheinischen Industrie geschieht damit kein Unrecht, die Schlesier und die Agrarier sind beruhigt, die ins Endlose wachsenden „Kompensations-Forderungen" hören auf, denn die Nordlinie ist für die Landesverteidigung notwendig und schädigt niemand. Vollends vor dem Torsokanal nach Hannover verdient die Nordlinie doch unbedingt den Vorzug. Ich bin allerdings nicht der Meinung, daß man ernsthaft den Rhein-Hannover-kanal als eine endgültige Tatsache ansehen kann. Für mich ist er nur die erste Rate für den Mittel-landkanal, die Fortsetzung bis zur Elbe versteht sich dann von selbst. Die Kanalfreunde würden ja geschlossen gegen Rhein-Hannover stimmen müssen, wenn sie nicht dieselbe Ueberzeugung hätten.

Wenn wir heute in ganz Deutschland eine starke Bewegung für die Flotte haben, so danken wir das unseren Kolonien. Ohne die Kolonialerwerbungen hätte die Flottenbewegung sich nicht entwickeln

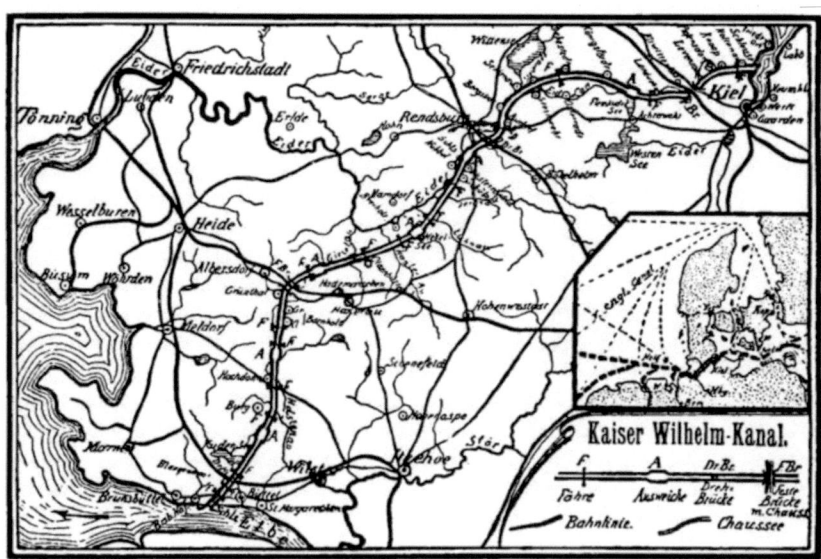

Kaiser Wilhelm-Kanal.

können. Kolonialbewegung und Flottenbewegung gehören zusammen. Herr Bebel will unsere Kolonien losschlagen und eine Philisterpolitik führen. die verkennt, daß ohne überseeische Ausbreitung das deutsche Volk im eigenen Fette schmoren würde. Wenn Deutschland nicht wieder zum geographischen Begriff herabsinken soll, bedürfen wir der überseeischen Ausbreitung und der starken Flotte. Das sind Lebensfragen für die Nation, die Kanalfrage ist dagegen eine untergeordnete Interessenfrage. Ohne Flotte ist Handel und Industrie vor kriegerischen Ueberraschungen nicht geschützt, wogegen mit oder ohne Mittellandkanal Preußen-Deutschland bleibt, was es ist. Die Flotte hat für uns jetzt die Bedeutung, wie die Armeereorganisation unter Wilhelm I., die Kanalfrage ist ein Tagesproblem, das ganz ungebührlich aufgebauscht wird.

Baggerarbeiten im Kaiser Wilhelm-Kanal bei Brunsbüttel.

Die Nordlinie aber ist für unsere Flotte von unberechenbarem Wert, sie mußte angestrebt werden, wenn die Kanalfrage nicht existierte, warum sollen wir sie da nicht zur Lösung der Kanalfrage heranziehen? Sie gibt dem Dortmund—Emskanal neue Bedeutung und zieht den Verkehr von Holland ab, während der Mittellandkanal den Emskanal ausschaltet, Emden wieder brachlegt und unsere Hansastädte auf Kosten der holländischen Häfen schädigt. Schaffen wir die Wasserstraße von Kiel zum Dollart nach der großzügigen Idee Bismarcks, und wenn dann unsere Flotte heranwächst und wir, der Weltlage Rechnung tragend, die Sicherheit unserer Grenzen durch die Kanonen unserer Kriegsschiffe schützen, dann brauchen wir künftig weder die Drohungen an der Seine noch das Stirnrunzeln von John Bull zu beachten, sondern können stolz und selbstbewußt die Erbschaft von Sedan auch für das nächste Menschenalter treu bewahren."

Dieser Auffassung des Herrn Dr. Arendt ließe sich nun sehr vielerlei entgegen halten. Vor allem erschlösse der See-Kanal nicht in so wertvoller Weise das Hinterland, wie dies der Mittelland-Kanal tun dürfte. Er hätte strategisch eine untergeordnete und wirtschaftlich fast gar keine Bedeutung. Mit dieser Ausführung sind auch wir auf das wirtschaftliche Gebiet des Kaiser Wilhelm-Kanals gekommen, welches ihm bis zu seiner am 21. Juni 1895 in Gegenwart des Kaiser Wilhelm II. erfolgten Eröffnung so gut wie ganz abgesprochen wurde. Man verwies auf den zwischen Weser und Elbe und den Ostseehäfen bestehenden geringen Seeverkehr und war überzeugt, daß die Warenvermittlung der englischen und holländischen Hafenplätze nach wie vor den Weg um Skagen wählen würde.

Wie irrig diese Annahme war, beweisen die heutigen Verkehrsziffern des Kaiser Wilhelm-Kanals. Der Hamburger Kaufmann und Rheder H. Dahlström war es, welchem es gelang den infolge der Moltkeschen Reichtagsrede auf dem Kanalprojekt ruhenden Bann zu brechen und allmählich für das Kanalprojekt in den Handelskreisen das Vertrauen wiederkehren zu lassen. Hiermit hat Dahlström wie auch ferner durch sein rastloses Bemühen für die Realisirung des Projektes und durch die von ihm beschafften wertvollen Vorarbeiten seinen Namen mit dem des Kanalbaues für alle Zeiten verbunden.

Ein Kriegsschiff die Schleuse von Holtenau verlassend.

Ehe wir indes näher darauf eingehen, wollen wir uns zunächst mit den technischen Einrichtungen des Kanals befassen.

Der Kanal verfolgt auf der Strecke Holtenau, wo er bei Kiel in den Reichs-Kriegshafen endet resp. beginnt, bis Rendsburg die Linie des alten, schon erwähnten Eider-Kanals. Seine Gesamtlänge von Holtenau bis Brunsbüttel beträgt 98,6 km. Seine Breite in der Wasseroberfläche 64 bis 76 m, in der Tiefe von 6,5 m etwa 34 m und an der Sohle 22 m. Die durchschnittliche Tiefe beträgt 9 m. Mit Hilfe der Schleuseneinrichtungen kann das Wasser im Kanal bis zu 10 m aufgestaut werden. Scharfe Krümmungen sind möglichst vermieden. Die Schleusen, deren an jedem Ende des Kanals zwei vorhanden, sind Kammerschleusen. Sie haben folgende Abmessungen: Länge zwischen den Toren 150 m, Breite 25 m, Tiefe etwa 10 m. Bei Holtenau stehen die Schleusen in der Regel offen, während sie bei Brunsbüttel infolge der Ebbe und Flut alle 3—4 Stunden geöffnet werden.

Eine längs des ganzen Kanals aufgestellte elektrische Beleuchtung gestattet den Schiffen auch bei Nacht mit Sicherheit den Kanal zu passieren. Es sind alle Schiffe, um beim Durchfahren Beschädigungen an den Kanalböschungen zu vermeiden, an eine bestimmte Fahrgeschwindigkeit von 8 Sm pro Stunde gebunden. Die Durchfahrtsdauer beträgt etwa 8—10 Stunden.

Alle Schiffe, ob Kriegs- oder Handelsfahrzeuge, müssen sich beim Durchfahren eines Lootsen bedienen.

Die deutschen Kriegsschiffe passieren den Kaiser Wilhelm-Kanal so häufig, daß die Bemannung mit den Einrichtungen des Kanals genügend vertraut sind.

Der Kanal hat auf seiner Strecke mehrere beckenartige Verbreiterungen, um ein Ausweichen der sich passierenden Schiffe zu ermöglichen. Es sind sechs derartige Ausweichen vorhanden, indes bedarf es noch mehr derartiger Ausweichungen, wenn die Frequenz des Kanals so zunimmt wie bisher. Zwei mächtige Hochbrücken, bei Levensau und bei Grüntal, übespannen den Kanal zur Ueberführung der Eisenbahn und für Fuhrwerk. Bei Rendsburg, ungefähr in der Mitte der Länge des Kanals, befindet sich eine Drehbrücke.

Die große Leistungsfähigkeit des Kanals geht wohl daraus am besten hervor, daß z. B. an einem Tage 118 Schiffe mit 20 649 netto Reg. tons ihn schon passiert haben.

Auch in Bezug auf seine Passage für sehr große Schiffe hat er sich vollständig bewährt, indem die Linienschiffe unserer Kaiser- und Braunschweig-Klasse, Schiffe von je 121 m Länge und 22 m Breite bei einem Tiefgang von 7 m ihn wiederholt ohne jede Störung passiert haben.

Im Jahre 1900 haben allein 430 Kriegsschiffe verschiedener Nationen den Kanal benutzt. Während diese für die Durchfahrt keinerlei Gebühren entrichten, haben die Handelsschiffe dagegen für die Passage des unter Staatsverwaltung stehenden Kanals eine Abgabe pro Netto-Tonne zu entrichten. Die Einnahmen hieraus ergaben pro 1901: 2 074 640 Mk. (1899: 1 850 766 Mk.). Dem stehen allerdings Ausgaben von 2 498 728 Mk. (1899: 2 168 537 Mk) gegenüber, sodaß ein Fehlbetrag von 317 770 Mk. zu konstatieren ist. Dieser Fehlbetrag ließe sich aber vermeiden, wenn die Gebührenfreiheit der Kriegsschiffe eingeschränkt würde und vor allem, wenn der von der Kanalverwaltung gestellte Schlepperdienst im Interesse der kleinen Küstensegelfahrt eine Abänderung erführe.

Für die in Frage kommenden Häfen bietet der Kanal folgende Abkürzungen gegen den Seeweg um Skagen

von der Ostsee (östlich der dänischen Insel Moon)	via Kaiser Wilhelm-Kanal Seemeilen	via Skagen Seemeilen	kürzer via Kaiser Wilhelm-Kanal Seemeilen
Hamburg .	221,2	646	424,8
Bremerhaven	272,2	595	322,8
Emden	346,2	629	282,8
Amsterdam	450,2	687	236,8
Rotterdam	479,2	716	236,9
Antwerpen	540,2	777	236,8
Dünkirchen	561,2	800	237,8
London	591,2	830	238,8
Hull	536,2	717	180,8
Hartlepool	571,2	692	120,8
Newcastle	591,2	698	106,8
Leith	646,2	730	83,8

Diese wesentliche Zeitersparnis hat denn auch dazu beigetragen, daß der Verkehr der ausländischen Flagge im Kanal, die anfangs sich sehr reserviert dem neuen Seewege gegenüber verhielt, sehr zugenommen hat.

Die Entwickelung zeigt folgende Zahlen:

	Zahl der Schiffe	N.-Reg.-To.	Jährliche Zunahme in % der Tonnage
a. im Gesamtverkehr:*)			
1896	20 068	1 751 065	33,97
1897	21 904	2 345 849	28,27
1898	25 224	3 009 011	14,70
1899	26 524	3 451 273	24,37
1900	29 571	4 292 218	

*) Bemerkung: In diese Zahlen sind die passierten Schiffe der Deutschen Kriegsmarine und deren Deplacement nicht einbegriffen.

	Zahl der Schiffe	N.-Reg.-To.	°/₀ vom Gesamtverkehr	Jährliche Zunahme in °/₀ der Tonnage
b. im Durchgangsverkehr:*)				
1896	7 274	1 421 878	81,20	41,04
1897	9 888	2 005 425	85,49	31,96
1898	13 077	2 646 410	87,95	17,30
1899	15 429	3 104 156	89,94	23,67
1900	16 164	3 838 964	89,44	
c. im Lokalverkehr:				
1896	12 794	329 187	18,80	3,41
1897	12 016	340 424	14,51	6,51
1898	12 147	362 601	12,05	— 4,27
1899	11 095	347 117	10,06	30,59
1900	13 407	453 294	10,56	

Bei Betrachtung dieser schnellen Aufwärtsbewegung ist zunächst ersichtlich, daß der Lokalverkehr — der durch Abzug des Durchgangsverkehrs vom Gesamtverkehr ermittelt ist — sich in seinem ganzen Umfange sofort in einer nicht unbedeutenden Höhe gezeigt und, mit einigen geringen Schwankungen, sich wesentlich auf derselben Höhe gehalten hat — bis zum letzten Jahre (1900), in welchem auch für diesen Verkehr eine erhebliche Steigerung eingetreten ist. Hierdurch ist auch die Nachweisung gegeben, daß der Kanal für diesen Verkehr große Erleichterungen und damit Vorteile geschaffen hat.

Für Rendsburg wurden früher Schiffe mit mehr als 10 Fuß Tiefgang, die von der Ostsee kamen, sämtlich in Holtenau entlöscht und die Ladungen mit kleinen Schiffen nach Rendsburg weiter befördert. Diese Umladung hat ganz aufgehört, da alle von Osten kommenden Schiffe, deren Ladungen für Rendsburg bestimmt sind, ohne Aufenthalt nach dem Bestimmungsorte fahren. - Auch für den Verkehr von Westen nach Rendsburg, der auf dem Fahrwasser der Eider nicht ohne Schwierigkeiten möglich war, ist jetzt ebenfalls durch Benutzung des Kaiser-Wilhelm-Kanals die Entlöschung in Rendsburg selbst ausnahmelos möglich und deshalb auch erfolgt. - Ladungen, die, von Osten kommend, für Häfen an der Eider bestimmt sind, wurden früher allgemein in Holtenau entlöscht und durch kleinere Eider-Schiffe dem Bestimmungshafen zugeführt, — doch hat dies beinahe ganz aufgehört: teils wird direkt nach dem Löschplatze gefahren und teils die Umladung in Rendsburg beschafft. Unterstützt wird dieser Wandel im Verkehrsleben auch durch die Anlage von Holzbearbeitungs-Fabriken in Rendsburg, die häufig benutzt werden. Infolge der für solche Transporte niedrig bemessenen Kanal-Abgaben, die nicht die Höhe der für den früheren Schleswig-Holsteinischen Kanal normierten Gebühren erreichen, und der erleichterten und schnellen Verbindung Holtenau-Rendsburger Schleuse (selbst für Segler mit Bugsir-Hülfe) ist auch für diese Ladungen ein wesentlicher Fortschritt zu verzeichnen.

Auf der ganzen Strecke des neu geschaffenen Kaiser-Wilhelm-Kanals ist eine Anzahl von Lösch- und Ladeplätzen neu entstanden, die dem Lokalverkehr in sehr ersprießlichem Maße dienen und an einigen Orten, z. B. Hochdonn, einen recht lebhaften Verkehr — besonders mit Elbhäfen (Hamburg u. a.) — veranlaßt haben.

Für den — nach Abzug des Lokalverkehrs vom Gesamtverkehr verbleibenden — Durchgangsverkehr ergibt sich in dem fünfjährigen Zeitraum vom 1. Januar 1896 bis 31. Dezember 1900 hinsichtlich der Schiffszahlen mehr als eine Verdoppelung (222,22 °/₀) und hinsichtlich der Tonnenzahlen fast eine Verdreifachung (269,99 °/₀) desselben. — An diesem Verkehr beteiligten sich bereits — mehr oder

---

*) Bemerkung In diese Zahlen sind die passierten Schiffe der Deutschen Kriegsmarine und deren Daplacement nicht einbegriffen.

weniger — sehr viele fremde Flaggen (die englische, dänische, schwedische, norwegische, russische, holländische, belgische, österreichische, französische, spanische, portugiesische, türkische, italienische, griechische, amerikanische, siamesische, chinesiche u. s. w.). Hieraus ist ersichtlich, daß die praktisch erprobte Kenntnis der Kanal-Passage allgemein günstig wirkt und eine früher hier und dort im Auslande vorhanden gewesene — wohl künstlich erzeugte — Abneigung gegen die Benutzung des Kanals immer mehr beseitigt wird, sowie, daß Sonderinteressen wegen des früher allein möglichen und beliebten Verkehrs durch den Sund und die Belte immer mehr zurücktreten müssen.

Der Verkehr zwischen den Elbhäfen und der Ostsee ist naturgemäß bald nach Eröffnung des Kaiser-Wilhelm-Kanals demselben ganz zugefallen. Dies zeigen nachstehende Zahlen für die (vollen) fünf Jahre:

	Zahl der Schiffe	N.-Reg.-To.	%/o vom ganzen Durchgangs-verkehr	Jährliche Zunahme in %/o der Tonnage
1896	5 103	751 951	52,88	21,85
1897	6 788	916 221	45,69	18,47
1898	8 911	1 085 491	41,02	5,77
1899	10 436	1 148 095	36,98	7,69
1900	10 393	1 236 365	32,20	

Die Benutzung des Kaiser-Wilhelm-Kanals für den Verkehr zwischen den Weser-Häfen und den anderen deutschen Nordsee-Häfen einerseits und der Ostsee andererseits zeigt dagegen schon viele Lücken; sie ist nicht in demselben Umfange, wie bezüglich des Verkehrs zwischen den Elbhäfen und der Ostsee, erfolgt; jedoch war die prozentuale (relative) Steigerung bei diesem Verkehr eine noch höhere, als bei jenem. Die betreffenden Zahlen sind die nachstehenden:

Im Hafen von Sonderburg.

	Zahl der Schiffe	N.-Reg.-To.	% vom ganzen Durchgangs-verkehr	Jährliche Zunahme in % der Tonnage
1896	1 389	331 124	23,29	45,86
1897	1 796	482 989	24,08	41,45
1898	2 246	683 187	25,82	13,58
1899	2 712	775 947	25,00	23,13
1900	2 909	955 403	24,89	

Dagegen hat sich der Verkehr zwischen den nicht-deutschen Nordsee- und anderen, weiter entfernten, Häfen einerseits und der Ostsee andererseits dem Kanal sehr verstärkt zugewendet und bewegt sich anhaltend in aufsteigender Linie, wie nachstehende Zahlen zeigen:

	Zahl der Schiffe	N.-Reg.-To.	% vom ganzen Durchgangs-verkehr	Jährliche Zunahme in % der Tonnage
1896	782	338 803	23,83	78,93
1897	1 304	606 215	30,23	44,79
1898	1 920	877 731	33,16	34,45
1899	2 281	1 180 114	48,02	39,58
1900	2 862	1 647 196	42,91	

Nach den früheren Berechnungen des Verkehrs zwischen Nord- und Ostsee und speziell nach der bei denselben angenommenen jährlichen Steigerung dieses Verkehrs um 2,6 % sollten den Kaiser-Wilhelm-Kanal jährlich Schiffe mit einer Gesamt-Tonnenzahl von rund 11 000 000 Tonnen mit Vorteil aufsuchen können. Diese Zahl ist allerdings bis jetzt lange nicht erreicht; indessen wird namentlich seitens der englischen und der holländischen Flagge, die bisher für den Kaiser-Wilhelm-Kanal nur einen verhältnismäßig geringen Prozentsatz ihres Gesamtverkehrs zwischen Nord- und Ostsee lieferten, eine bedeutende Zunahme angenommen werden können, um so mehr, als den Reedern, die bisher ihre Schiffe den Kanal benutzen ließen, dies keine Nachteile, sondern nur Vorteile gebracht hat.

Ueberhaupt hat sich — worin gleichfalls ein Zeichen des dem Kanal immer mehr entgegengebrachten Vertrauens zu sehen ist — von Jahr zu Jahr die Durchschnitts-Größe der den Kanal passierenden Schiffe gesteigert.

Diese Durchschnitts-Größe hat für den Durchschnittsverkehr betragen:

		für Dampfer:	für Segler:
im Jahre	1896	338,69 N.-R.-T.	61,97 N.-R.-T.
	1897	372,81	59,67
	1898	359,24	61,51
	1899	355,95	65,25
	1900	397,83	68,45

hat also ihrerseits nach einigen Schwankungen sich nicht unwesentlich gehoben.

Alle diese Tatsachen beweisen die Vorzüglichkeit des neuen Wasserweges zwischen Nord- und Ostsee auf das klarste und geben Veranlassung zu der Annahme, daß der Verkehr durch den Kaiser-Wilhelm-Kanal auch weiter in starkem Maße eine Steigerung erfahren wird, da unzweifelhaft immer mehr Reeder und Schiffsführer den Vorzug dieses neuen Schiffahrtsweges nach und von der Ostsee kennen und schätzen lernen werden. Oefter den Kaiser-Wilhelm-Kanal befahrende Kapitäne haben, trotz der Abgaben, diesen Weg immer und immer wieder bevorzugt, selbst bei einem Abgange von Häfen der schottischen Ostküste nach Kiel und anderen nahen und entfernten Häfen der Ostsee, und dadurch den Reedereien einen Vorteil bereitet.

Einzelne Reedereien, sowohl des Inlandes als auch des Auslandes, haben bereits eine ganz erhebliche Frequenz ihrer Schiffe im Kaiser-Wilhelm-Kanal aufzuweisen, wobei sich Zahlen von 50 000 bis 175 000 Netto-Register-Tonnen für das Jahr 1900 ergeben haben.

Ein bedeutendes neues Verkehrsmittel hat sich seit der Eröffnung des Kaiser-Wilhelm-Kanals durch die Leichter-Seeschiffahrt, welche an den vorstehenden Ziffern stark beteiligt ist und vornehmlich von Hamburg und Bremen aus betrieben wird, gebildet. Ehe die Weserkorrektion durchgeführt war,

Im Hafen von Flensburg.

bestand ja bereits auf der Weser zwischen Bremen und Bremerhaven ein bedeutender Leichterverkehr und besteht zum Teil noch heut. (Betrieben von der Schleppschiffahrt Gesellschaft „Unterweser" und dem Norddeutschen Lloyd). Dadurch, daß das Fahrwasser wesentlich vertieft wurde, besonders auf der Elbe, ist es den großen Seeschiffen möglich gemacht worden, ohne Leichterung an die Stadt zu kommen. Man sah sich daher veranlaßt der bisher betriebenen Flußleichter-Fahrt einen größeren Wirkungskreis zu geben, indem man eine Reihe von Leichtern von einem Dampfer nach den benachbarten Seeplätzen schleppen läßt. Dieser Betrieb beschränkt sich heute aber schon nicht mehr auf Bremen, Hamburg und Lübeck, sondern entfernter liegende Seeplätze im Ostseegebiet wie Stettin, Danzig, Riga usw. werden aufgesucht; auch im Nordseegebiet erstreckt sich dieser Verkehr nach Emden und unter Benutzung des Dortmund-Ems-Kanals bis nach den Rheinhäfen.

Dieser Betrieb ist der eigentlichen Seeschiffahrt, die nach jenen Plätzen Fahrten unterhält, eine sehr energische Konkurrenz, da ein Schlepper immer drei oder vier solcher seetüchtig gebauten und viel Ladung fassenden Leichter transportieren, und am Platz angekommen, während die Leichter laden oder löschen, inzwischen anderweitig seine Maschinenkraft ausnutzen kann. Es kann so eine bessere Ausnutzung der Maschinenkraft erfolgen, als beim Dampfer, bei dem Transportgefäß und Motor unlöslich miteinander verbunden sind.

Von derartigen Fahrzeugen gab es 1902 in Deutschland im Ganzen 223 Seeleichter mit 32 320 Reg.-Tons Brutto. Davon kamen auf Bremen 121 Leichter mit 40 183 Reg.-Tons, d. h. mehr als die Hälfte der ganzen Leichterflotte. Neben Hamburg, das über 82 Leichter mit 28 276 Reg.-Tons verfügte, kamen überhaupt nur noch 10 Seeleichter auf das übrige Nordseegebiet. Nach Kiel gehörten ferner 5 Leichter, nach Dortmund 3, und 1 Leichter zur Provinz Hannover.

Der Norddeutsche Lloyd besitzt z. Zt. allein 81 Seeleichter mit 23 000 Reg.-Tons, mit denen diese Gesellschaft einen regelmäßigen Schleppdienst zwischen Bremen und Hamburg unterhält.

Die Hamburg-Amerika-Linie unterhält u. a. einen solchen Dienst mit der Rheinprovinz, wie bereits früher erwähnt.

Die Ausdehnung dieses Verkehrsmittels, wäre ohne den Kaiser-Wilhelm-Kanal nicht möglich geworden. Man kann diese Erscheinung unter Umständen zu den Nachteilen des Kanals für gewisse Ostseehäfen zählen, da dadurch wirtschaftlich die großen Seeplätze Hamburg und Bremen, den Plätzen im Ostseegebiet bedeutend näherrückten und diese mit ihren Handel zum Schaden der letzteren einbezogen.

Es liegt nahe zum Schluß, die Frequenz des Kaiser-Wilhelm-Kanals mit der Frequenz des Suez-Kanals in Parallele zu stellen. Dies ist aber nur unter Berücksichtigung der Eigenart des einen wie des anderen Kanals möglich. Zunächst ist der Kaiser-Wilhelm-Kanal ein nur deutscher Seekanal der vom Staat nach Bedürfnis für den Verkehr fremder Schiffe z. B. Kriegsschiffe völlig gesperrt werden kann, während der Suez-Kanal ein internationaler Kanal, dessen Passage für alle Nationen gewährleistet ist. Wenn der Suez-Kanal für den Weg nach dem Osten eine Umschiffung des Kap der guten Hoffnung unnötig macht und dadurch für den Osten (Indien, China usw.) eine Kürzung des Seeweges um 3300 Seemeilen und mehr ermöglicht, so trifft hinsichtlich der Fahrt um Skagen für den Kaiser-Wilhelm-Kanal ein Gleiches nur mit einer Wegekürzung um bezw. 100—400 Seemeilen (je nach dem Herkunfts- oder Bestimmungshafen) zu.

Besonders zu beachten ist jedoch bei diesem Vergleich, daß die allgemeinen Schiffahrts-Verhältnisse seit Eröffnung des Suez-Kanals (1869), gegenüber dem ersten vollen Betriebsjahr des Kaiser-Wilhelm-Kanals (1896), ganz bedeutend veränderte geworden sind.

Wenn der Durchgangs-Verkehr des Kaiser-Wilhelm-Kanals schon in dessen erstem vollen Betriebsjahr (1896) an Tonnen-Zahl die Frequenz des vierten (vollen) Betriebsjahres des Suez-Kanals (1873) fast erreichte und in seinem fünften (vollen) Betriebsjahre (1900) die Frequenz des Suez-Kanals in dessen elftem (vollen) Betriebsjahre (1880) weit übertraf, so ist, namentlich im Hinblick auf die Schwierigkeiten der Heranziehung des Verkehrs für den Kaiser-Wilhelm-Kanal gegenüber demjenigen des Suez-Kanals und bei der in der ersten Zeit nach Eröffnung des Kaiser-Wilhelm-Kanals normiert gewesenen, verhältnismäßig hohen Tarifierung für diese Passage, die jedoch schon am 1. September 1896 nur für die Handelsschiffahrt günstigere Regulierung erfuhr, ein sehr erfreuliches Resultat erreicht.

Bei den durch diesen Kanal gebotenen Vorteilen ist anzunehmen, daß die Frequenz ständig weiter wachsen wird und dieser trotz seiner ausgesprochenen strategischen Bedeutung „dem friedlichen Verkehr untereinander dienen und beitragen möge zur Hebung der Wohlfahrt der Völker", wie Kaiser Wilhelm II. in seiner Eröffnungsrede bei der Einweihung des Kanals, am 21. Juni 1895, sagte.

Lübeck und der Elbe-Trave-Kanal.

Wie schon in dem vorhergehenden Kapitel erwähnt, wurde durch den neu geschaffenen Kaiser Wilhelm-Kanal der Handelsverkehr der beiden großen Handelsstädte Hamburg und Bremen, dem Ostseegebiet bedeutend näher gerückt. Wollten daher die deutschen Ostseehäfen nicht in eine völlige Ab-

Partie an der Trave in Lübeck.

hängigkeit vom Handel der beiden Nordseeplätze geraten, und wollten sie ferner die drohende Gefahr vermeiden, im Handelsverkehr umgangen zu werden, so mußten auch sie darauf sinnen, ihre Hafeneinrichtungen zu verbessern und direkte Verbindungen mit dem Hinterlande zu suchen.

Lübeck hatte bereits als erste vor Hamburg und Bremen den Zollanschluß unter den Hansastädten vollzogen, ohne daß damit aber eine wesentliche Steigerung seines Handels erzielt worden war. Einst das Haupt der Hansa, streitvoll und mächtig in der Wahrung seiner Seeinteressen, war diese Hansastadt in ihrer Bedeutung gesunken und folgte erst in einem weiten Abstande hinter Hamburg und Bremen

Hervorgegangen aus einer obotrischen Ansiedelung, gab ihr später Heinrich der Löwe viele Vorrechte. Die Stadt mit ihren heute 69 800 Einwohnern ist über 750 Jahre alt; schöne alte Baudenkmäler sprechen von ihrer ruhmreichen Vergangenheit noch heute zu uns. Ein herrlicher Bau ist das Rathaus mit dem Hansasaal. Von der Straße führt eine im Renaissance-Stil gehaltene Steintreppe in die Kriegsstube, welche mit Schnitzwerk und ausgelegter Arbeit reich geschmückt ist und jetzt friedlichen Sitzungen der lübeschen Behörden dient. Gewölbte Gänge, geschmückt mit den Gemälden aller berühmten

Eine Bank im Schifferhause zu Lübeck.

lübeschen Bürgermeister, die sowohl kluge Staatslenker wie tapfere Kriegs- und Seehelden waren, führen zu dem neuen Bürgerschaftssaal und in den Audienzsaal des Senats.

Nicht weit davon liegt die prachtvolle Marienkirche. deren 124 m hohen Doppeltürme schon von weitem grüßen. Auch dürfen wir das über 500 Jahre alte Schifferhaus nicht vergessen, wie ferner das Holstentor, welches man gleich beim Eintritt in die Stadt erblickt.

Man entdeckt in den nach dem Travefluß hin abfallenden alten Straßen noch manch altes hochgegiebeltes Kaufmanns- und Patrizierhaus mit gotischem oder Barock-Portal.

Die Stadt liegt hügelig und mit ihrem westlichen Teil an der Trave und dem östlichen an der Wakenitz. Beides Flüsse. die sehr unbedeutend und nicht in ein leistungsfähiges Hinterland führen.

Die Trave ist das eigentliche Schiffahrtswasser für den lübeckschen Handel und mündet unterhalb Lübecks bei Travemünde in die Lübecksche Bucht, welche einst die Blüte des lübeschen Seehandels sah, als stark bewehrte lübeckische Schiffe auf's Meer hinauszogen, um nordische Könige ein- oder abzusetzen, wie es im Interesse der damals mächtigen Hansa lag. Aber auch hier kann man wie im Märchen sagen: „Es war einmal ...   Man glaubte schon das alte Lübeck wie ein Dornröschen in einem langen Schlummer liegen, als es durch das Pochen einer neuen Zeit aus seinem Traumleben erwachen sollte.

Durch eine Reihe von Maßregeln, wie Korrektion der Trave, Hafenbauten und Schaffung einer besseren Verbindung mit dem Hinterlande durch den Elbe-Trave-Kanal will Lübeck wieder eine Rolle im Wirtschaftsleben unserer Hansastädte spielen, wenn diese auch nicht mehr im transozeanischen Verkehr, so doch im Handel mit den nordischen Reichen an der Ostsee liegen wird.

Im Juli 1893 wurde der Staatsvertrag über den Bau des für Lübeck so wichtigen Elbe-Trave-Kanals abgeschlossen, dessen Baukosten sich auf 25 Mill. Mark beliefen, wovon 16$^1/_2$ Mill. Mark auf Lübeck und 7$^1/_2$ Mill. Mark auf Preußen entfielen. Der Kanal ist eine Verbesserung und zum Teil völliger neuer Ausbau des bereits 1391—1398 im Interesse des Hamburg-Lübeckschen Handels erbauten Stecknitz-Kanals. Er verbindet auf seiner 67 km langen Wasserstraße die Trave bei Lübeck mit der Elbe bei Lauenburg.

Die Mindesttiefe beträgt 2 m, die Sohlenbreite 22 m. Eine Vergrößerung auf 2$^1/_2$ bezw. 27$^1/_2$ m ist vorgesehen. Der Kanal besitzt sieben Schleusen von je 100 m Länge, 12 m Torweite, 2$^1/_2$ m Drempeltiefe.

Inneres des Lübecker Schifferhauses.

Die Kammern haben Nutzlängen von 80 m bei 12 m Breite und 58,9 m Nutzlänge bei 17 m Breite. Es können Kähne bis zu 800 tons Tragfähigkeit den Kanal benutzen. Nach fünfjähriger Bauzeit, am 16. Juni 1900, konnte der Kanal in Gegenwart des Kaisers eröffnet werden.

Durch die Inbetriebsetzung des Elbe-Trave-Kanals wurde eine zeitgemäß gebaute Wasserverbindung mit dem gesamten reichsdeutschen und dem böhmischen Elbgebiete und für den Fall des Zustandekommens des Mittelland-Kanals auch mit dem westlichen Deutschland hergestellt, sodaß das Hinterland von Lübeck hierdurch geographisch und wirtschaftlich eine überaus wichtige Erweiterung erfahren hat.

Die vorliegenden Ergebnisse dieses Kanal- und Elbschiffahrts-Verkehrs übertreffen zwar nicht die Erwartungen, die begründeterweise gehegt werden durften, aber sie scheinen dafür zu sprechen, daß die Hoffnungen, die bezüglich der Erweiterung des lübeckischen Seeschiffahrts-Verkehrs und der Hebung der Verkehrsstellung dieses Platzes an die Eröffnung des Elbe-Trave-Kanals geknüpft worden sind, sich mit der Zeit erfüllen werden.

Der durch den Elbe-Trave-Kanal nach Lübeck im Jahre 1903 zugeführten und die von dort nach den Elbhäfen verladenen Gütermengen umfassen zusammen mit dem noch geringen Lokalverkehr rund 305 500 tons. Der hierfür benutzte Schiffsraum betrug 651 000 tons. Das Verhältnis der effektiven Ladung zum Raume würde sich im Jahre 1904 günstiger gestaltet haben, wenn nicht die durch den niedrigen Wasserstand der Elbe herbeigeführten schwierigen Schiffahrtsverhältnisse zu einer Ausnutzung von nur einem Drittel bis zur Hälfte der Ladefähigkeit der Elbschiffe genötigt haben würden. Naturgemäß machte sich dieses Mißverhältnis besonders fühlbar auf denjenigen Routen, auf denen sich bereits ein regelmäßiger lebhafter Verkehr entwickelt hat, nämlich auf den Routen Lübeck—Hamburg, Lübeck-Magdeburg und Lübeck—Berlin. Auch die Anfänge der Schiffahrt nach und von den oberelbischen Häfen schädigte der niedrige Wasserstand so erheblich, daß ohne diese seine Einwirkung zweifellos ein wesentlich günstigeres Gesamtergebnis erreicht worden wäre.

Der Schwerpunkt dieses Binnenschiffahrtsverkehrs liegt sichtlich im Güteraustausche mit Hamburg und Magdeburg der im Jahre 1903 84 510 t bezw. 56 871 t oder 46 % des ganzen Güterverkehrsumsatzes auf sich vereinigte. Die Häfen, die nächst Hamburg und Magdeburg den größten Verkehr mit Lübeck unterhielten, waren

Lauenburg	4 959 t
Wittenberge	4 981
Tangermünde	5 922 „
Schönebeck	37 948 „
Aken	11 920
Wallwitzhafen	3 179 „
Bernburg	9 030 „
Halle a. S.	2 482 „
Berlin	7 210 „
Riesa	8 105 „
Dresden	10 423 „
Außig	7 556 „
zus.	113 715 t

Die Navigationsschule in Lübeck.

Abgesehen von den vorstehend aufgeführten Elbhäfen haben alle anderen Häfen des Elbgebiets nur einen kleinen Anteil an dem Gesamtverkehr gewonnen, beispielsweise Coswig 1 843 t, Torgau 1 975 t, Rathenow 1 260 t. Laube-Tetschen 1 417 t u. s. w.

Die Ausfuhr kanalwärts nach Hamburg beträgt fast die Hälfte der Einfuhr, da es bisher nur in unzureichendem Maße gelungen ist, die in den Bezügen Hamburgs von Lübeck auftretenden Mengenartikel Hölzer, Papier und Pappen von dem direkten Seewege und dem Bahnwege abzulenken und sie der Wasserstraße zuzuführen. Wir sehen zwar, daß Bretter, Bau- und Nutzhölzer, Bohlen und Planken, sowie andere Arten Holz, Holzdraht und Holzstoff in Mengen von 2 500 t, ferner Zucker 8 900 t, kanalwärts verladen worden sind. Auch einige andere Ostseegüter sind in nennenswerten Quantitäten nach Hamburg verschifft worden.

Holstentor zu Lübeck (Stadt-Seite).

Indessen diese Verladungen entsprechen immerhin nicht dem Angebote des entleerten Schiffsraumes, der für den Transport überhaupt zur Verfügung stand. Dem zunehmenden Kanalverkehr hat die Handelskammer mit der Bereitstellung eines geeigneten Lösch- und Ladeplatzes am Wakenitzkanalhafen Rechnung getragen, der mit einem Schuppen besetzt ist und der außerdem mit den erforderlichen Lösch- und Ladeeinrichtungen ausgerüstet worden ist.

Gleichzeitig wurde mit dem Bau des Elbe-Trave-Kanals eine Vertiefung der Trave von Lübeck bis zur Mündung in Angriff genommen, und zwar auf mindestens 7,5 m Wassertiefe von Lübeck bis Travemünde und auf 8 m bezw. 8,5 m von Travemünde bis See. Auch diese Stromregulierung, welche bereits ausgeführt ist, erforderte wieder einen Kostenaufwand von $4^1/_2$ Millionen Mark, die sich auf 4 bis 5 Jahre verteilten.

Alle diese Aufwendungen sollen dazu dienen, Lübeck's Handel und Schiffahrt wieder zu neuer Blüte zu bringen, damit auch diese Hansastadt, eingedenk ihrer ruhmreichen Vergangenheit, unter den deutschen Hafenplätzen ihren Rang behaupten kann.

Der lübeckische Seehandel erstreckt sich hauptsächlich auf Rußland, Finnland, Schweden, Dänemark, England, Holland und die deutschen Hafenplätze und Rheinhäfen. Nach diesen Ländern werden regelmäßige, teilweise tägliche Dampfschiffsverbindungen unterhalten. Auch von Norwegen, Belgien und den Vereinigten Staaten von Amerika treffen Schiffe ein.

Der Raumgehalt des in Lübeck beheimateten Schiffsbestandes hat sich durch Neubauten von Dampfern wesentlich erhöht. Während die Tonnage der Lübeckischen Seeschiffe betrug:

1901   Dampfer mit 17 176 Br.-Reg.-To.
1902   34 005
stieg sie 1903 auf   59 397

Ende 1904 gehörten der Lübeckischen Reederei 50 Dampfschiffe und 2 Segelschiffe an, mit einem Raumgehalt von 62 278 Br.-Reg.-To.

16*

Es kamen in Lübeck im Jahre 1903 2712 Schiffe mit 561 248 Reg.-Tons und gingen 2727 Schiffe mit 572 759 Reg.-Tons wieder ab gegen 1902, wo 2557 Schiffe mit 540 008 Reg.-Tons ankamen und 2551 Schiffe mit 539 879 Reg.-Tons den Hafen wieder verließen. Die Gesamteinfuhr zur See betrug 1903 536 964 Tons im Werte von 83 Millionen Mark und die Ausfuhr 328 412 Tons im Werte von 173 Millionen Mark gegen 1902 wo die Einfuhr 535 884 Tons im Werte von 88,6 Millionen Mark betrug und die Ausfuhr 317 367 Tons im Werte von 159 Millionen Mark.

Auf dem Elbe-Trave-Kanal verkehrten vom 1. April 1903 bis 31. März 1904 949 leere Schiffe mit 213 314,28 Tonnen Raumgehalt und 2524 beladene Schiffe mit 563 796,28 Tonnen Tragfähigkeit und 384 311,28 Tonnen Ladung zusammen 3473 Frachtschiffe mit 777 110,56 Tonnen Tragfähigkeit.

Einen Haupt-Einfuhrartikel bildet in Lübeck das Holz; man kann am linken Ufer der Trave Holzschuppen und Sägewerke in langer Reihe mit den hoch aufgestapelten nordischen Holzarten verfolgen.

Alte Lagerhäuser in Lübeck.

Lübeck ist hierin wohl der größte Importplatz Deutschlands. Im Jahre 1903 kamen 2 345 000 mtr-Ctr. Holz zur Einfuhr. Auch bilden der Wein, Getreide, Eier, Fische, Felle, Eisen, Holzwaren und Holzstoff, Käse, Oelsaaten, Papier, Steinkohlen und Teer wichtige Importmittel.

Der Schiffbau ist in Lübeck durch die Schiffswerft von Henry Koch vertreten, welche den Bau von großen eisernen Schiffen betreibt und im Durchschnitt 900 bis 1000 Arbeiter beschäftigt. Auch besitzt diese Werft zwei Schwimmdocks, die Schiffen Aufnahme für Reparaturen ermöglicht und einen Schwimmkrahn von 40 Tons Hebekraft.

Emden und der Dortmund-Ems-Kanal.

Durch die Schaffung einer anderen höchst wichtigen künstlichen Wasserstraße, durch den Dortmund-Ems-Kanal, war man bemüht, der alten Hafenstadt Emden im Nordseegebiet an der Mündung der Ems, deren schiffbares Gebiet 301 km beträgt, ein industriereiches Hinterland zu erschliessen und damit diese alte Hafenstadt wieder zu jener Blüte zu führen, die sie bereits unter dem Kurfürsten Friedrich Wilhelm und Friedrich dem Grossen besaß.

Die Stadt, welche heute 16 000 Einwohner zählt, ist nicht minder malerisch, wie die bereits von uns geschilderten Hansastädte, und erinnern uns ihre Kanäle „Der Delft“, die alten eigentümlichen Giebel-

Der Außenhafen von Emden

bauten, das prächtige Rathaus, im letzten Drittel des XVI. Jahrhunderts dem Antwerpener Stadthause im Renaissancestil nachgebaut, daran, daß wir uns nahe der holländischen Grenze befinden, der Heimat der Wasserbaukunst, wie Emdens öffentliche Bauten stark durch das benachbarte Holland beeinflußt worden sind.

Emden galt, als seine natürlichen Wasserverhältnisse andere waren wie heute, als die Fluten der Ems bis zur Stadt noch drangen, als einer der besten Häfen Europas, in welcher Meeresbucht, wozu sich die Mündung der Ems erweitert, die Schiffe vor den Stürmen der Nordsee gesichert waren.

Zur Zeit der Königin Elisabeth von England lief aus dem Hafen von Emden eine Handelsflotte von 600 Schiffen aus.

Der Kaiser Max verlieh der Stadt 1494 große Privilegien, insbesondere Stapel- und Zollrechte. Beim Abfall der Niederlande von Spanien versuchte der Herzog Alba sich dieser wichtigen Hafenstadt zu bemächtigen, die aber ihre Selbstständigkeit tapfer zu verteidigen wußte.

Emdener Schiffe fuhren unter eigener Flagge auf Grund von Seepässen des Emdener Magistrats und, soweit es nötig, unter dem Schutz eigener, bewaffneter Geleitschiffe.

Torpedobootsflotille im Emdener Binnenhafen.

Die Hohenzollern treten erst mit Emden unter dem Großen Kurfürsten in Beziehung, indem der Kurfürst die Streitigkeiten zwischen den Ostfriesischen Ständen und ihren Landesherren benutzt, um sich auf Grund eines Kaiserlichen Konservatoriums in Emden fortzusetzen*).

Er verlegte nach Emden, im vertraglichen Einverständnis mit der Stadt, das Kurbrandenburgische Admiralitäts-Kollegium, die brandenburgische Flotte und den Sitz der afrikanischen Kompagnie. Unter Friedrich dem Großen wurde 1744 mit Ostfriesland Emden der preußischen Krone einverleibt und der Hafen von ihm zum Freihafen erklärt.

Ebenso brachte dieser große König, wie sein Ahne, der große Kurfürst, dem Ausbau der Wasserstrassen das wichtige Verständnis entgegen, indem er der Stadt die Zusage machte, die Ems bis West-

Raßdelft und Altstadt.

*) Nauticus „Der Hafen von Emden".

falen schiffbar zu machen, bezw. zu gelegener Zeit den bei Münster angefangenen Max Clemens-Kanal bis zur Ems fortzuführen, wie dies auch schon der Große Kurfürst projektiert. Ferner stattete er die Kaufmannschaft von Emden mit wichtigen Handels-Privilegien aus.

Aber die politischen Verhältnisse liessen eine Durchführung dieser weitschauenden Projekte nicht zur völligen Ausführung kommen.

Im Laufe der Jahrhunderte war auch die schöne Emdener Hafenbucht infolge des Durchbruches der Ems nach Nordwesten hin verschlammt und das Fahrwasser 5 bis 6 km von der Stadt zurückgewichen. Die Anstrengungen der Bürgerschaft, durch ein mächtiges Seebauwerk, das Emdener Höft, den Strom in den alten Lauf zu zwängen, wurde durch innere Zwiste gelähmt; das Höft zerfiel wieder. Einen kurzen Aufschwung von Handel und Schiffahrt erlebte Emden noch nach dem Baseler Frieden

Das Schiffshebewerk im Dortmund-Ems-Kanal bei Henrichenburg.

(1795), um dann durch die Ereignisse im Anfange des 19. Jahrhunderts, die Napoleonischen Kriege, die Fortnahme von 278 Emdener Schiffen mit wertvoller Ladung in fremden Häfen, die Kontinentalsperre, die holländische und französische Fremdherrschaft alles zu verlieren und zu einer kleinen Landstadt herabgedrückt zu werden. Preußen, welches 1813 bis 1815 Ostfriesland wieder in Besitz genommen hatte, mußte dieses Land an das vereinigte Königreich von Großbritannien und Hannover abtreten. Das war für Emden verhängnisvoll.

Zwar schuf die Stadt im Jahre 1846 mit großen Opfern ein neues Fahrwasser nach der Ems, und die hannoversche Regierung erbaute im Jahre 1853 die Bahn nach Rheine-Osnabrück; aber der Hafen war und blieb ein krankes Kind.

Erst nach der Wiedervereinigung mit Preußen erhebt Emden sich langsam. Die preußische Regierung hat den Emdener Hafen in Verbindung mit der Anlage des Ems-Jade-Kanals in ihre Unterhaltung genommen und eine neue Seeschleuse von 6,5 m Tiefgang, 15 m nutzbarer Breite und 120 m

Länge erbaut, wodurch der Wasserspiegel beständig auf Hochwasser gehalten wird. Seitdem hat der Schiffsverkehr zugenommen. Aber Ostfriesland ist eingekeilt zwischen dem Königreich der Niederlande und dem Großherzogtum Oldenburg. Das Emsland kann dem Hafen von Emden, der zudem in Leer und Papenburg Wettbewerber hat, keinen Verkehr zuführen. Westfalen konnte ihn nicht benutzen, weil die preußische Staatsbahn den Wettbewerb mit der billigen Wasserstraße des Rheins, den Frachtermäßigungen und Refaktien der holländischen und belgischen Eisenbahnen nicht aufzunehmen vermag; es fehlte die vom Großen Kurfürsten und Friedrich dem Großen ins Auge gefaßte schiffbare Wasserstraße, die endlich unter Wilhelm I. durch das Kanalgesetz vom 9. Juni 1886 gesichert wurde.

Gleichzeitig wurde der Ems-Strom durch Korrektionswerke und Baggerungen auf der Strecke zwischen Delfzyl und Emden soweit verbessert, daß überall ein etwa 200 m breites Fahrwasser von 7,7 m Tiefe hergestellt ist, welches durch Ausbaggerungen bis zum Oktober 1899 auf 8,8 m gebracht wurde. Das 1440 m lange Außenfahrwasser vor der Emdener Seeschleuse wurde zu einem jederzeit und für die größten Schiffe zugänglichen Außenhafen umgebaut, der auch im Winter, wenn der Binnenhafen ausnahmsweise zugefroren sein könnte, für die Schiffahrt offen bleibt. Zur Erleichterung der Einfahrt von der Ems aus wurde eine rund 200 m lange Mole erbaut in gleicher Bauweise und Form, wie sie sich in der Einfahrt in den Kaiser-Wilhelm-Kanal bei Brunsbüttel bewährt hat.

Durch ihren Außenhafen und seine unbegrenzte Ausdehnungsfähigkeit am tiefen Emsstrom ist die Stadt Emden mit ihren Hafenwerken wieder, wie in alter Zeit, bis an die offene Ems herangerückt, wodurch sie eine Ausdehnungsmöglichkeit sowie eine Gelegenheit zur Abgabe von Gelände für Handels- und gewerbliche Zwecke erlangt hat, die voraussichtlich, wie bei anderen Seehäfen, auch eine lebhaftere industrielle Entwicklung und das Zuströmen auswärtigen Kapitals und auswärtiger gewerblicher und kaufmännischer Kräfte veranlassen wird. Wenn anschließend an die Molen der Hafendämme zu beiden Seiten des Außenhafens das Vorland einerseits bis Borssum, andererseits bis zur Hoek von Logum, das bereits annähernd für landwirtschaftliche Zwecke reif ist, eingedeicht wird, so werden Landflächen (etwa 800 ha) gewonnen sein, die auch für Hafenanlagen größten Stils ausgebaut werden können, und kann daraus ein Freihafengebiet gemacht werden, so einfach kontrollierbar und bequem, wie kaum an einer anderen Stelle.

Die Entfernung des Hafens von Emden von der Nordsee, gerechnet von der Ansegelungtonne vor den Ems-Mündungen, beträgt 35 Seemeilen.

Der Außenhafen Emdens wird durch zwei je 100 m breite Hafendämme eingefaßt. Die obere Breite zwischen den Hafendämmen ist 120 m, die Sohlenbreite, die früher nur 18 m betrug, ist an der schmalsten Stelle 30 m. Sie erweitert sich zu einem Bassin von 68 bis 104 m nutzbarer Breite, nämlich: von der Westmole an einwärts beträgt die Tiefe in einer Ausdehnung von 720 m 8 m unter Hochwasser, die Sohlenbreite schlauchartig 60 m, 30 m, 60 m, die folgenden 600 m für die Anlegeplätze der größten Schiffe 10 m, die Sohlenbreite zwischen 48 und 66 m, die letzten 120 m 9 m. Hier erreicht der Außenhafen bis zu den beiden Schleusen seine größte Breite von 104 m nutzbarer Breite.

Von den beiden Schleusen ist die neue Nesserlander Schleuse 1882 erbaut (Baukosten 1 100 000 Mark). Sie ist eine Kammerschleuse von rund 120 m nutzbarer Kammerlänge, 6,5 m Wassertiefe über den Drempeln und unter Nesserlander Fluth-Null = 1,38 m über Normal-Null, und 15 m Lichtweite zwischen dem Mauerwerk der Häupter.

Die Einfahrt zur Schleuse von außen wird durch Duc d'Alben begrenzt. Im Binnenfahrwasser ist vor der Schleuse ein Liegeplatz von 12 000 qm Flächeninhalt mit einer Lösch- und Ladebühne und Seegüterschuppen erbaut.

Die andere Schleuse ist die alte Nesserlander Schutz- und Entwässerungsschleuse aus 1846 bis 1848, die nebst Binnenfahrwasser und Deichen 524 100 Taler gekostet hat, wozu beigetragen haben:

die Stadt Emden 275 890 Taler,

der hannoversche Staat 163 065

„ „ Domänenfiskus 85 145 „

und dient, da die Entwässerung des Hinterlandes nicht mehr durch den Emdener Hafen abgeführt wird, seit Einrichtung des Hochwasserhafens nur noch als Durchlauf für die kleinere Schiffahrt bei reduziertem Hochwasser und bis drei Fuß darüber.

Die inneren Häfen, die bis tief in die Stadt eindringen, sind durch die in 1880 bis 1885 gebaute Seeschleuse am Ende des Binnenfahrwassers, welches 2400 m lang ist, aus einem Tidehafen in ein Hochwasserbassin verwandelt. Das Binnenfahrwasser, welches ursprünglich nur eine Wasserfläche von 48 m oberer Breite hatte, ist nahe der Seeschleuse auf der Königspolder Seite in einer Ausdehnung von 1040 m auf 100 bis 160 m Breite gebracht und dadurch zu einem großen Hafen-Bassin erweitert worden, in welches etwa 500 m von der Seeschleuse der Seitenkanal von Oldersum nach Emden, das letzte Stück des Dortmund—Emshafener-Kanals, mündet. Die nutzbare Wassertiefe ist hier von 5 m auf 7 m vergrößert worden.

Schiffshebewerk bei Henrichenburg.
Blick durch die Schleusenkammer bei gehobenem Trog.

Hier können zu gleicher Zeit 15 große Seedampfer mit den Kanalschiffen in unmittelbare Verbindung gebracht werden. Nach dem Bahnhofe zu schließt sich ein Bollwerk von 440 m Länge mit Schienenanschluß an, welches als Zungenquai ausgebildet ist. Auf demselben befindet sich ein Güterschuppen von 1800 qm Grundfläche in Eisenfachwerk hergestellt, an dessen Außenseite zwei elektrische Krähne für Seeschiffe mit Krahngleisen zum Löschen und Laden in und aus den Schuppen in Betrieb sind, während auf der Binnenseite für Kanalschiffe ein elektrischer Krahn und Eisenbahngleise zur Ueberladung aus dem Kanalschiffe in die Eisenbahnwagen, oder auch zur Weiterbeförderung von Gütern aus dem Seeschiffe auf die Eisenbahn und umgekehrt zur Verfügung steht. Außerdem sind zwei schwimmende Dampfkrähne überall anwendbar.

Das gegenüberliegende städtische Ufer des Binnenfahrwassers (auf der Kaiser Wilhelms-Polder-Seite) ist ebenfalls ganz für Hafenanlagen in Anspruch genommen. Diese bestehen aus drei Hafenbecken mit den nötigen Zufuhrwegen und Eisenbahngleisen. Die Becken sind unter einem Winkel von 30 Grad, auf dem Wasserspiegel 60 m breit, ins Land eingeschnitten. Die Länge der Becken, 340 m, ist bestimmt durch die erst kürzlich angelegte neue Straße nach Nesserland, von welcher die Zufuhrwege derart abgezweigt werden sollen, daß zwischen ihnen und den mit Kajungen zu versehenden Becken-Ufern Werftflächen von je 69 m Breite übrig bleiben. Auch diese Seite des Binnenfahrwassers kann zum Anlegen der Schiffe dienen, nachdem es mit senkrechten Uferwerken ausgestattet worden sein wird. Der Eisen-

Schiffshebewerk bei Henrichenburg.
Fahrt des Schiffes im Trog aus der oberen in die untere Kanalhaltung.

bahnanschluß der beschriebenen drei Becken wurde im Sommer 1899 von der ostfriesischen Küstenbahn aus hergestellt, welche den Kaiser Wilhelms-Polder im Bogen von Süden nach Norden durchschneidet und die Möglichkeit zu Eisenbahnanschlüssen, zur Anlegung eines geräumigen Hafenbahnhofs und zur Ausdehnung der Schienenverbindung auf dem nördlichen Hafendamm des Außenfahrwassers bis zur Mole am Ems - Strom gewährt.

Am dritten Hafenbecken der Stadt ist die elektrische Centralstation der Hafenbauverwaltung erbaut, von [welcher aus Licht und Kraft zur Beleuchtung des Außenhafens, des Binnenhafens und der Kanaleinfahrt, sowie die Kraft für die elektrischen Krähne, den Kohlenkipper und sonstigen Hebewerke abgegeben wird.

Nach der Stadt zu folgt auf der Königspolder Seite der fiskalische Bauhofshafen mit den Regierungsfahrzeugen und der fiskalische Bauhof selbst mit den Lagerräumen und Werkstätten für die Betonnung der Ems und den ganzen Seebau, auf der städtischen Seite das Etablissement der Fischerei - Aktiengesellschaft Neptun, welche eine Flotte von

23 Kuttern auf den Heringsfang in die Nordsee entsendet.

Zwei Kilometer von der Schleuse entfernt ist eine Drehbrücke mit einer Durchlaßweite von 15 m über das Binnenfahrwasser gelegt für die ostfriesische Küstenbahn und die Hafenbahn. Südöstlich derselben dehnt sich das Etablissement der seit 1872 bestehenden Emdener Heringsfischerei - Aktiengesellschaft aus, welche 33 Heringslogger besitzt. Sie liegt in unmittelbarer Nähe des Bahnhofsdocks, welches im Winter ihre stattliche Flotte aufnimmt.

Das Bahnhofsdock ist zum Teil mit steinernen Kais und zum Teil mit Holzkais eingefaßt, welche ein direktes Anlegen der

Schiffshebewerk bei Henrichenburg.
Einfahrt eines Schiffes von der oberen Kanalhaltung in den Trog.

Schiffe an den Lösch- und Ladeplätzen ermöglichen. An der Nordseite des Bassins befinden sich Eisenbahngleise, welche eine direkte Verladung der Güter in die Eisenbahnwaggons gestatten, und das stattliche Gebäude der ehemalig steuerfreien, seit 1873 öffentlich gewordenen Niederlage des Hauptzollamts Emden. Diese steht am Ostende an einer Kaimauer von 500 Fuß Länge, welche das südliche Drittel des Bassins des Bahnhofsdock an der Bahnhofsseite begrenzt. Es enthält im unteren Geschosse einen Lagerraum von 20 000 Quadratfuß, in jedem der oberen Geschosse einen solchen von etwa 24 000 Quadratfuß. Die Gesammtfläche des Lagerraums enthält mit dem Dachgeschosse und dem Keller etwa 130 000 Quadratfuß, hydraulische Krahne und Aufzüge. Vor dem Bahnhofsdock und der Eisenbahn-Kaimauer erweitert sich das Emdener Binnenfahrwasser zwischen letzterer und dem Bohl-werke auf der rechten Seite zu einem Bassin von 116 bis 172 m Breite. Von diesem zweigen, in die Stadt hineinragend, die Hafenbecken Rathhausdelf und Falderndelf ab. Auch auf der rechten Seite des Binnenfahrwassers gegenüber der Eisenbahn-Kaimauer vermitteln Schienengleise und ein Dampfkrahn das Löschen und Laden vom Schiffe auf die Eisenbahn und umgekehrt, auch sind hier fiskalische und städtische Lagerplätze vorhanden und ist Gelegenheit gegeben, auf dieser Seite unabhängig vom Seever-kehr Eisenbahnwagen zu beladen. Während für den großen Umschlagsverkehr bis zum Zungenkai die Tiefe des Hafens auf 7,5 m gebracht ist, die drei städtischen Hafenbecken vorläufig 6 m tief sind, vermindert sich die Tiefe bis zur Gabelung der beiden Delfte auf 5,3 m.

Der Ems-Strom.
(Die Ems oberhalb Emdens.)

Die ganze Länge des Ems-Stromes beträgt etwa 180 Seemeilen, davon sind 64 Seemeilen von See bis Papenburg für Seeschiffe befahrbar. Die Ems hat als westlicher deutscher Strom in Bezug auf den Verkehr mit England und durch den englischen Kanal mit anderen Ländern eine vorzügliche geographische Lage. Dies ist in unserer verkehrsreichen Zeit ein nicht zu unterschätzender Vorzug. Umfangreiche zur Zeit in der Ausführung begriffene Baggerungen ermöglichen den tiefgehendsten Schiffen das Erreichen des Emdener Hafens.

Von den an der Ems liegenden Städten und Ortschaften sind zu nennen: Oldersum, 10 km von Emden, Station der Eisenbahn, mit der Mündung des Seitenkanals, durch welchen die Kanalschiffe, die von Westfalen nach Emden bestimmt sind, den bei stürmischer Witterung gefährlichen Weg durch den Dollart vermeiden können und binnendeichs durch die Oldersumer und Borssumer Seeschleusen und den Königspolder in den Emdener Hafen einlaufen.

Leer an der Leda, 2 Seemeilen von ihrer Mündung in die Ems noch für Schiffe von 5 m Tief-gang erreichbar, 25 km von Emden entfernt, Verbindung nach dem oldenburgischen Hunte-Ems-Kanal durch die Leda und Jümme.

Weener, 4 Seemeilen oberhalb der Leda-Mündung, wohin bei Hochwasser Schiffe von 4 bis 5 m Tiefgang gelangen können.

Papenburg, mit der Ems durch einen Kanal verbunden, welcher bei der Papenburger Schleuse, Halte gegenüber, mündet. Die Ems ist bei Halte nur noch 93 m breit, doch können Schiffe von 3 bis 4 m Tiefgang bei günstigem Wasser und Hochwasser noch bis zur Papenburger Schleuse gelangen. Papenburg liegt 40 km von Emden entfernt.

Von Meppen an beginnt der eigentliche Dortmund-Ems-Kanal, während von Meppen bis Herbrunn (Schleuse 20 km oberhalb Papenburg) die Ems unter Abkürzung ihrer erheblichen Krümmungen kanalisiert worden ist.

Links der Ems münden verschiedene holländische Kanäle. Doch sind alle diese Kanäle nur für kleine Kanalschiffe zugänglich, so daß ein holländischer Mitbewerb um den Verkehr mit Westfalen, den der Dortmund-Ems-Kanal hervorgerufen, ausgeschlossen ist.

Der Dortmund-Ems-Kanal,

welcher durch das Gesetz vom 9. Juli 1886, betreffend den Bau neuer Schiffahrtskanäle und die Verbesserung bestehender Wasserstraßen zur Ausführung festgelegt wurde, ist die Verwirklichung der Wasserstraße, welche schon der Große Kurfürst ins Auge gefaßt und Friedrich der Große in dem Vertrage mit der Stadt Emden vom Jahre 1744 versprochen hatte gelegentlich in Obacht zu nehmen. Erst Kaiser Wilhelm I. war es vorbehalten, auch dieses große Werk im Interesse ebenso der westfälischen Kohlen- und Eisenindustrie, wie der Emshäfen und der ganzen deutschen Nation, zu sichern und seinem Enkel, Kaiser Wilhelm II., es zu Stande zu bringen. Der Kaiser konnte den Kanal am 11. August 1899 feierlichst eröffnen, wobei er u. a. sagte:

Das Schiffshebewerk bei Henrichenburg. — Ansicht von der unteren Kanalhaltung.

„Er ist aufzufassen in Verbindung mit dem großen Mittellandkanal, den zu bauen und zur Durchführung zu bringen meine Regierung und ich fest und unerschütterlich entschlossen sind. Was als Rückhalt der Hansa fehlte, ein starkes geeintes, einem Willen gehorchendes Reich, haben wir durch die Gnade des Himmels und die Taten meines Herrn Großvaters wieder errungen, und die Macht soll auch für dieses große Werk mit voller Wucht eingesetzt werden. Dafür werde ich stehen."

Unsere Abhängigkeit vom Auslande für das westliche Deutschland war dadurch fühlbar geworden, daß die Rhein-Mündungen in den Händen des Auslandes sind und dieses einen Hauptnutzen von der deutschen Exportindustrie zieht. Diesem Zustande der Abhängigkeit werde durch den Dortmund-Ems-Kanal ein Ende gemacht, der gewissermaßen dem Rheine, wenigstens für die Provinz Westfalen, eine deutsche Mündung in Emden verschafft.

Der Kanal von Dortmund nach Emden hat eine Länge von 270 km. Seine Dimensionen sind: Wassertiefe 2,5 m, die Breite im Wasserspiegel 30 m, in der Sohle 18 m. Die Schleusen haben eine lichte Weite von 8,6 m, eine nutzbare Länge von 67 m und eine Wassertiefe über den Drempeln von 3 m, von dem ersten Eintritte des Kanals bei Meppen in die Ems bis Emden, also auf rund 120 km ist der Schleppzugsbetrieb zugelassen und sind daher die Schleusen in größeren Dimensionen ausgeführt; sie haben eine Weite von 10 m, eine Kammerlänge von 165 m zwischen den Häuptern und eine Wassertiefe über den Drempeln von 3 m. Der Kanal beginnt in unmittelbarer Nähe von Dortmund. Die Stadt hat für einen Beitrag von rund 5 1/2 Millionen Mark, wozu der Staat 1 325 000 Mark Zuschuß geleistet, einen, in jeder Beziehung vollkommenen Hafen geschaffen, der noch eine erhebliche Vergrößerung zuläßt. Bei Henrichenburg wird das bis dahin 14 m betragende Gefälle, welches man ursprünglich durch eine Schleusentreppe zu nehmen gedachte, durch ein Schiffshebewerk von 14 m Hubhöhe, welches zu der tiefer gelegenen Scheitelhaltung des Hauptkanals hinabführt, überwunden. Dieses von der Firma Haniel & Lueg erbaute Schiffshebewerk ist das bedeutendste Bauwerk des Kanals. Es sei bemerkt, daß die Schiffe, welche der Kanal befördern kann, bei 67 m größter Länge, 8,2 m größter Breite und 1,75 m Tiefgang 600 Tonnen Tragfähigkeit besitzen können. Da aber die Wassertiefe des Kanals normal 2,5 m und bei höherem Wasser 3 m beträgt, so können auch noch Schiffe mit 2,25 m Tiefgang bei etwa 1000 t Tragfähigkeit befördert werden. Die gesamten Baukosten des Kanals einschließlich der Grunderwerbskosten beliefen sich auf 79 500 000 Mark, wovon 2 1/2 Millionen Mark auf das Schiffshebewerk entfallen.

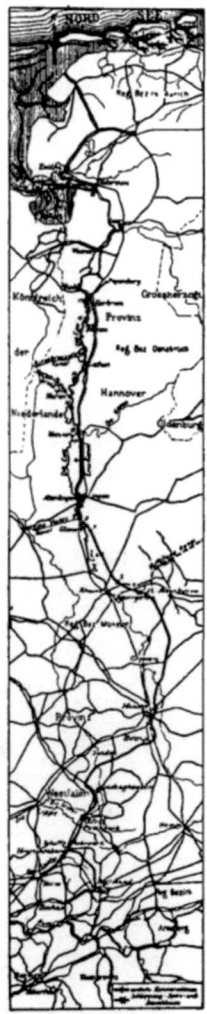

Lageplan des
Dortmund-Ems-Kanals.

Von Bevergern ab steigt der Kanal in sechs Schleusen zur Ems hinab. Das Bett dieses Flusses wird zunächst nur auf einer kurzen Strecke benutzt. Erst von Meppen ab wird wieder die Ems erreicht. Die Ems wurde bis Herbrum unter Abkürzung der erheblicheren Krümmungen kanalisiert, eine Maßnahme, welche eine Herabminderung der Kosten um 1 200 000 Mark zur Folge hatte. Zur Erzielung der für die Schiffahrt erforderlichen Tiefe wurden fünf Wehre erbaut; das Gefälle dieser Wehre wurde dann durch ebensoviele in den Durchstichen angebrachte Schleusen überwunden. Von Herbrum bis Papenburg und von da bis Leer hat die Ems noch eine Korrektur ihrer Tiefe erfahren, um sie für Kanal- und Seeschiffe nutzbar zu machen. Von Oldersum ist der Seitenkanal nach Emden abgezweigt; da von jenem Ort ab die Ems Dimensionen annimmt, welche einen derartig starken Wellenschlag mit sich bringen, daß die Kanalschiffe hier ohne Gefahr nicht passieren können. Mit der Einmündung dieses Seitenkanals in den Emdener Hafen erreicht der Dortmund-Ems-Kanal sein Ende.

Die Gesamtzahl der Schleusen beträgt 20. Hiervon sind, von Dortmund aus gerechnet, Nr. 1 bis 8, gewöhnliche Kammerschleusen; Nr. 9, bei Gleesen gelegen, ist eine Kammerschleuse (Sparschleuse) mit Seitenbecken. Schleuse Nr. 10 ist eine Sperrschleuse, am Haneken eine Schleppzugsschleuse für den aus der Ems hier abzweigenden alten Ems-Kanal. Hierauf folgen bis Meppen noch drei und von Meppen bis Herbrum noch weitere fünf Schleppzugsschleusen. Schließlich liegt noch bei Oldersum und Borssum je eine Seeschleuse von 100 m Kammerlänge und 10 m Breite.

Da für diesen Binnenschiffahrtskanal, dessen Dimensionen die aller bisherigen preußischen und europäischen Kanäle weit übertreffen, keine Kanalflotte vorhanden war, so hat sich aus Kreisen der Industrie und der beteiligten Städte eine Westfälische Transport-Aktien-Gesellschaft gebildet, welche es unternommen hat, eine Kanalflotte zu schaffen und den Verkehr auf dem Kanal zu organisieren. Außerdem ist die Vereinigte Bugsier- und Frachtschiffahrts-Gesellschaft in Hamburg an dem Verkehr auf dem Kanal beteiligt. Auch der Norddeutsche Lloyd hat sich mit Rücksicht auf die Handelsentwickelung durch den Dortmund-Ems-Kanal mit Kapital an der Schleppschiffahrts-Gesellschaft „Unterweser" beteiligt, die ebenfalls ihren Betrieb auf den Kanal ausgedehnt hat.

Die etwas skeptische Auffassung, welche man dem wirtschaftlichen Wert des Kanals gegenüber hatte und damit über das Aufblühen Emdens, hat sich nicht bestätigt. Während man erst anzunehmen

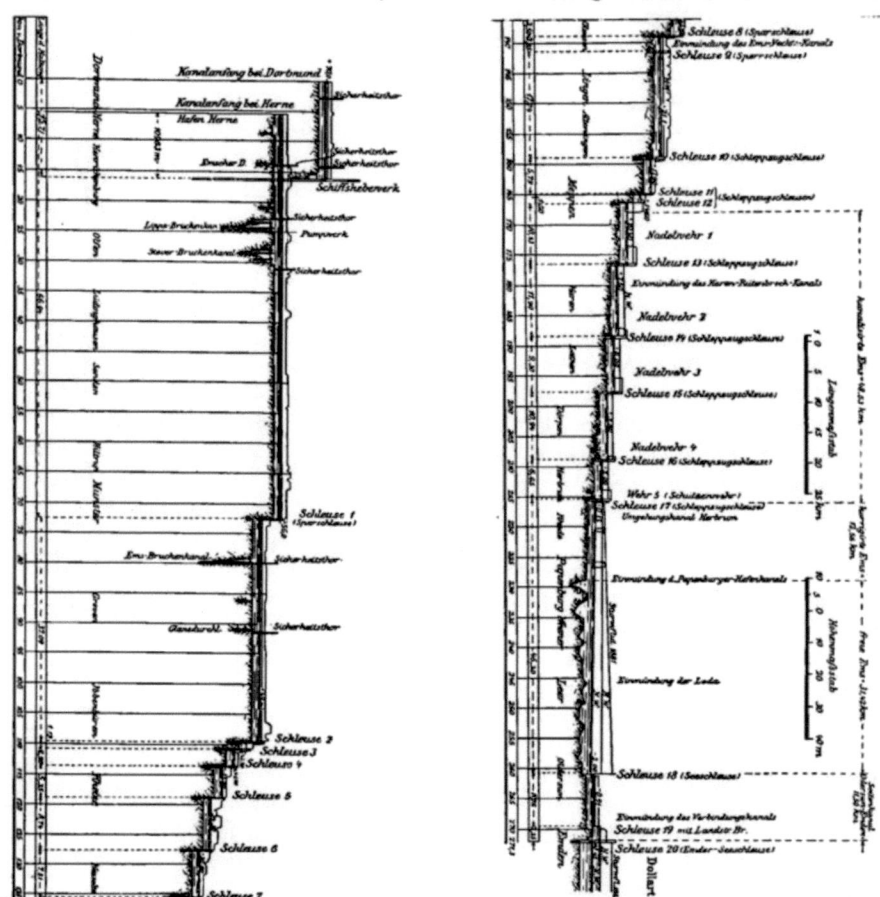

Längenschnitt des Dortmund-Ems-Kanals.

geneigt war, daß bei der gewaltigen Konkurrenz der holländischen und belgischen Häfen, namentlich Rotterdams, ein nennenswerter Verkehr auf dem Hafen überhaupt nicht entstehenen, oder daß sich dieser doch im wesentlichen auf die Einfuhr von Eisenerzen und die Ausfuhr von Kohle beschränken werde, zeigt sich heute, daß das industriereichste Gebiet des ganzen Reiches, welches der Kanal mit dem Meere verbindet, bei seiner großen Leistungsfähigkeit geeignet ist, einen mannigfachen und umfangreichen Verkehr an sich zu ziehen und dadurch die Aus- und Einfuhr dieses Industriegebiets vom Auslande unabhängig zu machen.

Für die Entwickelung des Hafens von Emden und des Kanals hat sehr beigetragen, daß die großen Schiffahrtsgesellschaften, wie die Hamburg-Amerika Linie den neuen im Aufschwung begriffenen Nordseehafen von einem Teil ihrer Dampfer regelmäßig anlaufen lassen.

So hat die Hamburg Amerika Linie im Außenhafen von Emden vom Staat eine eigene Kaianlage von 200 m Länge mit einem Güterschuppen von 4100 qm Fläche und einen Kohlenplatz von 5000 qm, alles mit elektrischen Kränen und Gleisen ausgerüstet, in Pacht genommen. Soweit diese Anlagen von der Hamburg-Amerika Linie nicht benutzt werden, dienen sie dem anderweitigen öffentlichen Verkehr. Ebenso ist die Westfälische Transportgesellschaft ein ähnliches Pachtverhältnis eingegangen.

Damit die großen Seeschiffe der Hamburg-Amerika Linie und anderer Gesellschaften auch den Hafen von Emden aufsuchen können, war eine weitere Vertiefung des Fahrwassers der Unterems von 8,5 m bis auf 10 m unter gewöhnlichem Hochwasser notwendig. Die Unterems erlangte so die gleiche Fahrtiefe, welche die Weser bis Bremerhaven besitzt. Diese Stromregulierung erforderte 2½ Mill. Mark.

Mit der Durchführung dieser Wassertiefe wird es auch den großen deutschen Kriegsschiffen, den Linienschiffen möglich werden, den Außenhafen von Emden aufzusuchen.

Die Einfuhr des Hafens von Emden besteht hauptsächlich aus Eisenerz, Holz, Getreide, Stückgütern und Steinen. Die Ausfuhr aus Kohlen, Eisen und Stahlfabrikaten.

Der Regierungspräsident zu Aurich veröffentlichte eine Spezialnachweisung über den Verkehr im Emdener Hafen im 3. Vierteljahr 1903, welche die enorme Zunahme des Verkehrs gegenüber dem gleichen Zeitraum in den voraufgehenden Jahren erkennen läßt. Die neuen Hafenbauten in Emden gingen darauf aus, den Hafen dem modernen Verkehr großer, leistungsfähiger Ozeandampfer zu erschließen. Mit welchem Erfolge das geschehen ist, das zeigt sich darin, daß sich im letzten Vierteljahr die Schiffszahl im Seeverkehr gegenüber der Zeit vor drei Jahren von 545 auf 439 vermindert hat, daß aber die Tonnage dieser verkehrenden Schiffe von 68 122 auf 151 412 Register-Tons gewachsen ist. Der Verkehr ist also nicht nur auf mehr als das Doppelte gestiegen, er kann bei den jetzigen Hafenverhältnissen auch rationeller durch eine kleinere Zahl leistungsfähiger Schiffe bedient werden.

Die Güterbewegung im Seeverkehr stellt sich für das 3. Vierteljahr 1900 auf 67 549 Gewichtstonnen in Einfuhr und 11 328 in Ausfuhr, 1903 dagegen auf 155 789 Tonnen in Einfuhr und 76 850 in Ausfuhr. In der Einfuhr stehen Erze mit 65 646 Tonnen, in der Ausfuhr Kohlen mit 48 314 Tonnen an erster Stelle. Demnächst folgen in der Einfuhr Getreide und Holz, in der Ausfuhr Eisenbahnmaterial und Getreide. In der Zusammenstellung werden nicht weniger als 10 auswärtige Schiffahrtsgesellschaften mit regulären Linien genannt, die sich jetzt an dem Emdener Verkehr beteiligen und denen seine Zunahme in erster Reihe zuzuschreiben ist. Es sind das die Hamburg-Amerika Linie mit 48 795 Tonnen im 3. Vierteljahr 1903 beförderter Waren (14 Dampfern), die Reederei W. Kunstmann in Stettin mit 27 016 Tonnen (9 Dampfern), die Vereinigte Bugsier- und Frachtschiffahrts-Gesellschaft in Hamburg mit 20 573 Tonnen (27 Seeleichtern), die Westfälische Transport-Gesellschaft in Dortmund mit 7 575 Tonnen (13 Seeleichtern), die Dampfschiffahrts-Gesellschaft Neptun in Bremen mit 4 590 Tonnen (17 Dampfern), die Firma E. Th. Lind in Hamburg mit 1 984 Tonnen (7 Dampfern), die Woermann-Linie in Hamburg mit 1 831 Tonnen (1 Dampfer), die Firma de Freitas & Co. in Hamburg mit 748 Tonnen (4 Dampfern), die Mittelmeer-Linie der Reederei Sloman mit 387 Tonnen (3 Dampfern) und die Schleppschiffahrts-Gesellschaft Unterweser in Bremen, die allerdings in dem behandelten Vierteljahr zufällig keinen Schiffsverkehr hatte.

Der Seeschiffsverkehr Emdens betrug 1900 — einkommende und abfahrende Schiffe zusammengenommen — 2165 Schiffe mit 28 1053 Tons; in den folgenden Jahren ist bei ungefähr gleichbleibender Schiffszahl die Durchschnittsgröße der Fahrzeuge außerordentlich gewachsen, so daß 1903 schon 2 238 Schiffe mit 927 024 Tons festgestellt wurden, also eine Zunahme der Tonnage auf mehr als das Dreifache.

Im Seeverkehr wurden 1903: 501 639 Gewichtstonnen (1900 erst 168 466) in den Hafen gebracht und 283 107 Tonnen (1900: 51 010) ausgeführt. In diesen Zahlen macht sich die stetige starke Zunahme noch intensiver bemerkbar. Erze und Getreide sind im Einfuhrverkehr, Kohlen und Eisenbahnmaterial im Ausfuhrverkehr die großen Massenartikel des Emdener Hafens, die in den Gesamtzahlen stark vorwiegen. Die Bedeutung des Kanals für den neuen Seehafen erhellt am besten aus zwei Zahlen: von der gesamten Einfuhr der Seeschiffe wurden 390 931 Tonnen, also über drei Viertel, auf Kanalschiffen weiterbefördert; von der gesamten Seeausfuhr wurden 164 743 Tonnen, also weit über die Hälfte, von Kanalschiffen herangebracht.

Von der gesamten beförderten Gütermenge: 784 746 Tonnen im letzten Jahre, kamen über 217 000 Tonnen, mit den für die Dampfer dort eingenommenen Bunkerkohlen sogar 229 615 Tonnen, auf die 48 Dampfer und 3 Seeleichter der Hamburg-Amerika Linie (im Jahre 1902 erst 49 263, 1901: 13 287 Tonnen). Diese Gesellschaft ist also an der jüngsten Verkehrszunahme Emdens ganz wesentlich beteiligt. Außer einer regelmäßig mit eigenen und gecharterten Dampfern betriebenen Erztransportlinie von Norwegen und Schweden liefen die von Nord- und Südamerika kommenden regulären Frachtdampfer dieser Gesellschaft, ebenso die nach Ostasien und Westindien hinausgesandten Schiffe Emden wiederholt an. Nach Ostasien wurde Eisen, Zement und Koks und nach Westindien und Mexiko hauptsächlich Koks hinausgesandt. 22 Schiffe der Gesellschaft nahmen in Emden ihre Kohle über.

Nicht unerwähnt bleibt noch zum Schluß, daß Emden der Ausgangspunkt der deutschen Kabel nach Amerika ist.

Die preussischen Ostseehäfen

Die Lage der meisten Ostseehäfen ist wie auch die der Nordseehäfen eine vom Meere entferntere. Einige Häfen des Ostseegebiets sind vom Meere noch durch Haffs und vorgelagerte Inseln, wie besonders Stettin und Königsberg, getrennt. In diesem Abschnitt wollen wir uns aber nur mit den bedeutenderen Plätzen befassen, welche durch ihre neuesten Hafenanlagen für die Schiffahrt eine erhöhte Bedeutung zu erlangen im Begriff sind. Die kleineren Häfen, die an der deutschen Ostseeküste noch zahlreich vorhanden sind, wie Elbing, Stralsund, Flensburg, Schleswig und die mecklenburgischen Häfen von Rostock, Wismar usw., wollen wir außer Betracht lassen.

Unter den preußischen Ostseehäfen, welche wirklich eine größere Bedeutung für Handel und Schiffahrt besitzen, nimmt

Stettin

mit 210 702 Einwohnern den ersten Platz ein. Für diesen Hafen bildet die 1357 km lange Oder, von der Grenze bei Cosel bis Stettin 650 km, die natürliche Wasserstraße für die Verbindung mit dem Hinterland nach Pommern, Posen und Schlesien. Ferner hat dieser erste preußische Seehafen eine direkte Verbindung durch den Finow-Kanal mit der Reichshauptstadt, was für die Entwickelung Stettins von großer Bedeutung ist. Eine erhöhtere Bedeutung wird die direkte Verbindung Stettins mit

Berlin noch gewinnen, wenn der Großschiffahrtsweg Berlin-Stettin, der einen Kostenaufwand von 43 Mill. Mark erfordert, ausgeführt sein wird. Die seit über 50 Jahren bestehende Eisenbahnverbindung

Die neue Brücke in Stettin. (Vorder- und Seiten-Ansicht.)

zwischen Stettin und Berlin hat im Wettbewerbe mit den bisher verkehrenden kleinen Fahrzeugen auf dem Finow-Kanal keine erheblichen Frachtmengen an sich ziehen können, obgleich die Bahnstrecke nur 134 km und der Wasserweg 194 km lang ist. Die Bahn kann mit den billigeren Frachten des Wasserweges nicht konkurrieren. Es soll nun für Stettin dieser neue Schiffahrtsweg zum Hinterlande geschaffen werden, und zwar für die Strecke Berlin bis Hohensaathen, da für die Strecke bis Stettin Aufwendungen im Interesse der Schiffahrt nicht notwendig sind.

Stettin eine bessere Verbindung zum Hinterlande zu schaffen, ist allein deshalb nötig, um mit dem nach dem Ostseegebiet übergreifenden Handel der hanseatischen Häfen konkurrieren zu können.

Schon durch die günstige Lage, welche ganz besonders Hamburg zum Hinterland durch die Elbe hat, auf welchen Strom mit dem Rhein fast Dreiviertel des gesamten deutschen Wasserverkehrs ent-

Berliner Tor in Stettin mit Felderhoff-Brunnen.

fallen, sowie durch die Verbindung der Elbe mit der Oder über Berlin, besitzt Hamburg Stettin gegenüber ein großes Uebergewicht. Die Elbe wies 1900 einen kilometrischen Verkehr von rund 6 000 000 tons auf, während die Oder nur einen solchen von rund 2 000 000 tons hatte. Hierzu kommt noch, daß durch die Eröffnung des Kaiser Wilhelm-Kanals ein neuer Seeweg geschaffen wurde, der den dominierenden hanseatischen Handel den Ostseeplätzen bedeutend näher brachte und ein ganz neues, billiges Verkehrsmittel, den Seeleichter, eine scharfe Konkurrenz der Küsten- und nordeuropäischen Schiffahrt, schuf.

Wollte man daher den ersten preußischen Seeplatz nicht gänzlich zur Bedeutungslosigkeit herabsinken lassen, um so mehr, als auch die dänische Hauptstadt Kopenhagen 1893 in einen Freihafen umgewandelt wurde, so mußte man auch Stettin gewisse Privilegien im Interesse seiner Schiffahrt und seines Handels einräumen.

Aus dem alten Stettiner Hafen mit Speicherbauten.

Hierzu gehörte zunächst die Schaffung eines Freibezirks. Bisher vollzog sich der Schiffsverkehr an den verschiedenen Liegeplätzen der von einem Bohlwerk eingefaßten Oder, wobei oft mehrere Brücken zu passieren waren, die in ihrer alten, aus der Stettiner Festungszeit noch überkommenen Konstruktion sehr schmal waren und oftmals ein großes Hindernis für den Verkehr bildeten. Unmittelbar am Oder-

Wismar vom Hafen aus gesehen.

Altes Tor in Wismar.

ufer bei den Schiffsliegeplätzen befanden sich die alten Speicherbauten für die Aufnahme gewisser Massengüter, wie Getreide, bestimmt. Eine moderne Kaianlage vor den Brücken besaß Stettin wohl am Dunzig, einem Nebenarm der Oder, aber die Anlage war doch zu klein, um dem Schiffsverkehr, wo eine direkte Bahnverbindung notwendig wurde, genügenden Raum zu bieten.

Man schuf daher einen vor der Stadt liegenden Freibezirk mit einer Gesamtfläche von 61 ha, von denen 22,37 ha auf die Wasserfläche entfallen. Es wurde vorläufig nur ein Hafenbecken von 100 m Breite bei 7 m Tiefe mit 15,13 ha Fläche ausgeführt. Es wird begrenzt durch zwei Kaimauern von 1203 bezw. 627 m Länge. An Schuppen sind im Freibezirk zunächst vier mit einer Tiefe von je 30 m und einer Länge von 182 m erbaut. Doch bietet der ganze Bezirk Platz für zehn solcher Schuppen mit einer Gesamtgrundfläche von 54 600 qm. Für längere Zeit zu lagernde Waren wurden acht Speicher mit einer Gesamtgrundfläche von 29 120 qm gebaut. Eine große Anzahl von Kranen, sowie ein verzweigtes Eisenbahngleis mit Anschluß an die Staatsbahn vervollständigen die Anlage.

Der Bau des Freibezirks, welcher am 12. Januar 1894 mit einem Kostenaufwande von 12 600 000 Mk. beschlossen wurde, konnte am 23. September 1898 dem Verkehr übergeben werden.

Zu dieser Summe kamen aber noch weitere 18 600 000 Mk. für die Vertiefung und Verbreiterung des Fahrwassers innerhalb des Stadtbezirks hinzu.

Gesamtansicht von Wismar von der Landseite.

Rostock.

Ansicht von Warnemünde.

Die neue Einfahrt von Warnemünde

Die Korrektion der Oder unterhalb Stettins und des Haffs wurde vom Staat ausgeführt.

Die Zufahrt zum Freibezirk erfolgt für die von See kommenden und bei Stettins Vorhafen, Swinemünde, einlaufenden Schiffe durch die vertiefte Swine und die Kaiserfahrt. Diese letztere künstliche Wasserstraße durchschneidet die am Haff vorgelagerte Insel Usedom und verkürzt den Weg der Schiffe.

Die 1880 geschaffene Kaiserfahrt erforderte 3,5 Mill. Mark.

Erst, nachdem das Haff durchquert, beginnt die eigentliche Oderfahrt. Die Länge der Strecke von der Baumbrücke in Stettin bis zur Ostsee, und zwar bis zur Ostmole von Swinemünde, beträgt 68 km.

Die Fahrrinne für die Seeschiffe wurde nun so erweitert und vertieft, daß sie in der Oder eine Sohlenbreite von 80 und im Haff eine solche von 150 m, eine Tiefe von 7 m in der Oder und 8 m im Haff erhielt.

Wie sich durch diese Verbesserungen und Anlagen die Stettiner Schiffahrtsverhältnisse gebessert, zeigen die Verkehrsziffern für 1904.

Blick auf Stralsund.

Es kamen im Jahre 1904 in Stettin 5029 Seeschiffe mit 5 067 490 cbm Raumgehalt an und gingen 5235 Seeschiffe mit 5 182 120 cbm Raumgehalt ab, während 1903 4202 Schiffe mit 4 164 211 cm ankamen und 4391 Schiffe mit 4 152 102 abgingen.

Bedeutend ist der Schiffbau in Stettin vertreten. Deutschlands größte Werft, der Stettiner Vulcan, die Erbauerin großer Schlachtschiffe und der schnellsten und größten Schnelldampfer, wie „Kaiser Wilhelm II", „Kronprinz", „Deutschland", Kaiser Wilhelm der Große" usw. hat hier ihre Anlage in Bredow an der Oder. Das Werftareal beträgt 26 ha und werden ca. 6000 Arbeiter beschäftigt. Die benachbarten „Oderwerke", die nur Handelsschiffbau betreiben, beschäftigen ca. 800—1000 Arbeiter, die Werft von Nüske & Co. ca. 400. Mehrere Schwimmdocks, darunter eins von 17 000 tons Hebekraft des Stettiner Vulcan, sind vorhanden, um Reparaturen an den Schiffen schnell durchführen zu lassen.

Die Jopengasse in Danzig.

Stettins Schiffahrt ist fast ausschließlich eine europäische, nur von der Hamburg-Amerika-Linie wird 14 tägig eine Verbindung mit New York unterhalten. Es bestehen 23 regelmäßige europäische Linien.

Ein reger regelmäßiger Verkehr besteht mit russischen und skandinavischen Häfen, der von der eigenen Reederei, die nur Dampfschiffe, es waren 137 Schiffe mit 73617 Br.-Reg.-Tons in Stettin beheimatet, aufweist, unterhalten wird.

Danzig.

Dieselben Motive, welche für Stettin maßgebend waren zur Bildung eines Freibezirks, waren es auch für Danzig.

Das Uebergewicht des durch den Kaiser-Wilhelm-Kanal nähergerückten hanseatischen Handels, die Freihafenstellungen von Stettin und dem dänischen Kopenhagen mußten naturgemäß diesen Entschluß zeitigen. Führt aber die Oder für Stettin in ein industriereiches Hinterland, welches auch politisch zu Deutschland gehört, so hat dagegen das an der Weichel gelegene Danzig nicht diesen Vorteil. Die Länge der Weichsel von der russischen Grenze bis Danzig beträgt 239 km. Dieses politische Hemmnis, welches den oberen Lauf der Weichsel in Russisch-Polen sein läßt, ist es auch, welches Danzig nicht eine völlige Ausnutzung des Hinterlandes auf dem natürlichen Wasserwege ermöglicht. Rußland hat ein reges Interesse, die Ein- und Ausfuhr seiner Güter nicht über Danzig zu leiten, sondern über die eigenen Häfen, insbesondere über Libau und Riga, wozu noch eine Zoll- und Tarifpolitik wesentlich diese Maßnahmen unterstützen hilft. Von der russischen Grenze bis Danzig kamen im Jahre 1900 auf der Weichsel

Krahntor in Danzig.

810 000 Tonnen Güter an und 440 000 Tonnen gingen stromaufwärts, hauptsächlich ist es Floßholz, welches ausgeführt wird. Danzig's Hinterland bleiben daher lediglich die Provinzen Ost- und Westpreußen und ein Teil von Pommern. Mit der Entwickelung der dortigen Industrie stehen und fallen seine Handels- und Schiffahrtsinteressen. Eine derartige Gründung eines Freibezirks konnte daher nur den Handel und die Industrie der östlichen Provinzen der Monarchie fördern helfen.

Am 24. März 1894 wurden seitens der Stadt Danzig mit den in Frage kommenden Behörden die Grundzüge für den Freibezirk festgelegt, wozu der Bundesrat am 24. Oktober 1895 seine Zustimmung erteilte.

Der Freibezirk von Danzig liegt in dem Vorhafen von Danzig, bei Neufahrwasser, und umfaßt ein Terrain von 15 ha, wovon 5,4 ha auf die Wasserfläche entfallen. Es handelt sich hierbei um die Umgestaltung einer bereits vorhandenen Anlage. Da Danzig nun nicht nur Handelshafen, sondern auch Kriegshafen ist, wie ferner eine Kaiserliche Schiffswerft besitzt, so knüpfte die Marinebehörde an ihre Zustimmung zu der Freibezirksanlage die Bedingung, daß die Umwandlung des Hafens zu keiner Ueberfüllung des Hafenkanals und der toten Weichsel durch Handelsschiffe und zu keiner Schädigung der Fahrwasserstraße führen dürfe.

Man gab daher der Fahrstraße der toten Weichsel von ihrer Mündung bis zur Kaiserlichen Werft in Danzig eine Tiefe von 7,5 m bei Mittelwasser.

Die Danzig durchfließende Mottlau, einen Nebenarm der Weichsel, welche ebenfalls als Hafen für die nach Danzig kommenden Schiffe dient, besitzt eine Wassertiefe von 4—5 m.

Die nur vorläufig in kleinem Maßstabe mit einem Kostenaufwande von M. 300 000 durchgeführte Anlage, konnte am 5. April 1899 ihrer Bestimmung übergeben werden.

Man hofft, daß nicht nur die Industrie der preußischen Provinzen Vorteile daraus ziehen wird, sondern auch das lokale Gewerbe in Danzig selbst. Danzigs Vergangenheit ist eine äußerst ruhmvolle, war doch die Stadt einst ein machtvolles Mitglied der Hansa, mit einer stattlichen Flotte.

Artushof (Börse) in Danzig.

Zahlreiche alte Gebäude weisen noch auf die Vergangenheit dieser alten Hafenstadt hin. Alt-Danzig mit seinem Artushof, dem Rathaus, den alten prachtvollen Giebelbauten der Jopengasse, der Marienkirche, seinem äußerst malerischen Krantor an der Mottlau kann man wohl für das norddeutsche Nürnberg erklären, so wundervolle malerische Reize bietet es durch seine dabei vornehme künstlerische Architektonik dem Auge. Will man auf die geschichtliche Vergangenheit Danzigs zurückgreifen, so könnte man, will man nur die Hansazeit oder die Franzosenzeit schildern, allein einen ganzen Band füllen. Das heutige Danzig mit seinen ca. 126 000 Einwohnern wird wohl nie wieder seinen früheren Glanzpunkt erreichen, indeß wird alles mögliche getan, um diesen alten deutschen Hafen wieder zu einer schönen Blüte im Kranze deutscher Häfen werden zu lassen.

So ist vor kurzem erst eine Kgl. Technische Hochschule in Danzig errichtet worden. Die Industrie ist außer der bereits genannten Kaiserlichen Werftanlage, noch durch die Werft von F. Schichau vertreten, welche mit der Anlage in Elbing auch ca. 6000 Arbeiter beschäftigt und den Bau von Schlachtschiffen und großen Ozeandampfern in Danzig betreibt. Ferner bestehen noch zwei andere Werftbetriebe für den Bau von Handelsschiffen.

Die Schiffahrt und der Handel von Danzig zeigt sich darin, daß im Jahre 1904 1946 Schiffe den Hafen mit 711 917 Tonnen aufsuchten und ihn 1946 Schiffe mit 726 037 wieder verließen.

Die Danziger Reederei bestand am Ende dieses Jahres 1903 aus 24 Dampfern von 13 050 Reg.-Tonnen Größe, mit denen sie fast nur Schiffahrt in der Nord- und Ostsee betreibt. Eine transozeanische Linie ist nichtvorhanden.

Der Fischmarkt in Königsberg.

Auch

Königsberg,

die alte preußische Krönungs- und Universitätsstadt mit ca. 175 000 Einwohnern, wirtschaftlich durch das 393 km lange Gebiet des Pregelstroms noch ungünstiger gelegen wie Danzig, konnte sich im Interesse seiner Schiffahrt und seines Handels dem kategorischen Imperativ seines Kant: „Du mußt!" nicht länger entziehen. Schon Anfang der 80er Jahre des vorigen Jahrhunderts wollte man das äußerst mangelhafte Fahrwasser des frischen Haffs bis nach Königsberg mit Rücksicht auf den zunehmenden Tiefgang der Seeschiffe regulieren. Der Pregel vom Hafen der Stadt Königsberg bis zur Mündung in das Frische Haff besaß eine Tiefe von 6 m, die aber nur 50—80 m breite Fahrrinne im Haff selbst nur eine Tiefe von 4,3 m aufwies, so daß nur ein Tiefgang bis 3,7 m möglich war. Durch das Umladen resp. Leichtern der Güter erwuchsen natürlich dem Seehandel bedeutende Spesen. Man begann daher endlich 1898 mit dem Bau des Haffkanals, welcher unter der finanziellen Beteiligung der Königsberger Kaufmannschaft eine Tiefe von 6,5 m erhielt. Die Regulierung der von dem Vorhafen von Königsberg, Pillau nach

Teil des Hafens von Königsberg.

Königsberg führenden 43 km langen Strecke erforderte ca. 12 Millionen Mark. Auch die Hafenanlagen in Königsberg selbst am Pregel wurden verbessert, was wiederum 3 Millionen Mark erforderte.

Es suchten den Hafen von Königsberg mit Pillau 2213 Schiffe mit 662 541 Reg.-Tons im Jahre 1903 auf, worunter die englische und norwegische Flagge besonders stark vertreten ist. Die eigene Reederei ist nicht sehr bedeutend. Mit den dort beheimateten Dampfern wird überdies fast nur Küstenfahrt im Nord- und Ostseegebiet ausgeübt.

Die deutschen Kriegshäfen.

Wenn bei den vorhergehenden Schilderungen der deutschen Seehäfen der Hafen von

Kiel

in kommerzieller Beziehung nur flüchtig erwähnt wurde, so geschah dies infolge seiner doppelseitigen Bedeutung als Kriegs- und als Handelshafen, wobei die erstere Bedeutung doch zu sehr überwiegt. Den Ruf einer gewerktätigen und geschäftigen Handelsstadt genießt, das heute ca. 158000 Einwohner zählende Kiel ohne Frage, auch ist sein Handel im Aufschwung begriffen durch den Kaiser Wilhelm Kanal. Aber das ganze Treiben in dieser malerischen Bucht Ostholsteins, welches unser erster Kriegshafen zeigt, ist doch sehr stark von der Kriegsmarine beherrscht. Kiel gilt als Hauptstation der deutschen Flotte, nicht allein wegen seiner strategischen Lage, als auch weil hier der größere und stärkere Teil der Flotte mit den verschiedenen Marinebildungsanstalten vereinigt ist. Hierzu treten noch die großen Werftanlagen auf die wir noch zurückkommen. In den früheren Jahren, als wir noch keine Reichsmarine hatten, dienten die Häfen von Stettin und Neufahrwasser für die Aufnahme der wenigen

S. M. Yacht „Hohenzollern" läuft in den Kieler Hafen ein.

148

Der Kieler Handels-Hafen. Im Hintergrunde die Kruppsche Germaniawerft.

preußischen Schiffe. Erst mit der 1867 zur Flotte des Norddeutschen Bundes ernannten preußischen Marine und der Wahl Kiels an der Ostsee und Wilhelmshavens an der Nordsee zu ihren Häfen, kann man wohl von einer Entwicklung dieser Flotte reden, wenn ihr auch erst unter der Regierung Kaiser Wilhelm II. jene Würdigung und Förderung zu Teil werden sollte, wie sie sie heute erlangt und mit Rücksicht Deutschland als Seehandelsstaat ersten Ranges auch bedarf.

Kiel mit seiner weiten tiefen Bucht, umrahmt von grün bewaldeten Hügeln, war für die Anlage als Kriegs-hafen wie geschaffen. Bis dicht an die Stadt gestattet ein tiefes Fahr-wasser das Ankern der Kriegsschiffe und gewährt Raum für ganze Flotten.

Die Anlagen für die Flotte ziehen sich an beiden Ufern der Föhrde hin, wo auf dem westlichen Ufer die Marinebildungsanstalten, wie die Marine-Akademie, mit den sonstigen Dienstgebäuden des Oberkommandos für Kiel und dem ihm unterstehenden Rayon der gesamten Küstenwerke der Ostsee, einschließlich Danzig, gelegen sind. Auf dem östlichen Ufer der Stadt gegenüber, befinden sich die großartigen Anlagen der

Kieler Hafen im Winter.

Kaiserlichen Werft mit den verschiedenen Ausrüstungsbassins. — Seit 1870 ist diese Anlage geschaffen und ständig vergrößert worden. Viele und schwere Arbeit hat es erfordert, auf dem weiten, nachgiebigen Erdreich die verschiedenen Gebäude auf Pfahlrosten zu errichten.

Diese Werft erfüllt nun eine doppelte Aufgabe. Erstens werden auf ihr zum Teil die großen gewaltigen, deutschen Schlachtschiffe erbaut, und zweitens nimmt sie die zeitweise außer Dienst stellenden Kriegsschiffe auf, oder rüstet die in Dienst stellenden wieder aus. Verschiedene Aus- resp. Abrüstungs_ bassins sind für diesen Zweck vorhanden, die neben einander liegend und mitander in Verbindung stehend den Schiffen Aufnahme gewähren.

Um diese Bassins liegen die verschiedene Magazine, immer je eins zu einem Schiff gehörig, dessen Name außen in großer Schrift angebracht ist. Hier finden wir sämtliche Ausrüstungsgegenstände, die ein Schiff bedarf bis ins kleinste geregelt liegen. Ca. 7200 Arbeiter strömen täglich durch das große Tor der Werft; es hat sich infolge dieses großen Arbeiterstammes auf dem östlichen Ufer eine ganze Kolonie entwickelt.

Ebenfalls auf dem östlichen Ufer, unmittelbar der Kaiserlichen Werft benachbart, liegt die große Kruppsche Germaniawerft, welche ca. 3500 Arbeiter beschäftigt. Hauptsächlich betreibt dieses private Unternehmen den Bau von Kriegsschiffen. Zahlreiche große deutsche Kriegsschiffe wurden hier erbaut. Weiter auf demselben Ufer der Kieler Föhrde nach See zu an der Swentine-Mündung liegen die

Kiel und das Innere des Hafens.

„Howaldtswerke", welche, ebenfalls den Kriegs- und Handelsschiffbau betreibend, ca. 2500 Arbeiter Beschäftigung gewähren. Wie man also sieht, ist in Kiel der Schiffbau in überaus stattlicher Weise vertreten.

Auf dem östlichen Ufer erstreckte sich auch ein Teil der Befestigungen des Kieler Hafens. Fünf Forts sind es, welche an einer Mündung der Bucht auf beide Ufer verteilt liegen, die Einfahrt verteidigen und mit ihren durch Krupp'sche Küstengeschütze schwersten Kalibers armierten Batterien die Einfahrt und den ganzen Kieler Hafen bestreichen.

Auf dem westlichen Ufer befindet sich das Fort Friedrichsort, mit Matrosen-Kasernements. Auch befand sich hier bis vor kurzem die Torpedoversuchsstation. Aber infolge der Zunahme des Verkehrs der den Kaiser Wilhelm-Kanal passierenden Schiffe, wurde diese Station nach Sonderburg an die Flensburger Föhrde in ein weniger lebhaftes Fahrwasser verlegt. Denn gerade hier in der Nähe von Friedrichsort liegt die Holtenauerschleuse, welche den Eingang resp. den Ausgang des Kaiser-Wilhelm-Kanals bildet. In der Nähe dieser Mündung beabsichtigt man nun, nachdem die Torpedoversuchsstation nicht mehr vorhanden, den Handelshafen von Kiel künftig zu verlegen, nachdem er Dezennien hindurch am Endpunkt der Bucht an der Stadt selbst ein bescheidenes Dasein neben der alles beherrschenden Marine geführt hat.

Kiels Schiffahrt und Handel erstreckt sich ja hauptsächlich auf die Häfen im Nord- und Ostseegebiet, aber durch die Eröffnung des Kaiser-Wilhelm-Kanals hat doch der Hafen an Bedeutung gewonnen und ist der Schiffsverkehr in der Zunahme begriffen. Es kamen im Jahre 1904 7151 Schiffe mit 726504 Reg.-Tons im Handelshafen an und verließen ihn 7055 Schiffe mit 725061 Reg.-Tons. Hierbei war stark

Kiel und das Innere des Hafens.

Das Dock von Oben gesehen.

die russische Flagge nach der deutschen am Verkehr beteiligt. — Regelmäßige Schiffahrtslinien unterhält die heute aus 88 Dampfern mit 23195 Reg.-Tons bestehende Kieler Reederei mehrere, besonders nach Dänemark (täglich) und nach verschiedenen Plätzen der deutschen Ostseeküste.

Der Jacht- und Bootshafen in Kiel, im Hintergrunde das Kruppsche Logierhaus.
152

Kaiserlicher Jachtklub.

Die Stadt hat ohne Frage eine große Zukunft; das neue Kiel wächst am malerischen westlichen Ufer mit seiner von Buchen beschatteten Düsternbrooker Allee ständig, wobei das Hauptkontingent der Bevölkerung von den Angehörigen der Marine gestellt wird. Von hervorragenden Bauwerken alter und neuer Zeit seien noch genannt: Das Schloß, gleichzeitig Wohnsitz des Prinzen Heinrich, welches sich weder durch Alter noch durch Schönheit auszeichnet, die Universität, die Marineakademie u. s. w.

Den Höhepunkt seines maritimen Glanzes erreicht Kiel immer im Sommer Ende Juni, wo der Kaiser den dort alljährlich stattfindenden Segelwettkämpfen des Kaiserlichen Yachtklubs beiwohnt und selbst mitwirkt. Dann liegt immer ein überaus stattliches Geschwader im Kieler Hafen, wie auch die herrliche Wasserfläche dieses idealen Hafens von den zahlreichen großen und kleinen Yachten belebt wird.

Der schon erwähnte andere deutsche Kriegshafen

Wilhelmshaven

im Nordseegebiet gelegen, dient auch bereits über 50 Jahre unsere Flotte als Stützpunkt für die Operationen im Nordseegebiet. Wie Kiel die Zentrale für die Küstenverteidigung des Ostseegebiets bildet, so ist es das am Jadebusen gelegene Wilhelmshaven für die Nordsee. —

Am 20. Juli 1903 waren 50 Jahre verflossen, seit Oldenburg das zum Bau eines Kriegshafens an der Jade erforderliche Areal durch Staatsvertrag für eine einmalige Entschädigung von $^1/_2$ Million Taler an das Königreich Preußen abtrat. Durch diesen Vertrag fiel ein kleines Gebiet in der Gemeinde Heppens an dem westlichen Jadeufer zur Anlage eines Kriegshafens und einer Stadt, sowie am östlichen Jadeufer bei Eckwarden im Butjadinger Land, ein Landstrich von wenigen Morgen zur Anlage von Befestigungen, welche die östliche

An der Seeburgbrücke in Kiel.

Verteidigung der Jadeeinfahrt übernehmen sollten, an Preußen. — Die definitiven Pläne für die im Jahre 1856 in Angriff genommenen Hafenbauten stammten von dem Admiralitätsrat Pfeffer und dem Hafenbau-Direktor Geheimer Baurat Goecker, dem Chef der Hafenbau-Kommission in Heppens.

Alt-Wilhelmshaven: Herstellung des Hafenkanals zur Werft.

Nur derjenige, welcher Heppens und Umgegend bei Beginn der Bautätigkeit Ende der fünfziger Jahre gekannt hat, vermag zu beurteilen, welch enormes Opfer die ausführenden Baubeamten in mehr als zehnjähriger mühe- und sorgenvoller Arbeit bei dem gänzlichen Mangel an Verkehrswegen, bei dem Fehlen jeder geistigen und namentlich ästhetischen Unterhaltung und Anregung in dieser mehr wie unwirtlichen Gegend dem preußischen Staate und dem deutschen Nordbunde gebracht haben. — Beamte und Arbeiter mußten sich in Wohnräumen allerprimitivster Art, die letzteren meist in hölzernen, jeden Komforts entbehrenden Baracken behelfen. 25 bis 30 Prozent nicht allein der Arbeiter, sondern auch der Beamten waren zeitweise am Fieber erkrankt. Es liegt klar auf der Hand, daß diese Zustände au, den Fortgang der Bauten von großem Nachteil sein mußten.

Die 1856 in Angriff genommenen Hafenanlagen bestanden der Reihe nach, von der Jade beginnend, aus der Hafen-Einfahrt, der ersten Schleuse, dem Verbindnngskanal, dem Binnen- oder eigentlichen Kriegshafen, dem Hafenbassin für Dampfbagger und dem am Binnenhafen gelegenen Boots- und Mastenhafen den drei großen Trockendocks und zwei massiven Hellingen.

Alt-Wilhelmshaven: Baggerungen in der alten Hafeneinfahrt, Blick von der Südmole.

Die nach Südosten geöffnete Hafen-Einfahrt ist ungefähr 217 m lang und 93 m zwischen den Molen breit. Die Molen enden in runden Köpfen.

An die Hafen-Einfahrt schließt sich die erste Schleuse, welche in den Vorhafen führt. Sie ist 44 m lang, 20,5 m breit und hat bei Hochwasser einen Wasserstand von ca. 9 m über dem Drempel. An die Schleuse schließt sich der Vorhafen mit 180 m Länge 125 m Breite, und an ihn die zweite Schleuse an, welche genau dieselben Dimensionen wie die erste Schleuse hat. Hierauf folgt der etwa 1200 m lange Hafenkanal von fast 90 m oberer und 36 m unterer Breite, der sich gleich hinter der Schleuse krümmt und dann fast genau westlich läuft. Dieser Kanal steht mit seiner nördlichen Seite mit dem Baggerbassin in Verbindung. Der Kanal mündet dann in den eigentlichen Kriegshafen von 400 m Länge und 236 m Breite. An ihn schließen sich westlich die großen Trockendocks an, von denen Nr. 1 und 2 eine Länge von 147 m und eine obere lichte Breite von 28 m, sowie eine größte Wassertiefe über der Stapelsohle von 9,7 m haben. Das dritte Dock ist nur 127 m lang und für die Aufnahme

Alt-Wilhelmshaven: Handausschachtung des Baohafens.

kleinerer Kriegsfahrzeuge bestimmt. Die Docks sind ebenso wie die beiden massiven Hellinge nach dem Hafen zu durch schmiedeeiserne Pontons abgeschlossen.

Die Baugruben sind sämtlich teils mit dem Dampfbagger, teils ausschließlich mit dem Spaten ausgehoben worden. Das gewonnene Material mußte mit Schiebkarren auf langen Rampen von Arbeitern aus der Baugrube geschafft werden.

Nach einer fast 13jährigen angestrengten Bautätigkeit konnte das neue Marine-Etablissement an der Jade am 17. Juni 1869 durch König Wilhelm I. eingeweiht werden. In Begleitung der Großherzöge von Oldenburg und Mecklenburg-Schwerin, des Prinz-Admiral Adalbert, des Herzogs Elimar von Oldenburg, des Bundeskanzlers Graf Bismarck, des Chefs des großen Generalstabes General v. Moltke, des Kriegsministers General von Roon und vieler anderer Staatsmänner und Würdenträger begab sich der König auf die Nordmole der Hafen-Einfahrt, um den feierlichen Taufakt vorzunehmen. Auf der Jade lag das Bundesgeschwader, bestehend aus dem Avisoschiff „Adler“, der königlichen Yacht „Grille“, dem „Prinz Adalbert“, der „Arkona“, und, was der Feier eine weit über die stattliche Dekoration der Szene hinausreichende Bedeutung verlieh, das schönste Schiff des englischen Kanal-Geschwaders, der Fünfmaster „Minotaurus“.

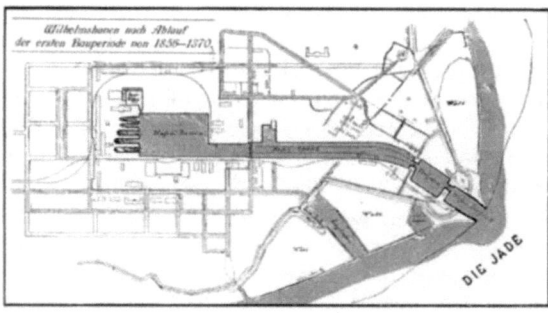

Die gesamten Kosten der Kriegs-hafen-Anlage betrugen bis Ende 1869 etwa 10½ Millionen Taler. Ende 1870 erfolgte die Eröffnung Wilhelmshavens als Kriegs-hafen.

Als bald nach dem siegreichen Kriege mit Frankreich im neuerstandenen Reiche das Verständnis für eine starke Flotte zu dämmern begann, erwiesen sich die Hafen-anlagen, vor allem die Einfahrtsverhältnisse als viel zu klein, und es brach mit dem Jahre 1876 eine neue Bauperiode für Wilhelmshaven an, welche am 16. November 1886 durch die feierliche Einweihung der neu entstandenen Hafenanlagen durch den damaligen Chef der Admiralität, General von Caprivi, ihren Abschluß fand. In dieser Bauperiode entstand der Ausrüstungshafen mit 780 m Kaifläche durch Verbreiterung des Hafen-kanals, der neue Hafen mit der zweiten Hafeneinfahrt und dem Torpedohof, und endlich der 75 km lange EmsJade-Kanal.

Diese neuen Hafenanlagen waren den damaligen Bedürfnissen unserer Flotte vorausgeeilt. Heute erscheinen sie nur als ein Notbehelf.

Nachdem durch das Flottengesetz vom 14. Juni 1900 der Schiffsbestand unserer Marine für ab-sehbare Zeiten festgelegt war, sah sich die Marine-Verwaltung in die Lage versetzt, der wachsenden Größe und Entwickelung unserer Flotte entsprechende Hafenanlagen, Ausrüstungsmagazine, Werkstätten etc. zu schaffen, die in ihrer Gesamtheit einen integrierenden Bestandteil der neuen Flottenvorlage bilden.

Wie schon vorher erwähnt, bilden die jetzt vorhandenen Hafenanlagen nur einen Notbehelf. Vier Linienschiffe und einige kleine Kreuzer füllen den neuen Hafen vollständig aus, noch weniger sind er-forderlich, um die Kaiflächen des Ausrüstungs-Bassins zu besetzen. Der Hafen der Bauwerft reicht in

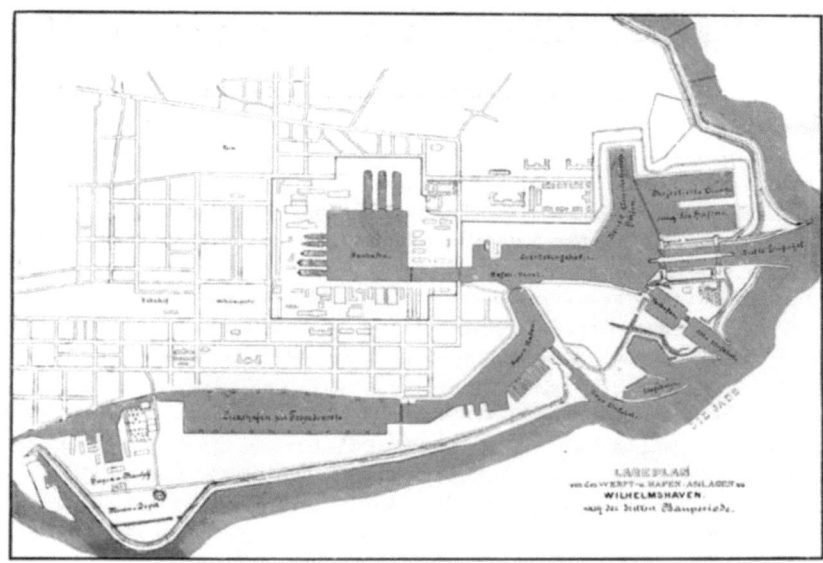

keiner Weise aus, um im Mobilmachungsfalle die zu schleuniger Instandsetzung auf die Werft kommenden Linienschiffe aufzunehmen.

Mit weit in die Zukunft schauendem Blick hat die Marineverwaltung ihre neuen Hafenerweiterungs-Forderungen gestellt, deren letzte im Marine-Etat für 1903 durch den Reichstag bewilligt worden sind.

Das Baubassin der Werft erhält in seiner ganzen Länge eine Verbreiterung um 100 m nach Norden zu. Das Bassin wird alsdann eine Wasserfläche von 375×336 m besitzen. An nutzbarer Kaifläche werden 200 m gewonnen. Von der neu zu schaffenden nördlichen Kaimauer werden parallel nebeneinander liegend drei gewaltige Trockendocks von 175 m nutzbarer Länge, 37 m oberer Breite und 26 m Sohlenbreite sich nach Norden zu bis über die jetzige Ostfriesenstraße hinaus erstrecken. Die Docks werden die größten und tiefgehendsten Schiffe, die in absehbarer Zeit gebaut werden könnten, bequem aufzunehmen imstande sein.

Während die Baggerarbeiten für die Herstellung der neuen Docks, allerdings nach nicht unerheblichen Aufräumungsarbeiten, ohne weiteres in Angriff genommen werden konnten, war es erforderlich,

Bau des neuen Deichs in Wilhelmshaven.

das Terrain für die geplante dritte Hafen-Einfahrt und das neue Ausrüstungs-Bassin dem Meere erst durch Vorschiebung eines mächtigen Seedeiches von ca. 1,2 km Länge abzugewinnen, der, beim Fort Heppens beginnend, in weitem Bogen bis auf das Watt hinübergreift und an der Mole der alten Hafen-Einfahrt endet. Die Krone dieses ungemein stark profilierten Deiches liegt auf 9,4 m über Wilhelmshavener Pegel. Seine breite Außenberme hat eine Höhenlage von 1,0 m über Hochwasser und ist nach der Wasserseite zu mit Sandstein und Basalt gepflastert. Dieser Deich ist in seiner ganzen Länge nahezu fertig.

In seinem südlichen Teile wird der neue Deich durch die projektierte dritte Hafen-Einfahrt durchschnitten, deren Richtung fast in diejenige des alten Hafenkanals fällt. Diese neue Einfahrt mit ihren geradezu kolossalen Abmessungen und hochmodernen Einrichtungen wird zu den grandiosesten und vollkommensten Bauwerken unserer Marine gehören. Die Einfahrt wird flankiert im Norden durch eine 480 m lange, in mächtigem, nach Norden zu offenen Bogen ins freie Wasser ragende und schräg zur Stromrichtung geführte Nordmole, und eine fast von Westen nach Osten gerade verlaufende Südmole

Das Seemannshaus zu Wilhelmshaven.

von 320 m Länge. In Höhe des Südmolenkopfes ist die Einfahrt 170 m breit; unmittelbar vor den beiden Kammerschleusen beträgt die Breite noch 104 m. Die Schleusenanlage ist, ähnlich wie bei Brunsbüttel und Holtenau, zweiteilig gedacht und ermöglicht ein gleichzeitiges Ein- und Ausschleusen von Schiffen. Die beiden Kammerschleusen erhalten eine nutzbare Länge von 250 m und eine Breite von 35 m.

Die dritte Hafen-Einfahrt führt direkt von der Jade in das unmittelbar hinter der inneren Schleuse des alten Vorhafens beginnende und in nördlicher Richtung bis weit über den Kommissionsgarten hinausreichende neue Ausrüstungs-Bassin.

Mitte April d. Js. sind die zur Herstellung der dritten Einfahrt und des neuen Ausrüstungshafens erforderlichen Erdarbeiten zur Ausschreibung gelangt. Es sind bis zum Jahre 1910, vorausgesetzt, daß die Mittel durch den Reichstag bewilligt werden, im ganzen etwa 3 130 000 cbm Boden zu lösen. Hiervon werden 2 480 000 cbm binnendeichs gewonnen, nämlich 1 230 000 cbm im Becken des neuen Ausrüstungshafens, 130 000 cbm bei Herstellung der Kaimauern und Ufer-Befestigungen, 1 120 000 cbm in der Schleusengrube und 650 000 cbm außendeichs zwischen den Molen.

Von diesen kolossalen Massen werden etwa 590 000 cbm auf der Baustelle selbst zur Hinterfüllung der neuen Trockendocks, Schleusen und Kaimauern verwendet, und zwar soll hierfür nur Sandboden genommen werden. Der Rest soll teils zur Aufhöhung fiskalischen Geländes dienen, teils in See verschüttet werden.

Außerdem steht möglicherweise noch eine Erweiterung des Ausrüstungshafens zu erwarten, wodurch die zu fördernden Bodenmassen um etwa $1\frac{1}{2}$ Million cbm binnendeichs und 500 000 cbm außendeichs zwischen den Molen vermehrt werden würden.

Während die nördlich von den vorhandenen Anlagen projektierten Erweiterungsbauten bereits greifbare Form angenommen haben, ist ein südlich von der Stadt im Anschluß an den östlichen Teil des Ems-Jade-Kanals geplanter Liegehafen von geringerer Tiefe erst neuerdings in allen Teilen festgelegt. Auch hier muß, ähnlich wie bei der dritten Einfahrt, das Terrain für die neue Anlage dem Meere erst durch Aufwerfen eines neuen Seedeiches abgerungen werden.

Dieser Deich beginnt nach dem Projekt an der Biegung des vorhandenen Süddeiches, etwa in Höhe des Torpedoressorts und führt unter Benutzung des noch aus früheren Bauperioden stammenden Steindeiches bis an den Banter Groden, wo er in knappem Bogen die Ruine umgeht und der Nordseite des Banter Tiefs folgend sich wieder mit dem alten Deich vereinigt.

Der Südhafen, der in erster Linie als Liegehafen für in Dienst und in Reserve befindliche Torpedoboots-Divisionen gedacht ist und an dessen Kaiflächen Kammergebäude, Magazine und Kohlenlager errichtet werden sollen, erhält bei einer mittleren Breite von 200 m eine Länge von rund 1 km.

Exc. von Tirpitz.   Prinz Heinrich.   Kaiser Wilhelm.

Kaiser Wilhelm II. nach der Besichtigung des Seemannshauses in Wilhelmshaven.

Durch einen 90 m breiten Zufahrtskanal wird die Verbindung mit dem vorhandenen „Neuen Hafen"
hergestellt. Die zur Verbindung des neuen Deiches mit der Stadt erforderliche Brücke über diesen
Zufahrtskanal wird als vollständig ausfahrbare Schwimmbrücke erbaut, damit gleichzeitig eine größere
Anzahl von Fahrzeugen in den neuen Südhafen ein- uud auslaufen kann. Als Ersatz für die zu beseitigende
Schleuse an der Kronprinzenstraße ist der Bau einer neuen Schleuse im Ems-Jade-Kanal unweit Mariensiel
mit erheblich größeren Abmessungen als diejenigen der bisherigen Kammerschleuse vorgesehen, während
an Stelle der für die Abwässerung von Wilhelmshaven vorhandenen großen Sammelbecken eine modernen
Anforderungen entsprechende neue Entwässerungsanlage an geeigneter Stelle erbaut werden soll.

Um endlich die dringend erforderliche Erweiterung des Torpedoboots-Hafens nach Westen hin
zu ermöglichen, soll der heutige Hafenbauhof auf das Gelände zwischen dem städtischen Friedhof und
dem Banter Siel verlegt werden. Für die Ausführung der letztaufgeführten Bauten ist selbstverständlich
ein längerer Zeitraum, voraussichtlich acht Jahre, erforderlich, da der vorhandene Süddeich erst nach
vollständiger Fertigstellung und Ablagerung des neuen Deiches abgetragen werden darf, und somit zunächst
nur die innerhalb des alten Deiches liegenden Teile des ganzen Entwurfs zur Ausführung gelangen können.

Die diesem Aufsatz beigefügten Situationspläne werden den Leser besser, als langatmige
Beschreibungen es vermögen, mit Wilhelmshavens dritter gewaltiger Bauperiode bekannt machen, die
denjenigen früherer Jahre sicher nicht nachstehen wird.

Die Gesamtkosten für den Bau der drei Trockendocks; einschließlich der bedeutenden Aufräumungsarbeiten, sind auf 16 000 000 Mk., die Kosten der dritten Hafen-Einfahrt, des neuen Ausrüstungs-Bassins
und der Vergrößerung des Baubassins sind einschließlich Grunderwerb etc. auf 32 750 000 Mk. veranschlagt.
Hierzu kommen noch 5 120 000 Mk. für den vorläufigen Ausbau des Torpedoboots-Liegehafens und des
neuen Süddeiches, so daß in der jetzigen Bauperiode, in deren Anfangsstadium wir uns seit zwei Jahren
befinden, nach den bisher vorliegenden Projekten für Wasserbauten die Gesamtsumme von rund
54 000 000 Mk. erforderlich ist.

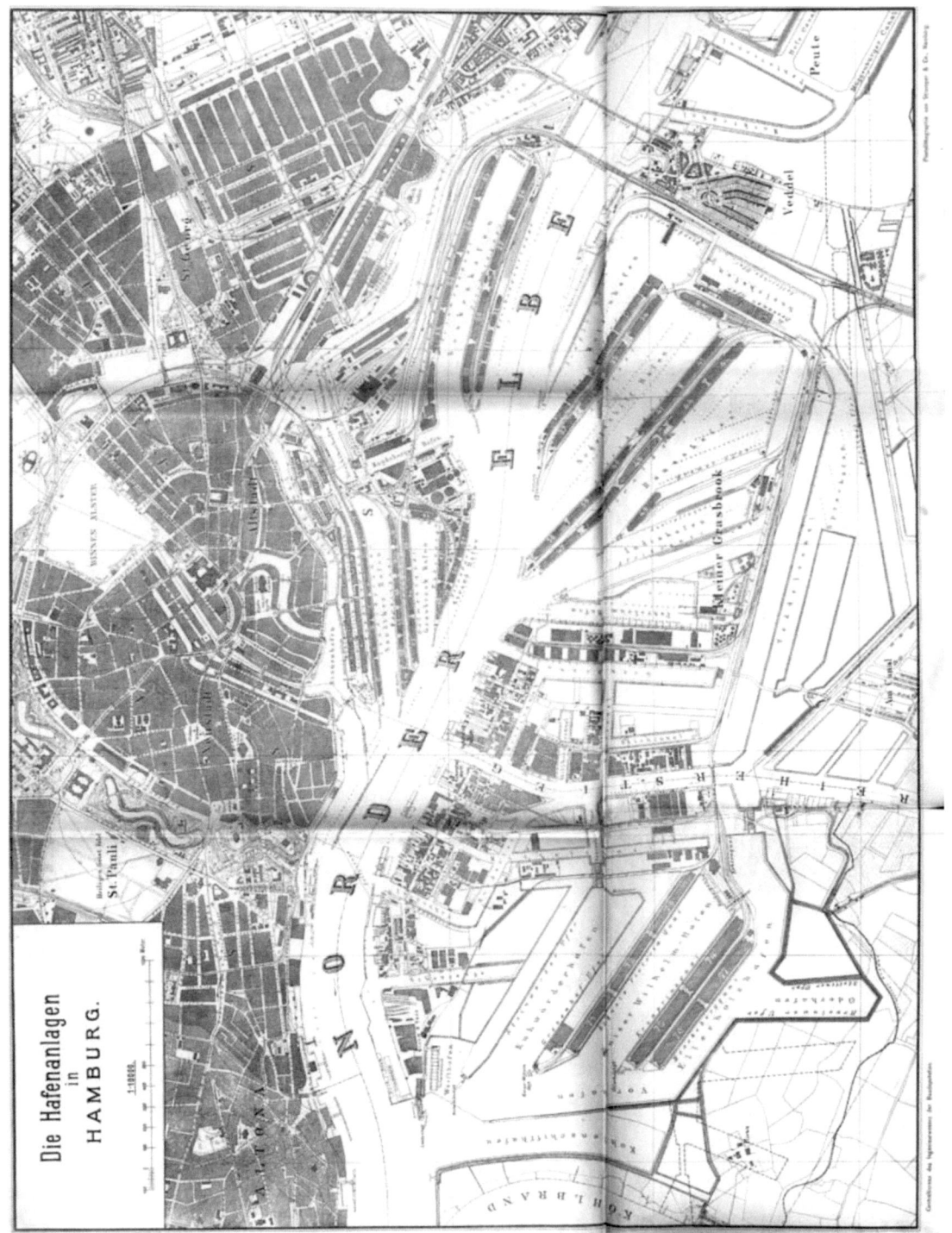

Die Hafenanlagen in HAMBURG.

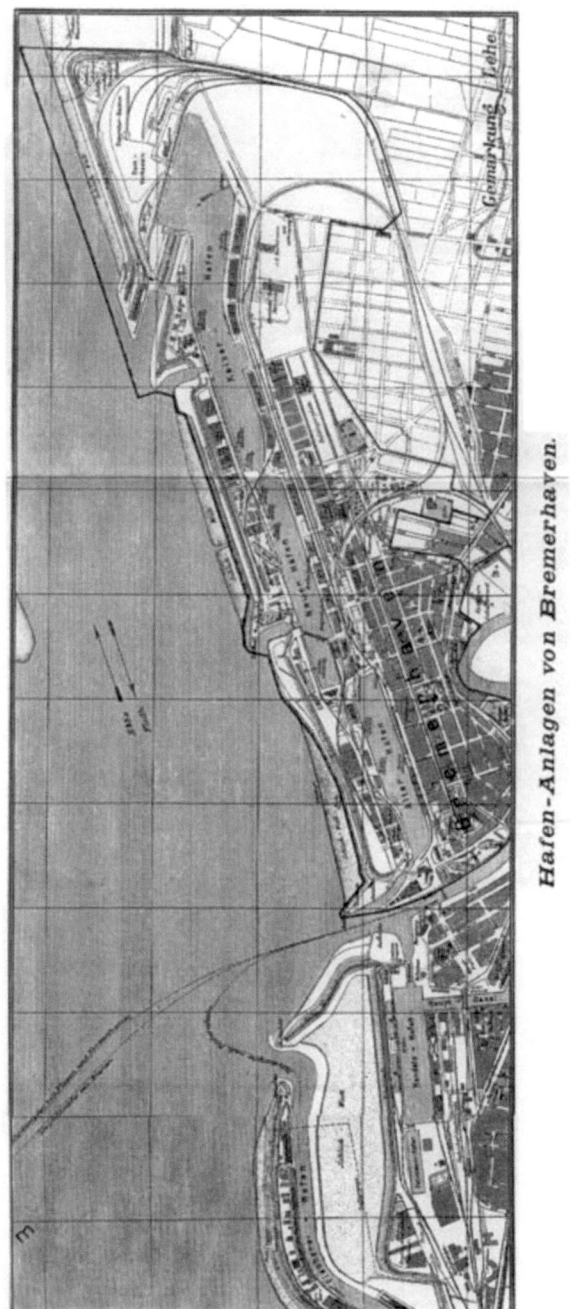

Hafen-Anlagen von Bremerhaven.

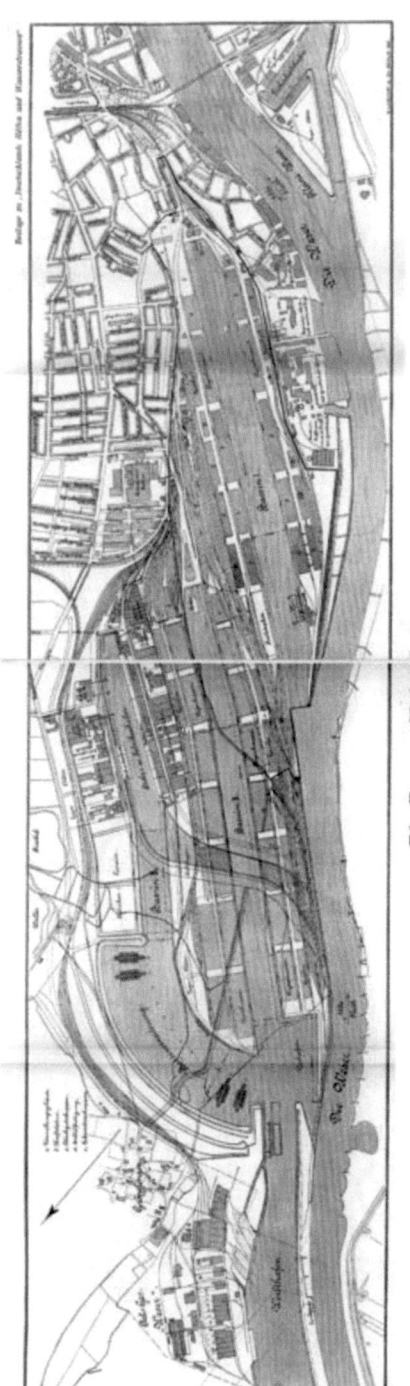

Die Bremer Hafen-Anlagen.